Einfach ÖLMALEREI

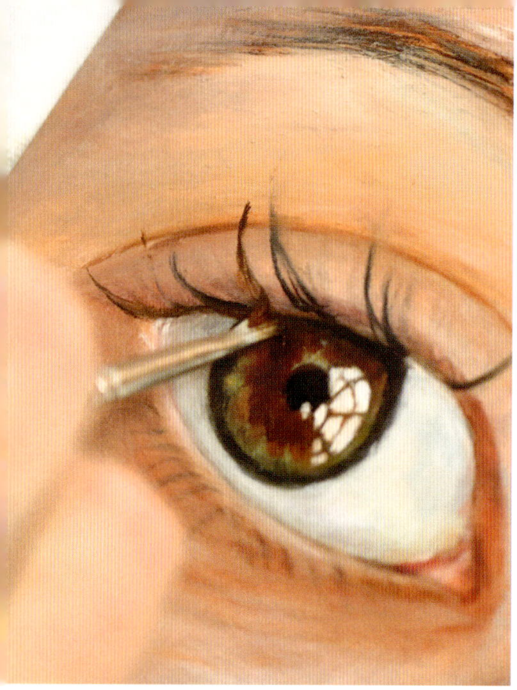
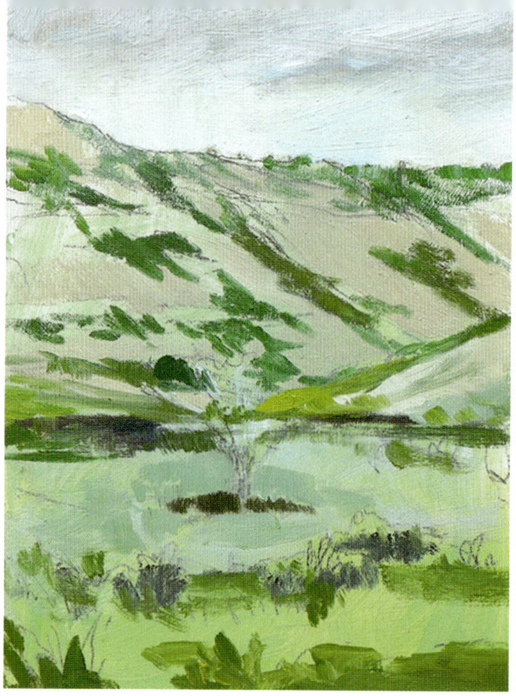
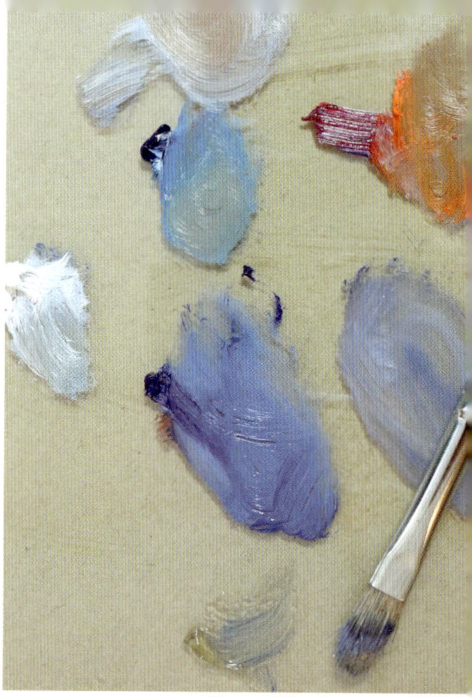
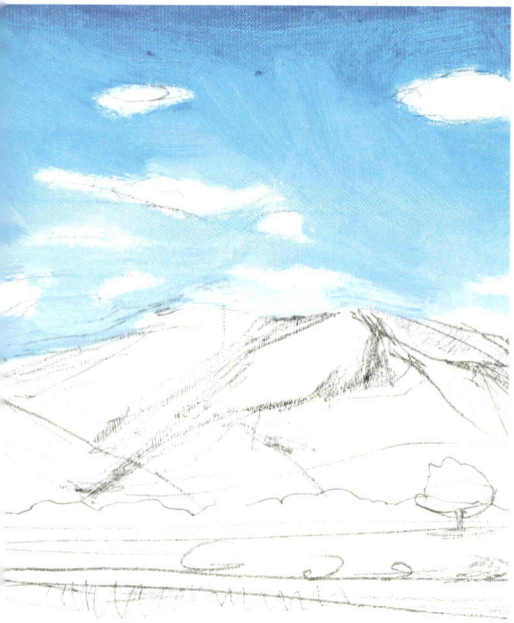
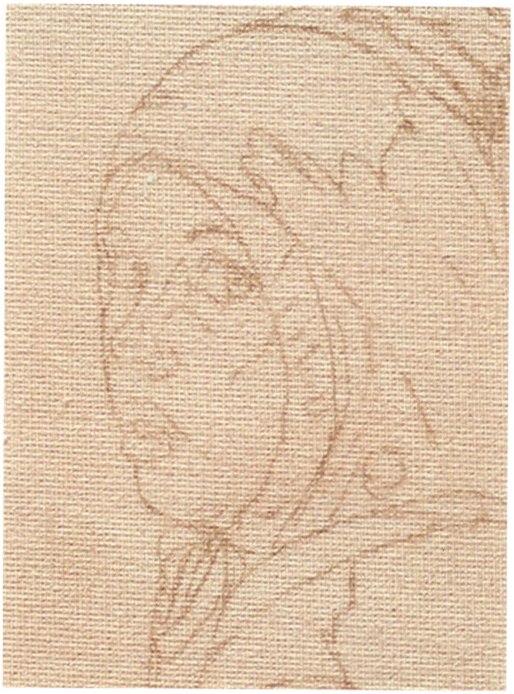
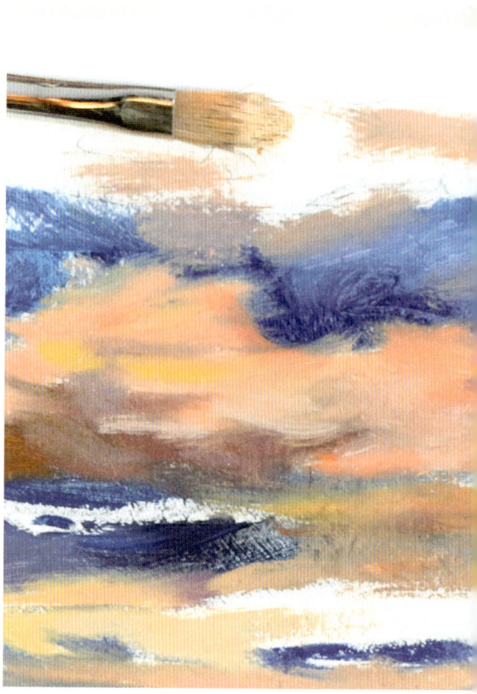
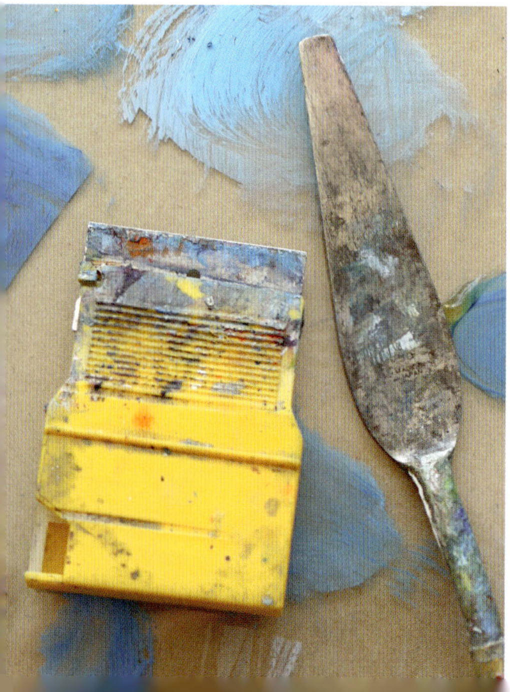
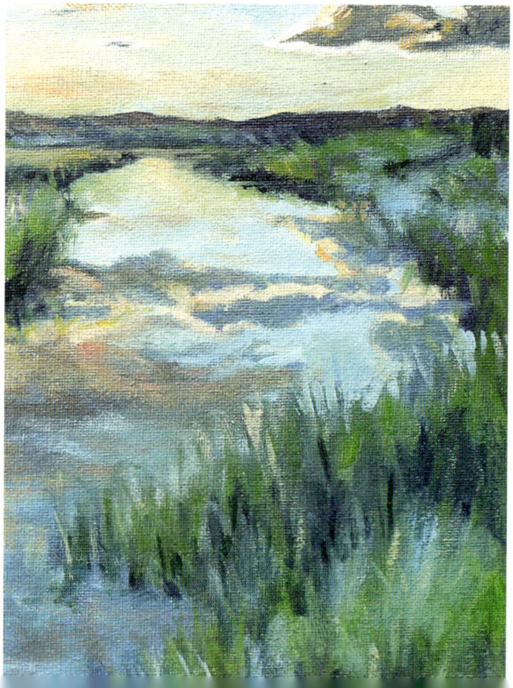

Einfach ÖLMALEREI

DER STEP-BY-STEP-GUIDE FÜR DEN EINSTIEG

ROBIN SEALARK

Titel der Originalausgabe:
Oil painting every day
A step-by-step beginner's guide to painting the world around you

First Published in 2022 by Quarry Books, an imprint of the Quarto Group, 100 Cummings Center, Suite 265-D, Beverly, MA 01915, USA.
Design: Galbreath Design
Site Layout: Galbreath Design
Photography: Robin Sealark

Übersetzung: Wiebke Krabbe
Produktmanagement der deutschen Ausgabe: Nicole Mering
Lektorat und Satz: lesezeichen Verlagsdienste, Köln
Umschlaggestaltung: Eva Hook
Druck und Bindung: 1010 Printing International Limited, China

1. Auflage 2022

ISBN 978-3-7358-8025-3
Best.-Nr. 28025

FSC
www.fsc.org
MIX
Papier aus verantwortungsvollen Quellen
FSC® C016973

Penguin Random House Verlagsgruppe
FSC® N001967

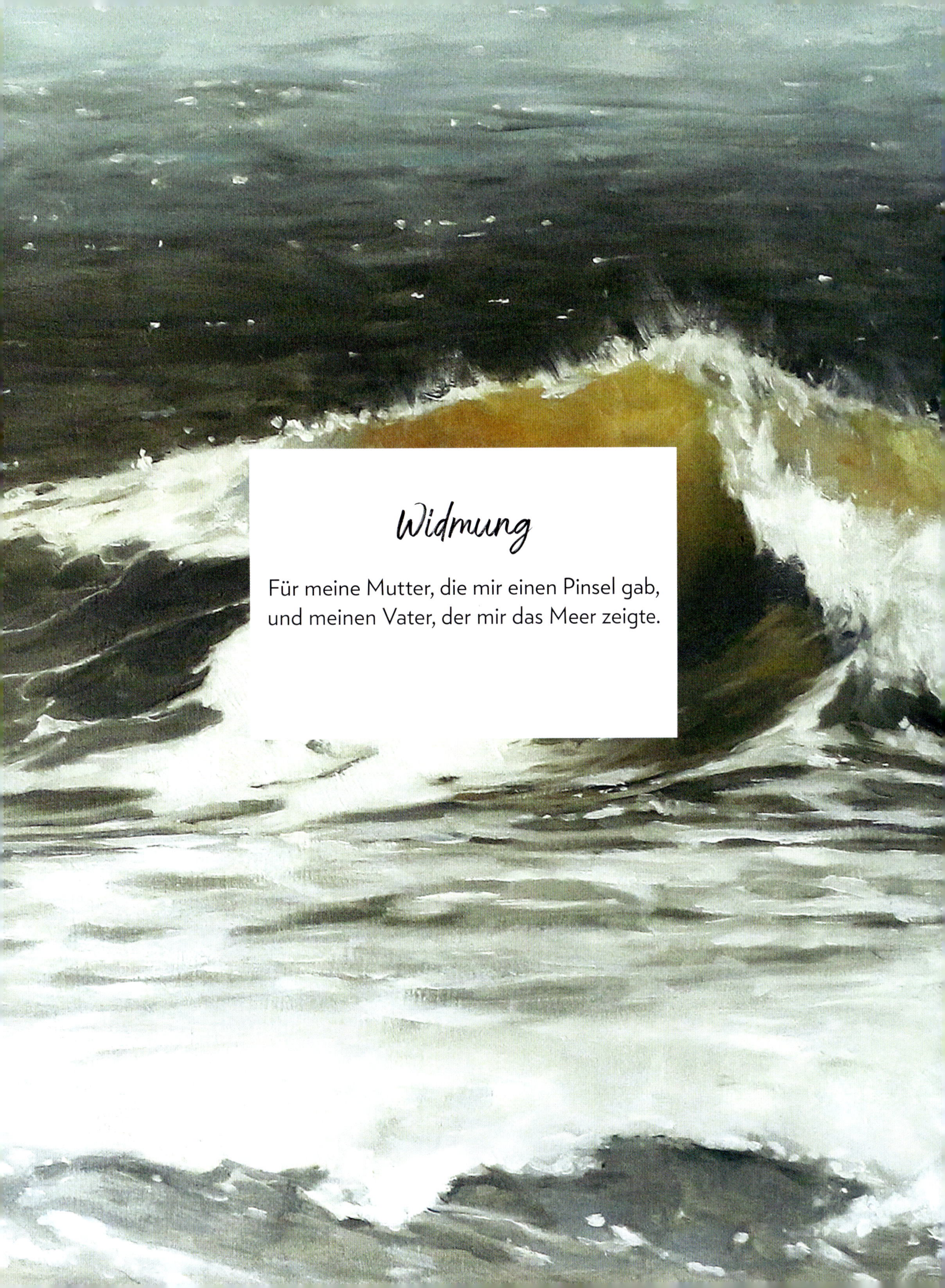

Widmung

Für meine Mutter, die mir einen Pinsel gab,
und meinen Vater, der mir das Meer zeigte.

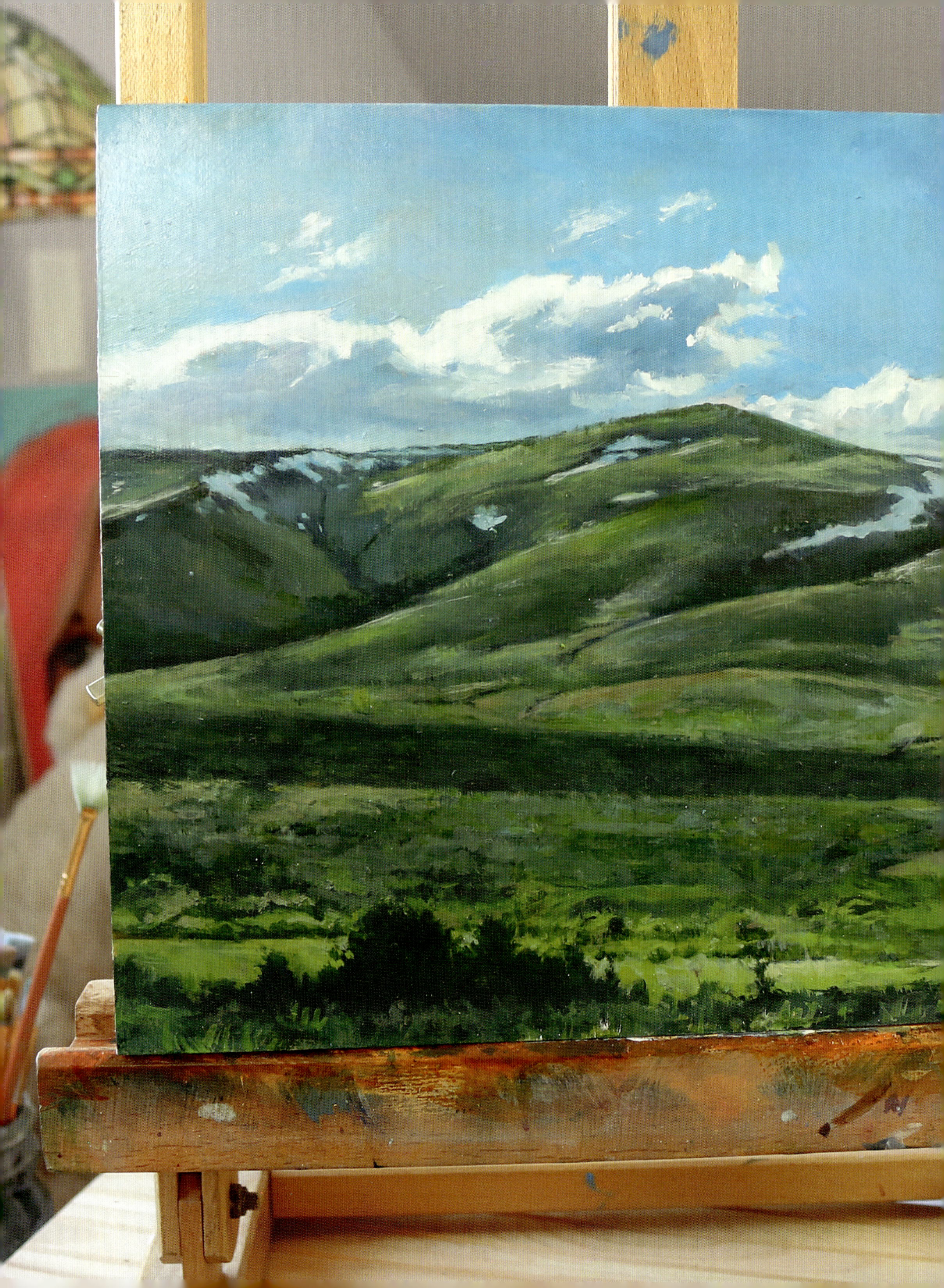

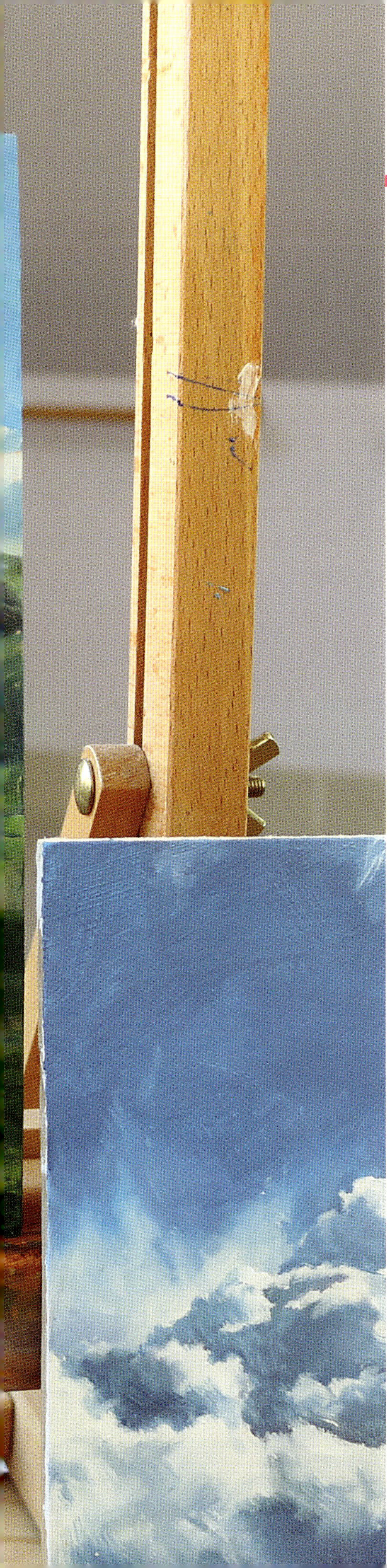

INHALT

VORWORT

Willkommen hinter den Kulissen der Ölmalerei!

HALLO! ICH FREUE MICH, DASS WIR UNS KENNENLERNEN. Seit rund zehn Jahren beschäftige ich mich mit der Ölmalerei und heute präsentiere ich in aller Bescheidenheit meine Berufsgeheimnisse.

Ich wünsche mir, dass meine Leser sich mit den Werkzeugen und Techniken vertraut machen und sie individuell nutzen. Kunst ist befreiend, herausfordernd, stärkend und inspirierend.

Sage dir: »Ich bin bereit, meine Kreativität zu nutzen. Es gibt keine Tabus.« Sei Schüler, Künstler und Kreativer – alles gleichzeitig.

Bei den Projekten in diesem Buch wirst du deine Fortschritte selbst bemerken. Dabei möchte ich dir helfen. Wir werfen einen Blick hinter die Kulissen, und mit der Zeit wirst du immer mehr künstlerische Feinheiten beherrschen. Wer eine positive Einstellung zu seiner eigenen Kreativität hat, kann jeden Tag Erfüllung im künstlerischen Schaffen finden. Nutze dieses Buch als Grundlagenwerk und Ratgeber und betrachte mich als Mentorin. Verliere nie die Freude am künstlerischen Prozess, während sich deine Techniken, dein Stil und deine kreativen Eigenheiten entwickeln. Gestalte dein künstlerisches Schaffen jeden Tag neu und lass uns gemeinsam den Ausdruck mittels Ölfarben üben.

Warum Ölfarben?

Ölgemälde prägen die Kunstgeschichte. Als ich jünger war, faszinierten mich die Werkzeuge der legendären alten Meister, und ich betrachtete ihre lebendigen Werke, gemalt mit cremigen Farben, voller Ehrfurcht. Die langsame Trocknung von Öl ermöglicht nahtlos ineinander übergehende Sonnenuntergangsverläufe, sanft leuchtende Motive und eine verträumte Oberflächenstruktur. Obwohl ich mit einer Vielzahl von Malmedien gearbeitet habe, liebe ich die Charakteristika von Ölfarben und kehre immer wieder zu diesem magischen Medium zurück. Wenn sie gekonnt eingesetzt werden, ziehen Ölfarben den Betrachter in ihren Bann und lassen die Grenze zwischen Objekt und Erlebnis verschwimmen.

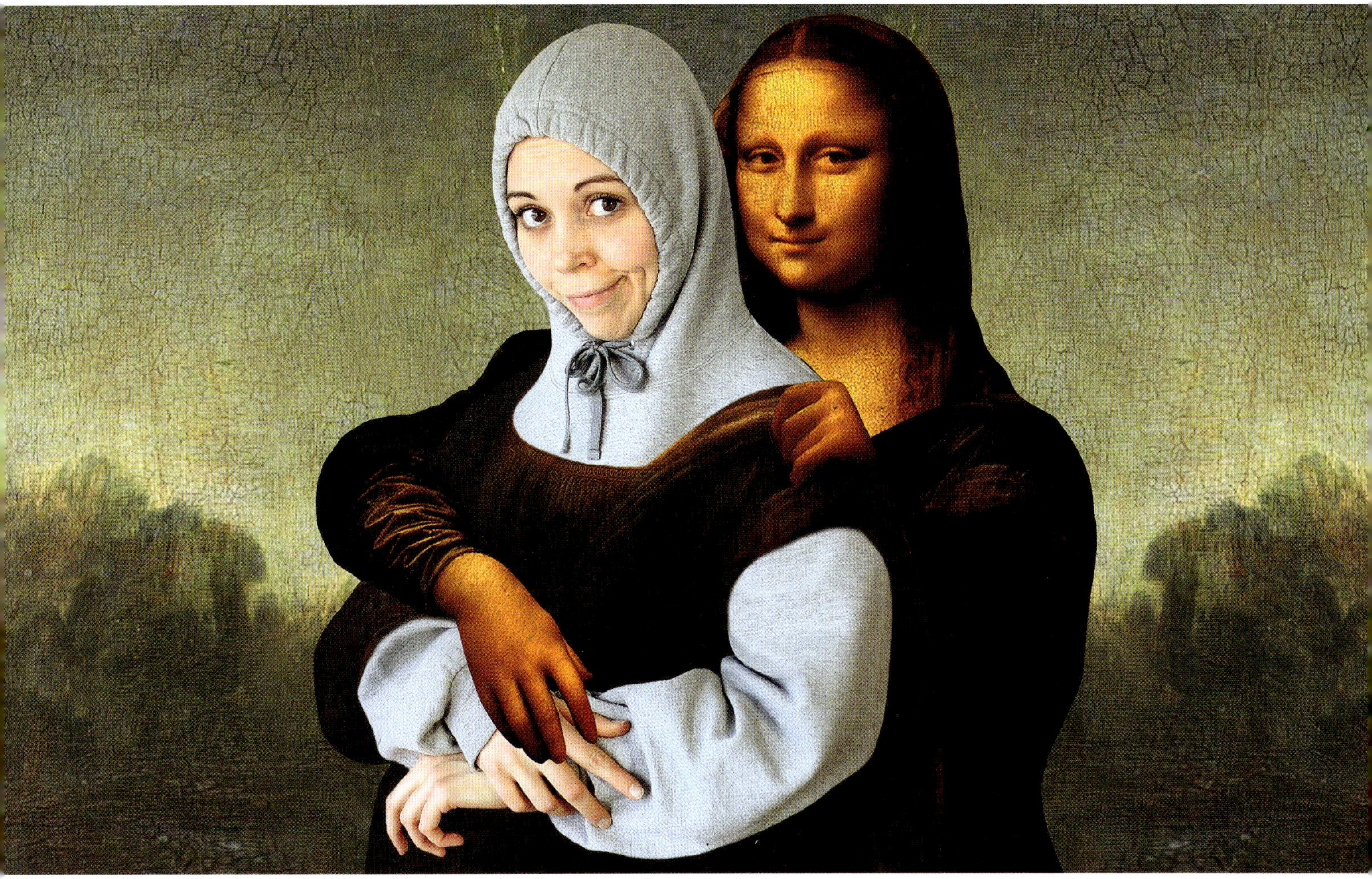

Hier sind zwei wichtige Tipps für den Erfolg:

1 Kenne die Regeln.
2 Tu, was du willst.

Als Schulkind mochte ich gern klare Aufgabenstellungen. Wenn ich wusste, was ich zu tun hatte, konnte ich es auf meine Weise tun. Dann besuchte ich einen praktischen Kunstkurs und war sofort begeistert. Die Kunst selbst unterrichtete mich, und wir überraschten uns gegenseitig. So entstand eine enge Beziehung.

Beim Lesen dieses Buchs wirst du auch einiges über dich und deine Beziehung zur Kunst erfahren. **Möchtest du eine Übung abwandeln, ein eigenes Vorlagefoto verwenden, mit dem Stil experimentieren, Bilder ausschneiden oder meine Bilder übermalen? Tu es!** Du bist nicht nur Schüler, sondern auch Künstler.

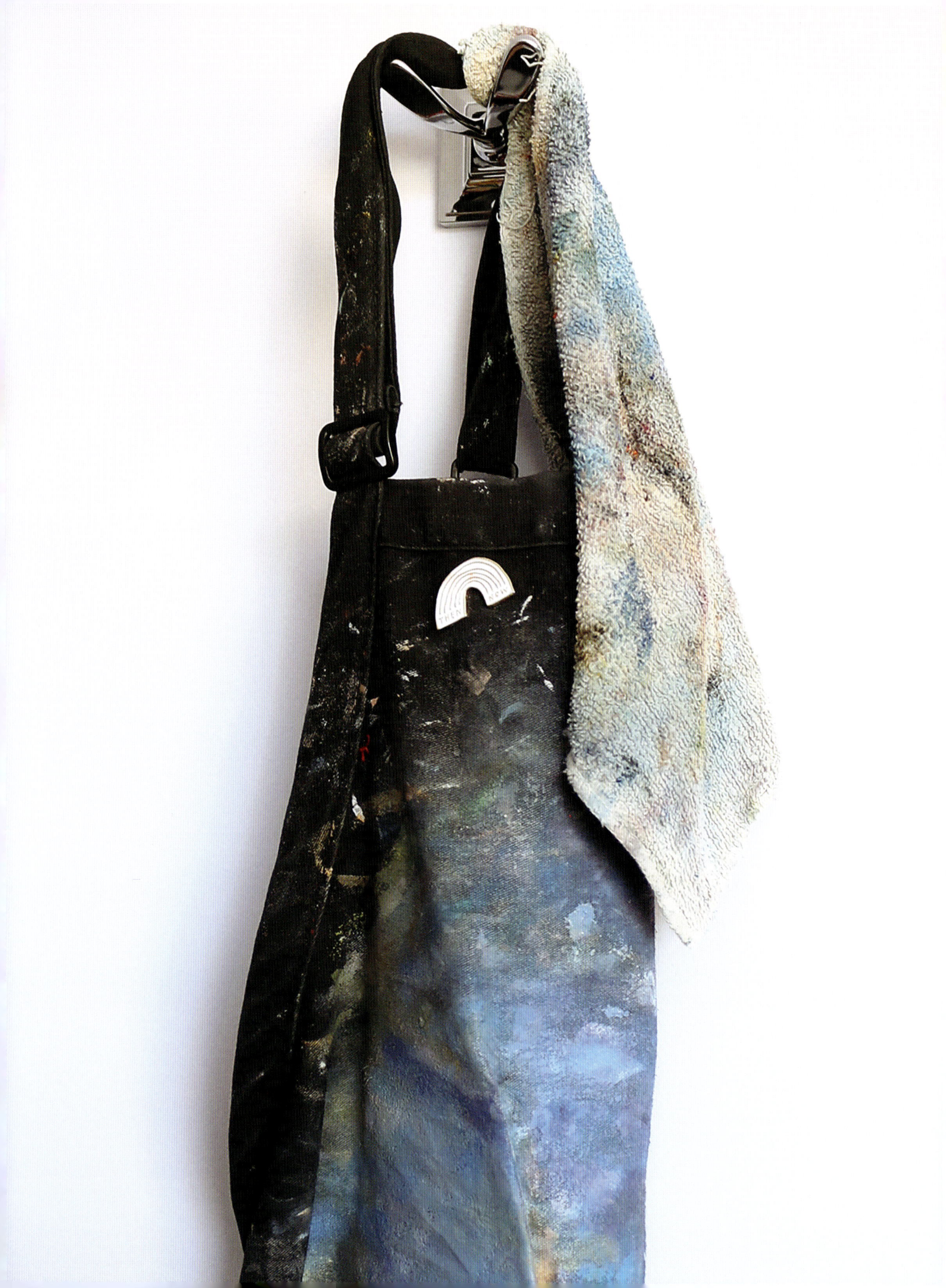
THEN
NOW

1

Die Materialien

In diesem Kapitel sprechen wir über Farben und Zubehör und frischen deine Kenntnisse über die Farbenlehre auf.

Die Ölmalerei beginnt mit den richtigen Materialien. In diesem Kapitel erfährst du, was du für den Anfang brauchst: verschiedene Farben, Malmittel, Pinsel, Malgründe und Werkzeuge. In einer Aufwärmübung lernst du den Umgang mit diesen Materialien. Dabei geht es um die Grundlagen der Farbenlehre, die Reinigung der Pinsel und die Verwendung von Malmitteln.

Im Zusammenhang mit der Farbenlehre lernst du viel über das Mischen von Farben. Solche Kenntnisse sind für alle zukünftigen Projekte enorm wertvoll. Auch wer bereits einige Erfahrungen in der Ölmalerei gesammelt hat, sollte dieses Kapitel lesen – zur Auffrischung und um mehr Sicherheit beim Mischen von Farben zu gewinnen. Ich habe Jahre gebraucht, um die Wechselwirkungen von Komplementärfarben zu verstehen, aber jetzt, wo ich sie verinnerlicht habe, sind sie mir äußerst nützlich. Wenn diese Grundkenntnisse fester Bestandteil deines künstlerischen Repertoires sind, wirst du mit einem gesunden Selbstbewusstsein farbenfrohe Bilder malen können, die ganz deinem persönlichen Stil und Geschmack entsprechen. Dadurch gewinnst du größere Freiheit in deinem künstlerischen Ausdruck.

ÖLFARBEN UND IHRE EIGENSCHAFTEN

Ölfarbe ist eine langsam trocknende Farbe, die aus Pigmenten und Öl besteht. Im Gegensatz zu Acryl- oder Aquarellfarben, die schnell trocknen und sich mit Wasser verdünnen lassen, sind Ölfarben hydrophob, also wasserabweisend. Um Ölfarben zu verdünnen, zu entfernen oder anderweitig zu manipulieren, werden sogenannte Malmittel oder Mineralöle verwendet. Firnis dient dazu, den Glanz zu erhöhen und den Tonwert zu vertiefen. Weitere Informationen zur Verwendung dieser Hilfsmittel findest du in Übung 1 (siehe Seite 24).

Der Vorteil von Ölfarben liegt gerade in ihrer langsamen Trocknung. Dadurch bleiben sie lange bearbeitbar. Mit anderen Farben muss man beim Mischen und Überlagern zügig arbeiten. Bei Ölfarben dagegen hat man Zeit, um Fehler zu beheben, Farben auf dem Malgrund zu mischen oder stundenlang dieselbe Mischfarbe zu verarbeiten. Paletten können tagelang verwendet werden, wenn man sie zwischen den Einsätzen in den Kühlschrank oder Tiefkühler stellt (Kälte verlangsamt die Trocknung), und man kann mit einem Palettmesser nasse Farbe freilegen, die unter getrockneten Farbschichten liegt.

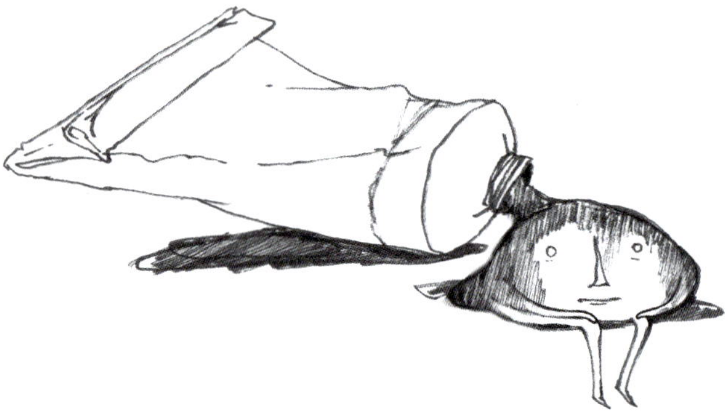

MALGRÜNDE VORBEREITEN

Wenn der Malgrund nicht korrekt vorbereitet ist, können Ölfarben in die Oberfläche eindringen und diese angreifen. Handelsübliche Ölpapiere sind mit einer Schicht überzogen, die nur Wasser und Lösungsmittel absorbiert, nicht jedoch die Ölfarben. Andere Malgründe müssen mit Gesso oder Acrylfarbe grundiert werden, um sie zu versiegeln. Dabei werden je nach Bedarf mehrere Schichten Gesso aufgetragen, um eine vollständige Deckung zu erzielen, und gegebenenfalls zwischendurch geschliffen, um die gewünschte Oberflächenstruktur zu erreichen.

Material und Textur der Oberfläche sind eine Frage der persönlichen Vorliebe. Zur Auswahl stehen Leinwand auf Spannrahmen, festere Malkartons, robuste Holzplatten oder leicht strukturiertes Papier. Man kann auch auf anderen Oberflächen wie grundiertem Karton, Bucheinbänden oder sogar Steinen malen. Jeder Malgrund hat seine typische Textur, die sich durch die Grundierung verändern lässt. Dicke Schichten Gesso ergeben eine strukturierte Oberfläche, dünne, gleichmäßig aufgetragene Gessoschichten ergeben eine glattere.

Ich grundiere gern in dünnen Schichten, die schnell trocknen und glatt sind. Holzplatten sollten mit zwei bis drei Schichten Acrylfarbe grundiert und zwischendurch leicht angeschliffen werden. Pappe wird ein- bis zweimal grundiert und nicht geschliffen. Malkarton ist bereits grundiert im Handel erhältlich. Die glattesten Oberflächen erziele ich durch Grundieren und Schleifen von Holzplatten mit Schleifpapier in feiner Körnung oder Nassschleifpapier.

MALGRÜNDE

- **MDF-PLATTE**: Diese preiswerte Plattenware besteht aus Holzfasern und Bindemitteln. Sie lässt sich leicht sägen. Sie muss grundiert werden, kann aber ungerahmt aufgehängt oder aufgestellt werden.

- **MALPLATTE AUS HOLZ**: Die Platten sind meist mit Leisten auf der Rückseite versehen, damit sie sich nicht verziehen.

- **ÖLPAPIER**: Das dicke Papier ist beschichtet, damit es keine Ölfarben absorbiert. Im Fachhandel bekommt man Blöcke und einzelne Bögen in verschiedenen Größen, die ohne weitere Vorbehandlung sofort bemalt werden können.

- **DICKES PAPIER (MINDESTENS 230 G/M²)**: Ich grundiere gelegentlich Papier in meinem Skizzenbuch, einfach weil ich es immer zur Hand habe. Je dicker das Papier, desto geringer ist das Risiko, dass es sich beim Grundieren und Bemalen wellt.

- **MALKARTON**: Dies sind Platten aus stabilem Karton, die mit Leinwand bespannt sind. Sie haben also die typische Gewebestruktur, sind aber fester als Leinwand auf Spannrahmen.

- **LEINWAND AUF SPANNRAHMEN**: Der traditionelle Malgrund ist Leinwand, die auf einen Leistenrahmen gespannt ist. Sie hat eine Gewebestruktur und gibt auf Druck leicht nach.

- **ANDERE MALGRÜNDE**: Denkbar ist alles, was sich grundieren lässt – Pappe, alte Buchdeckel, Steine, Holzbretter, Terrakottatöpfe, ein abgeklebtes Viereck auf der Jeans oder was sich sonst gerade anbietet. Glatte oder glänzende Oberflächen müssen vorab leicht angeschliffen werden, damit die Grundierung besser haftet.

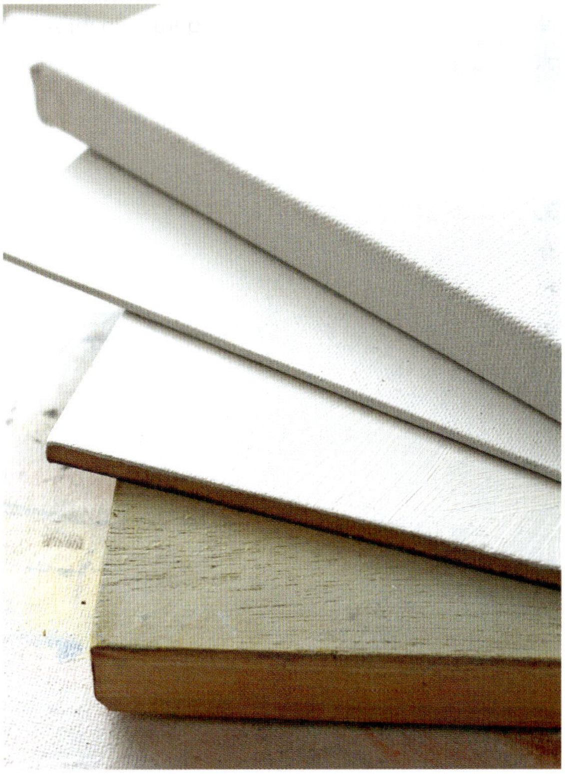

Von oben nach unten: Leinwand auf Spannrahmen, Malkarton, MDF-Platte, Malplatte aus Holz

DIE GRUNDAUSSTATTUNG

- **FARBEN**: Farben in Künstlerqualität haben einen hohen Pigmentgehalt, garantieren eine gute Deckung und eine hohe Leuchtkraft, sind allerdings teurer. Farben in Studienqualität enthalten mehr Öl und weniger Pigmente (siehe auch Seite 19).

- **MALMESSER**: Ich empfehle ein Malmesser mit dünner, flexibler Klinge. Es wird zum Schaben, Mischen oder Auftragen von Farbe verwendet.

- **PALETTE**: Hier gibt es viele Möglichkeiten. Ich verwende ein Bilderrahmenglas auf Papier in neutraler Farbe. Wichtig ist, dass sich die Palette leicht reinigen lässt.

- **CERANFELDSCHABER**: Sehr praktisch zum Reinigen einer ganz glatten Palette.

- **MALMITTEL**: Sie werden hauptsächlich verwendet, um Farben zu verdünnen (siehe Seite 22). Die wichtigsten sind Terpentin, Liquin (von Winsor & Newton) und Leinöl. Terpentin ist ein klarer Verdünner, der die Trocknung der Farben beschleunigt. Liquid ist ein Gel, das die Trocknung beschleunigt, ohne die Konsistenz der Farbe zu verändern. Leinöl erhöht den Ölgehalt der Farbe, reduziert also die Pigmentkonzentration, und verlangsamt die Trocknung. Eine dünne Schicht Ölfarbe, die mit Terpentin oder Liquid vermischt ist, kann über Nacht oder in wenigen Stunden trocknen, während die Zugabe von Leinöl die Farbe über die gleiche Zeitspanne feucht hält. Ich verwende Liquid als Malmittel und Waschbenzin zum Reinigen der Pinsel. Mit Leinöl arbeite ich gar nicht.

- **MALGRÜNDE** (siehe Seite 13)

- **LAPPEN**

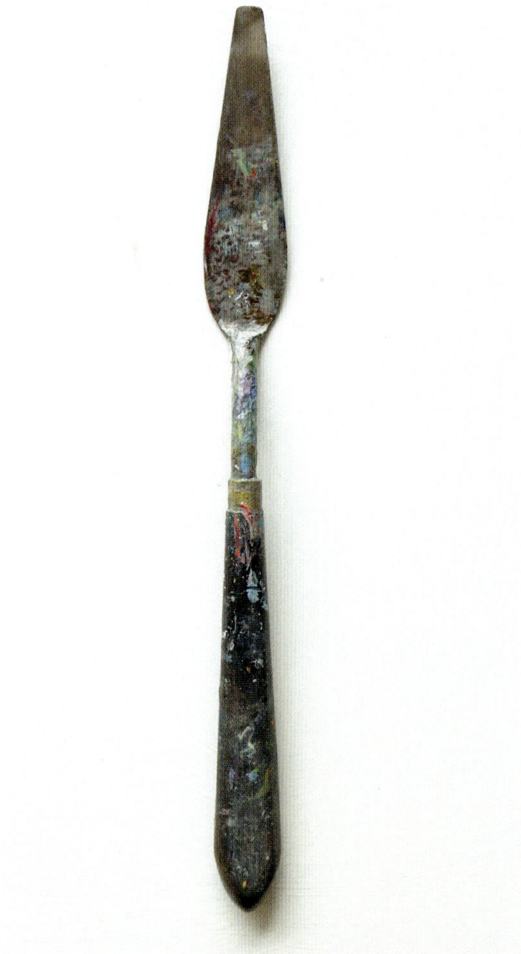

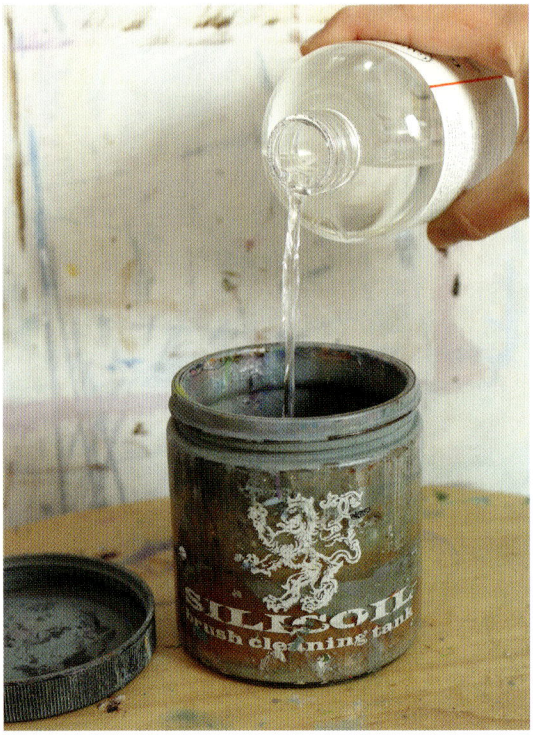

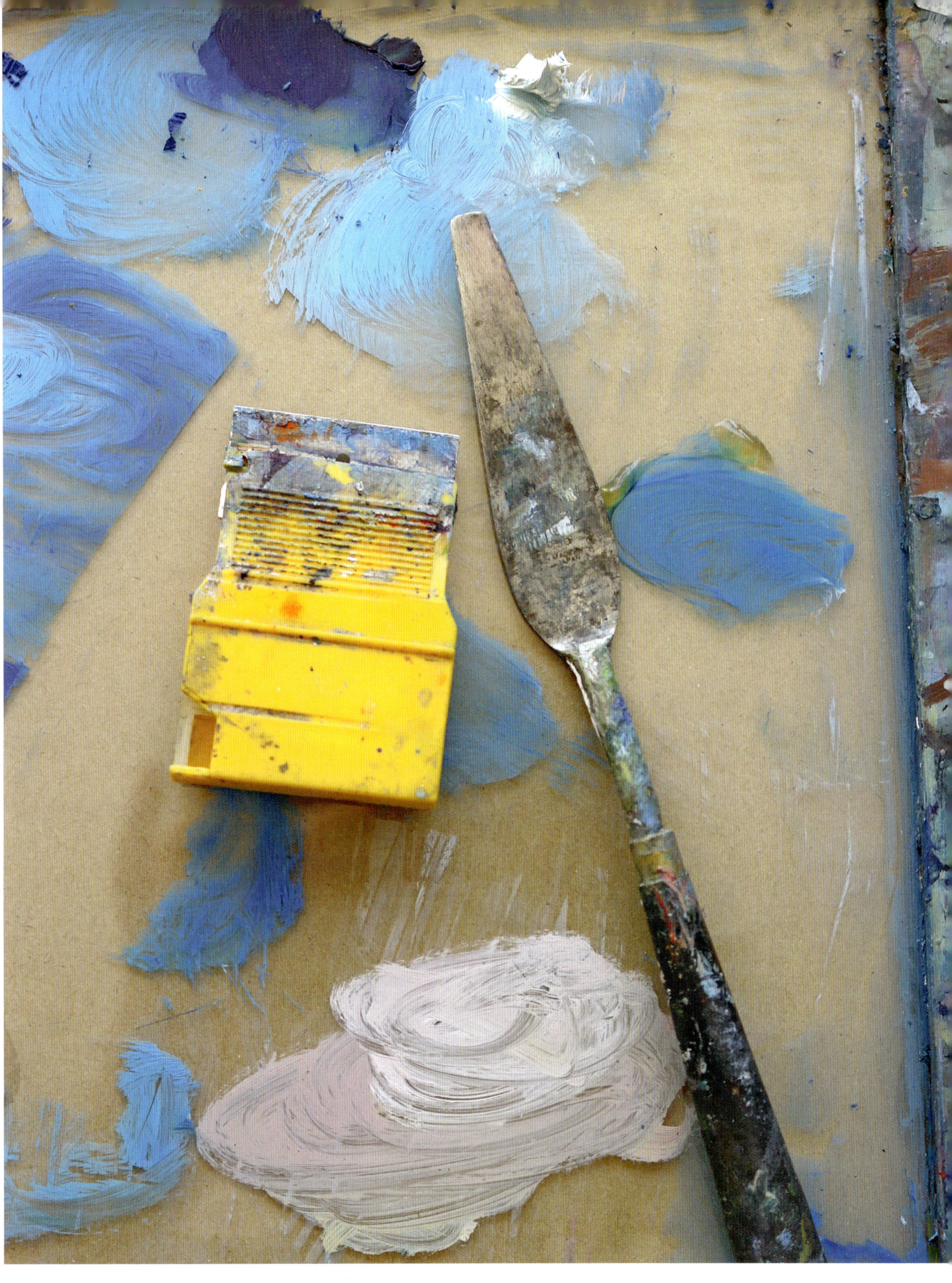

- **PINSEL**: Ich besitze eine Vielzahl von Pinseln: runde, flache, abgewinkelte, kurzstielige, langstielige sowie Pinsel für Öl- und Acrylfarben. Ölpinsel haben dickere Borsten als Acrylpinsel (damit lässt sich schwerere Farbe kontrollierter bewegen). Da ich aber gern mit sehr dünnen, glatten Farbschichten und fließenden Übergängen arbeite, schätze ich auch die weichen Borsten von Acrylpinseln. Im Laufe der Jahre habe ich viele Pinsel ruiniert, weil ich beim Malen immer wieder Ölfarbe aus den Borsten schrubbte. Ich empfehle daher, mit preiswerten Pinseln zu beginnen, um erst einmal ein Gefühl für die verschiedenen Pinselformen zu bekommen. Für den Anfang genügen einige dünne Rundpinsel für Detailarbeiten, mittlere Flachpinsel für größere Flächen und kleine oder mittlere abgeschrägte Pinsel für saubere Kanten und Linien.

- **TERPENTIN (ODER VERDÜNNER)**: Am angenehmsten sind Lösemittel und Verdünner mit möglichst geringem Geruch. Terpentin eignet sich zum Mischen und es beschleunigt die Trocknung der ersten Farbschichten. Es eignet sich außerdem zum Reinigen der Pinsel.

- **SILICOIL PINSELREINIGUNGSBEHÄLTER**: Dies ist ein Glas mit Schraubdeckel und einer Metallspirale im Inneren. Er wird mit Pinselreiniger gefüllt. Nach dem Malen oder beim Farbwechsel zieht man den schmutzigen Pinsel durch den Reiniger und streift ihn an der Spirale ab.

- **SEIFE**: Zum Entfernen von Farbresten kann normale Seife (flüssig oder fest), Shampoo oder Pinselreiniger verwendet werden. Pinselreiniger reinigt schnell und gründlich. Seife enthält weniger aggressive Chemikalien und kann nach dem Auswaschen mit Lösemitteln zur zusätzlichen Pinselpflege verwendet werden.

- **FIRNIS**: Dies ist eine Art Klarlack, der auf ein fertiges, getrocknetes Bild aufgetragen kann, um die Farbsättigung und den Kontrast zu erhöhen. Es gibt Produkte zum Sprühen und zum Auftragen mit dem Pinsel.

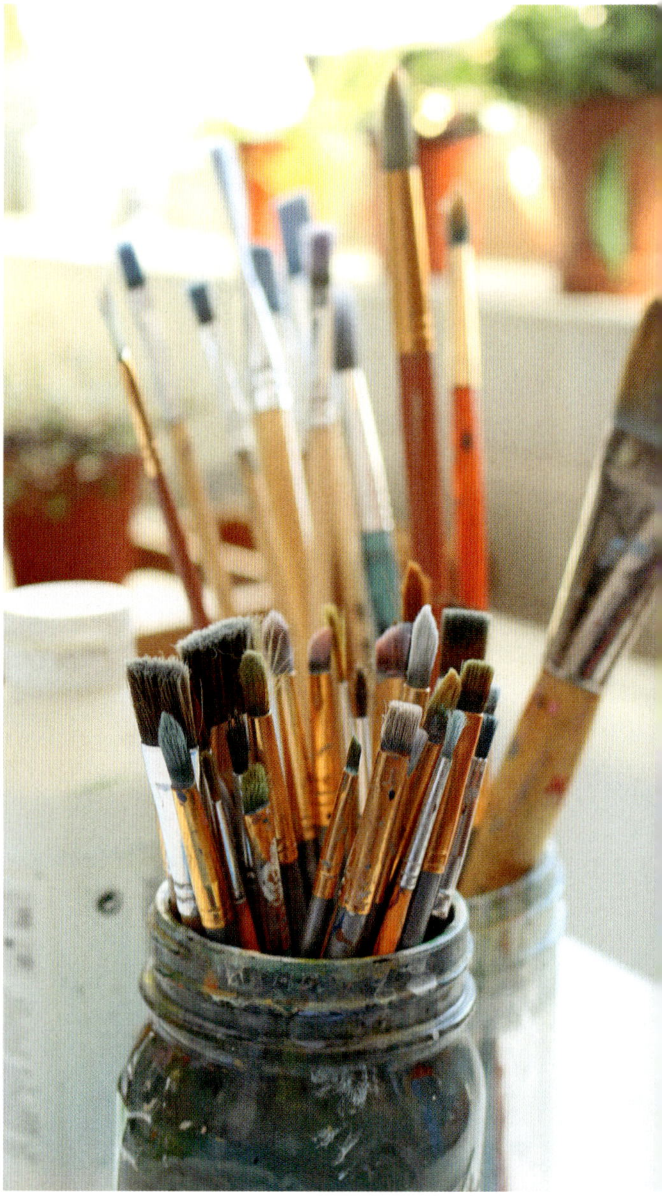

MATERIAL ZUM ÜBERTRAGEN VON ZEICHNUNGEN

(Siehe Übung 2, Zeichnungen übertragen, Seite 38)

- **MALERKREPP ODER KÜNSTLERKLEBEBAND**
- **BLEISTIFT** (jede Art)
- **SCHWARZE ZEICHENKOHLE ODER PASTELLKREIDEN**: Ich verwende gern farbige Prismacolor NuPastel®-Stifte (feste Pastellfarben/Hartpastelle), um schon bei der Vorzeichnung die Hauptfarben meines Motivs festzulegen.
- **TRANSPARENTPAPIER**: Bei Bedarf kann ein ausgedrucktes Motiv zuerst auf Transparentpapier durchgepaust werden. Zum Übertragen wird die Rückseite des Papiers mit Kohle oder Kreide bemalt.
- **FIXATIV ODER HAARSPRAY**: Beides kann verwendet werden, um das Verwischen der Vorzeichnung zu verhindern.

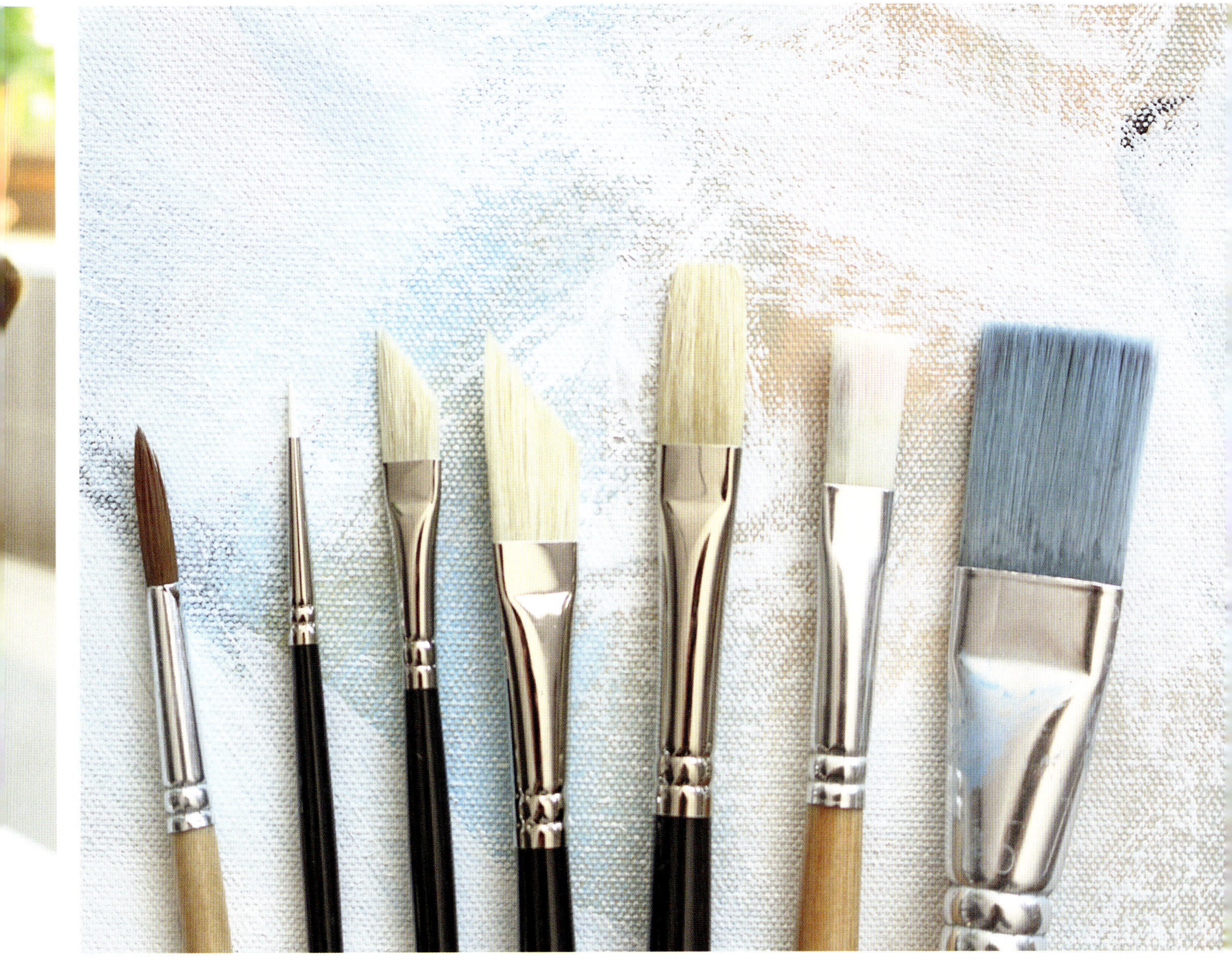

FARBEN

Unten sind die Farben aufgelistet, die ich vorwiegend verwende. Wer eine eigene Farbpalette zusammenstellen will, benötigt mindestens die Grundfarben (Rot, Gelb und Blau) sowie Weiß und Schwarz zum Aufhellen oder Abdunkeln. Zusätzlich empfehle ich weitere Farben, die zum Mischen im Allgemeinen und für die Erstellung spezieller leuchtender Farbtöne hilfreich sind. Am Ende der Liste stehen zwei sehr nützliche Brauntöne, die für Hauttöne, Landschaften, Stillleben und das Mischen neutraler Farben gebraucht werden. Umbra gebrannt ist ein dunkleres Braun, Siena gebrannt ist ein mittleres, rötliches Braun. Beide sind großartig!

- *Titanweiß*
- *Marsschwarz*
- *Dioxazinviolett*
- *Chinacridon-magenta*
- *Kadmiumrot*
- *Kadmiumorange*
- *Kadmiumgelb*
- *Phthalogrün gelblich*
- *Saftgrün*
- *Phthaloblau*
- *Ultramarinblau*
- *Umbra gebrannt*
- *Siena gebrannt*

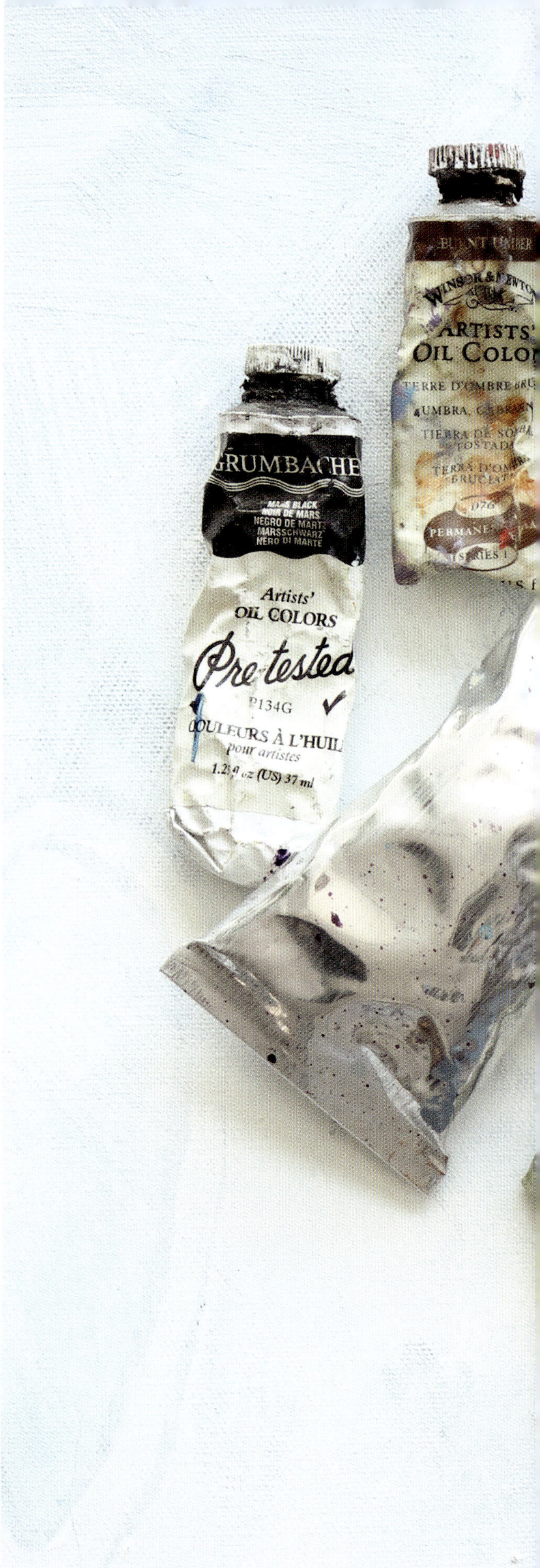

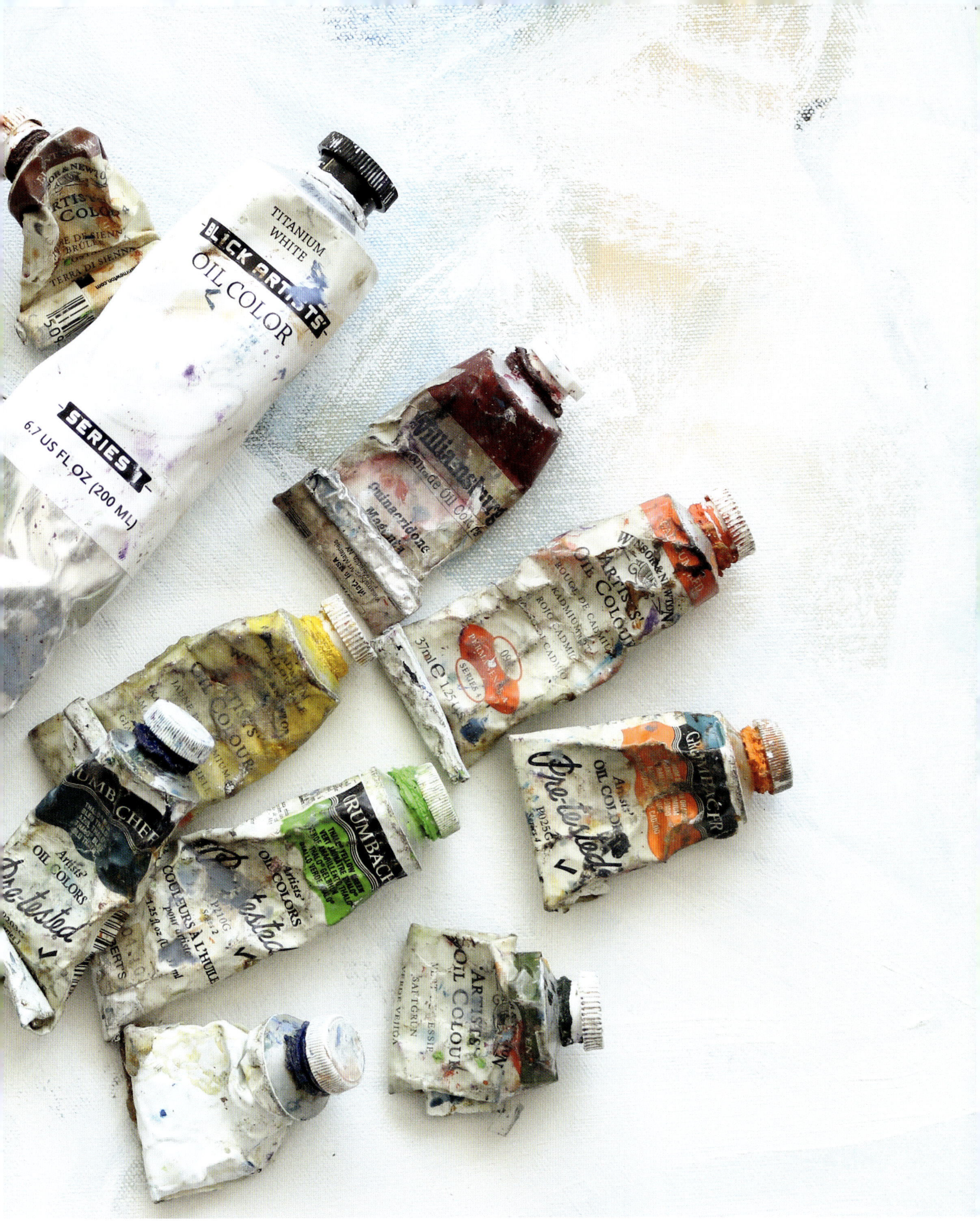
TITANIUM WHITE
BLICK ARTISTS'
OIL COLOR
SERIES 1
6.7 US FL OZ (200 ML)

Schwarze Farbe verwenden – oder lieber nicht?

Wenn du dich mit den grundlegenden Materialien vertraut machst, solltest du wissen, dass eins davon unter Künstlern umstritten ist. Gemeint ist Schwarz. Marsschwarz. Manche Maler raten davon ab, schwarze Farbe zu verwenden. Ich benutze sie aber gern, weil sie vielseitig ist: Sie passt zu jedem Thema oder Stil, mit dem ich experimentiere. Sie ist als reiner Farbton nützlich und eignet sich zum Mischen dunkler Schattierungen. Mit Schwarz lassen sich sehr tiefe Tonwerte erzeugen. Einige Künstler sind jedoch der Meinung, dass es die Kreativität und den Blick für Farben fördert, wenn man auf Schwarz ganz verzichtet.

Ich finde es durchaus interessant, Werke von Künstlern zu studieren, die für ihre Schatten andere Farben verwenden (beispielsweise Vincent van Gogh), aber ich war unglaublich erleichtert, als ich zum ersten Mal echte schwarze Farbe für die Pupille eines Auges verwendete. Jahrelang war Payne's Grau die dunkelste Farbe auf meiner Palette, doch mit Schwarz erreichte ich endlich den Kontrast und die Wirkung, die ich angestrebt hatte.

Schwarz eignet sich für abstrakte, realistische und hyperrealistische Werke gleichermaßen und kann für kühne Kunstgriffe verwendet werden. Ich empfehle, ausgiebig zu experimentieren und selbst herauszufinden, was dir gefällt. Schließlich gibt es in der Malerei keine Gesetze. Jeder Künstler darf zum Glück tun, was er will.

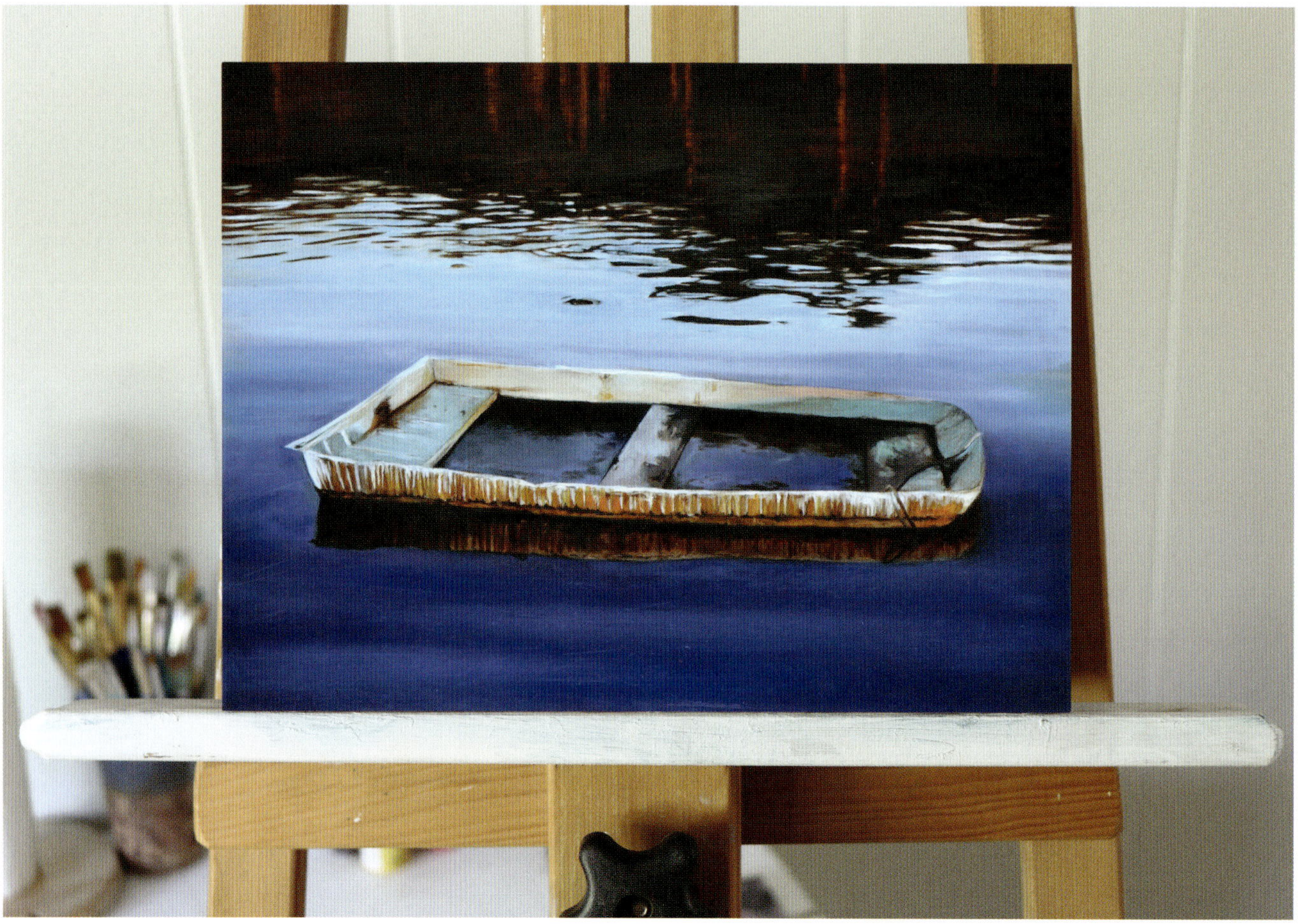

PINSEL REINIGEN

Wie bereits erwähnt, sind Ölfarben wasserabweisend, man kann sie also nicht mit Wasser allein auswaschen, sondern muss Farbverdünner, Seife oder Shampoo verwenden. Ich wische Pinsel zuerst an einem Lappen (oder meiner Malschürze) ab, um überschüssige Farbe grob zu entfernen. Dann streiche ich mit den Borsten über die Metallspirale in meinem Pinselwaschglas, das mit einem mineralischen Lösemittel gefüllt ist. Die Farbreste setzen sich am Boden des Behälters ab. Anschließend sollten die Pinselborsten noch mit Seife ausgewaschen werden.

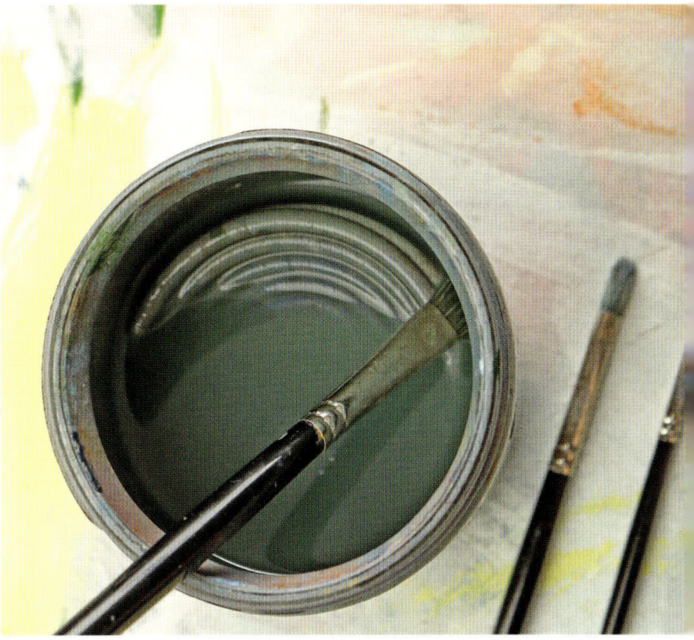

MALMITTEL

Da Ölfarben hydrophob sind, muss man statt Wasser Malmittel verwenden, um sie zu verdünnen. Malmittel beeinflussen aber nicht nur die Viskosität der Farbe, sondern auch die Oberflächenwirkung und die Trocknungszeit. Die Konsistenz der Farbe wird durch verschiedene Faktoren beeinflusst, darunter Alter, Marke und Qualität. Künstlerfarben sind dickflüssiger und haben einen höheren Pigmentanteil im Verhältnis zum Ölgehalt. Studienfarben enthalten mehr Öl und besitzen darum oft eine geringere Deckkraft. Bei langer Lagerung können Farben trocknen und eindicken. Darum ist es wichtig, zuerst die aktuelle Beschaffenheit der Farbe zu beurteilen und dann zu entscheiden, ob und wie viel Malmittel hinzugefügt werden muss, um sie zu verdünnen oder ihr Fließverhalten zu verändern. Die folgende Übung zeigt, dass Malmittel sich auch eignen, um durchscheinende Lasuren zu mischen.

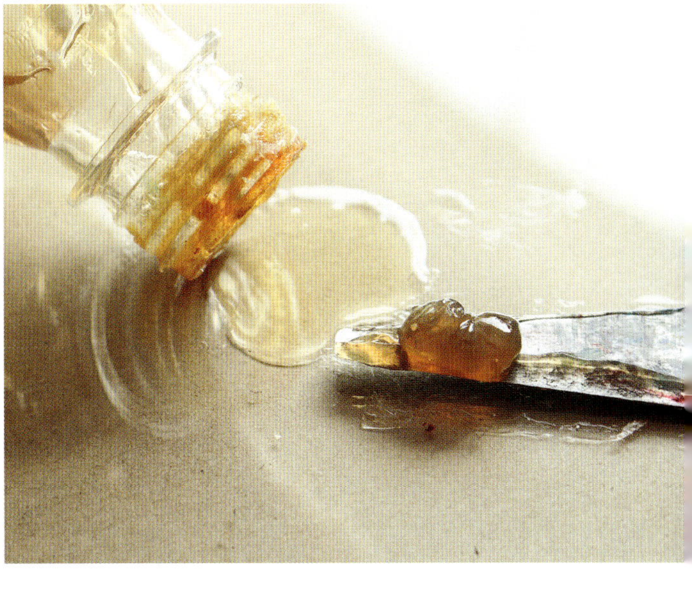

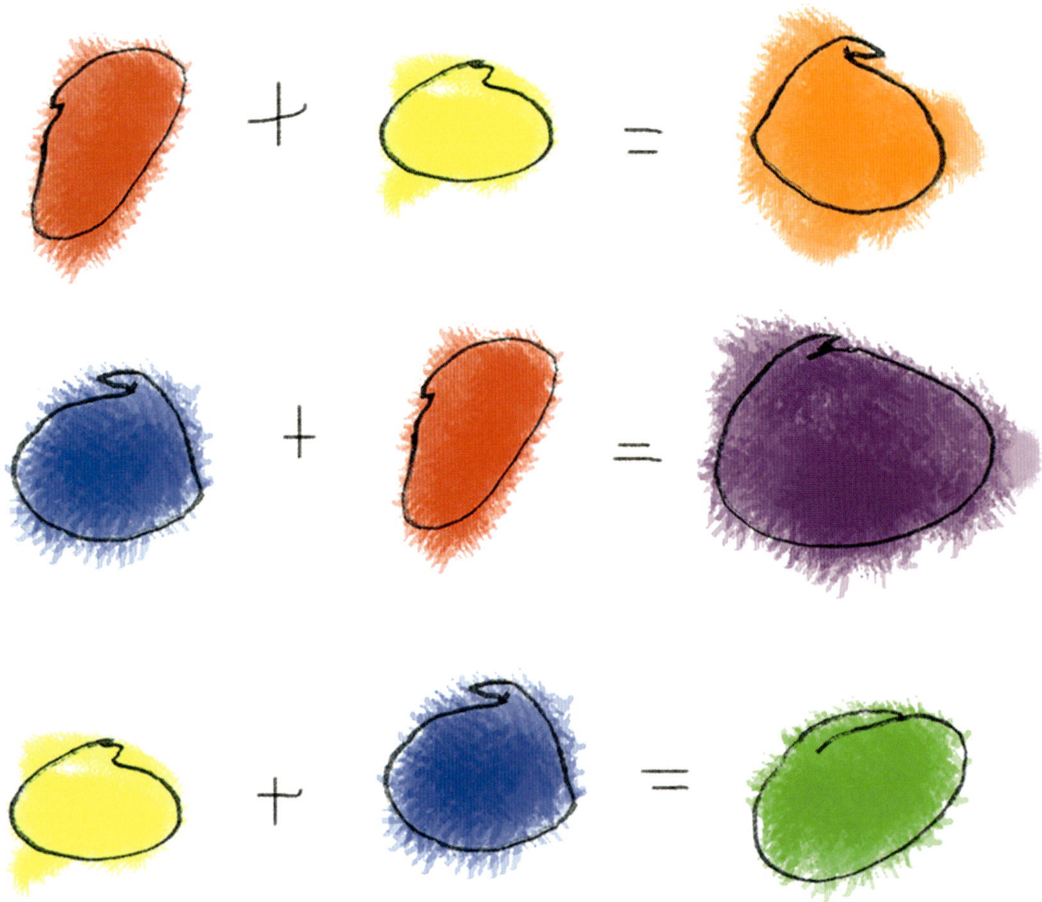

Hier werden Sekundärfarben gemischt (Primärfarbe + Primärfarbe = Sekundärfarbe).

Farben mischen: Farbenlehre kurz gefasst

Wer seine Vorstellungen im Bild ausdrücken will, muss lernen, Farben richtig zu mischen. Hier erkläre ich das Wichtigste, danach kann das Wissen in einer Übung vertieft werden.

Es gibt drei Primärfarben: Rot, Gelb und Blau. Diese drei kann man nicht aus anderen Farben mischen, allerdings lassen sich aus den Primärfarben fast alle übrigen Farben mischen. Mischt man zwei Primärfarben, erhält man eine der sogenannten Sekundärfarben: Orange (Rot + Gelb), Violett (Blau + Rot) oder Grün (Blau + Gelb).

Komplementärfarben

Farben, die einander auf dem Farbkreis genau gegenüberstehen, kontrastieren stark und betonen sich dadurch gegenseitig, wenn man sie in einem Bild nebeneinander verwendet. Mischt man sie miteinander, entstehen gedämpfte Farben.

Mischt man beispielsweise die Komplementärfarben Gelb und Violett, entsteht ein neutrales Braun. Das ist gut zu wissen, wenn man zu leuchtende Farben dämpfen möchte.

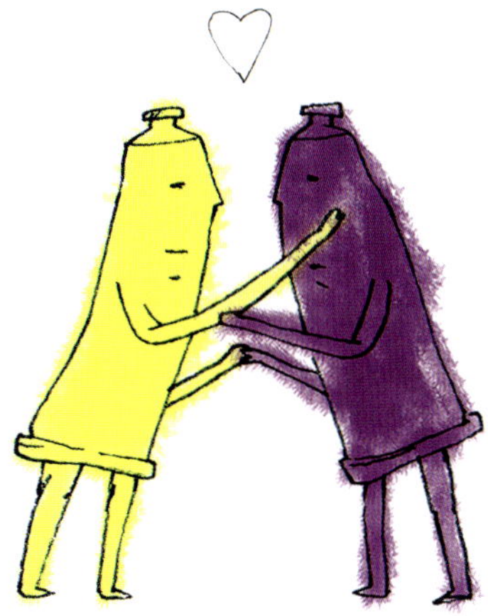

Du ergänzt mich.

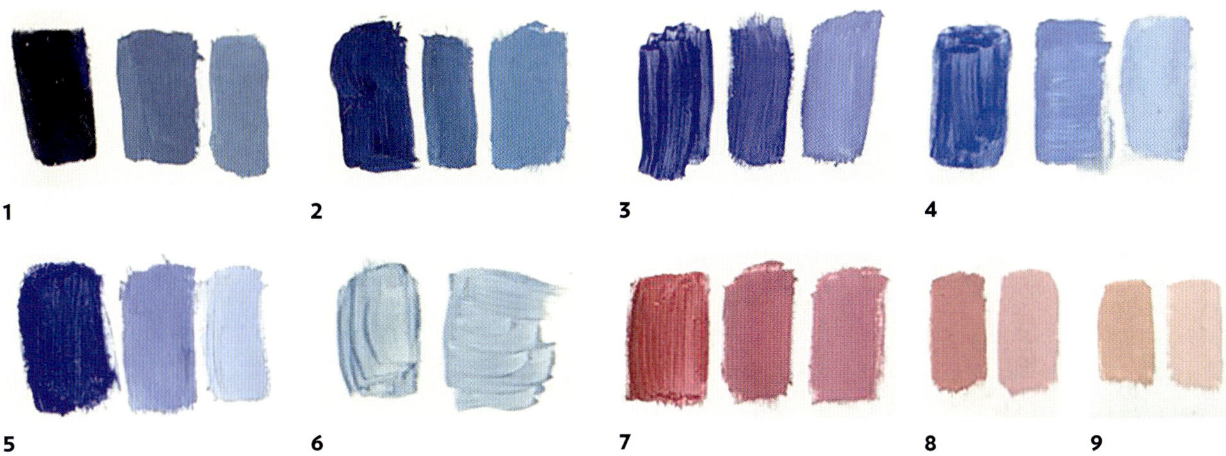

Primärfarben und mehr

Blau ist eine Primärfarbe. Dennoch empfehle ich, zwei Blautöne anzuschaffen, weil sie in Mischungen ganz unterschiedlich wirken. Ultramarinblau ergibt dunkle Blau- bis Violetttöne, Phthaloblau dagegen ist greller und tendiert zum Grünlichen. Chinacridonmagenta ist hilfreich, wenn man knalliges Pink oder andere Magentatöne herstellen möchte. Viele Menschen mischen Rot und Blau, um Violett zu erzeugen, aber für intensivere, sattere Farbtöne sind oft Magenta oder Dioxazinviolett die bessere Wahl. Oben sind einige Farben und Mischungen abgebildet. Wenn nicht anders angegeben, wurde den Farben zum Abtönen Weiß in unterschiedlichen Mengen zugesetzt.

Die Farbproben

1 Preußischblau
2 Phthaloblau
3 Ultramarinblau dunkel
4 Kobaltblau
5 Französisch Ultramarin
6 Coelinblau
7 Chinacridonmagenta
8 Chinacridonmagenta und Kadmiumrot
9 Chinacridonmagenta und Kadmiumgelb

ÜBUNG 1: KOMPLEMENTÄRFARBEN MISCHEN

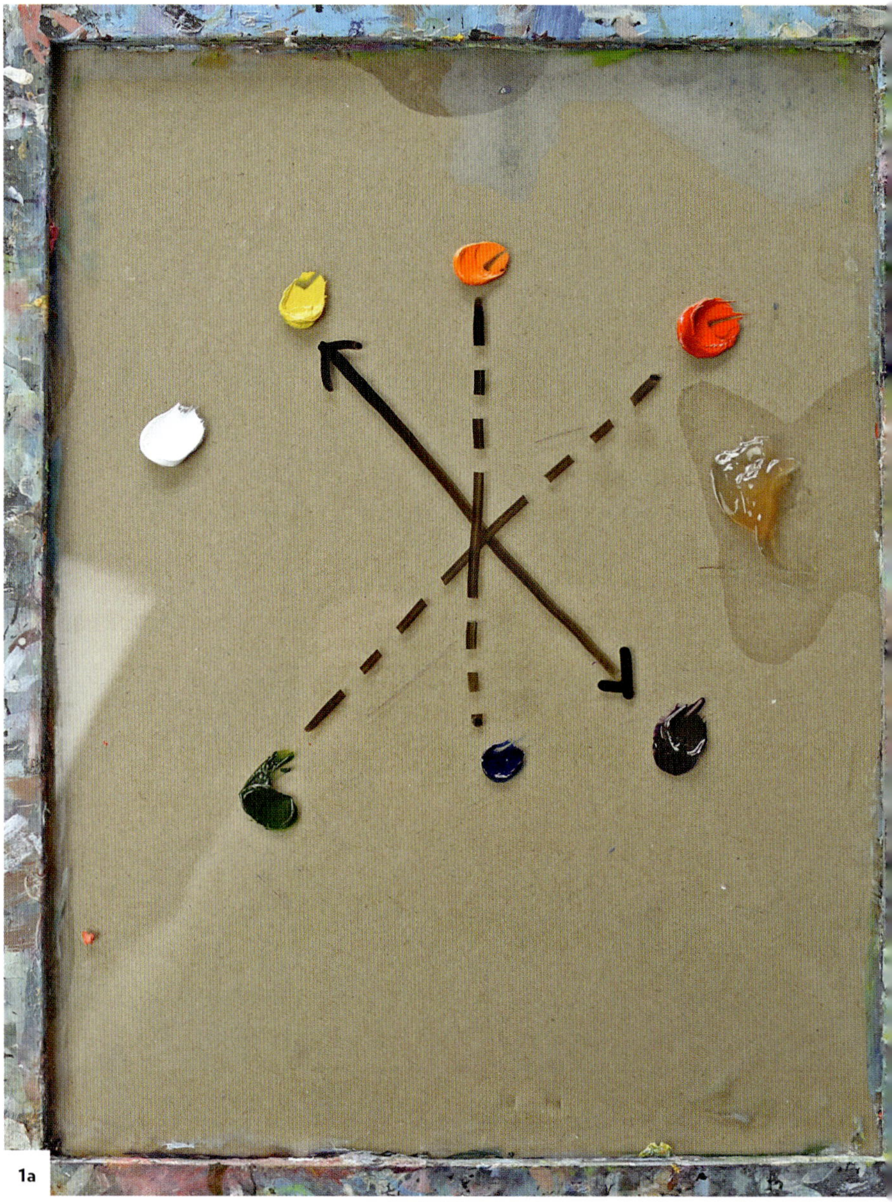

1a

1. Gib immer nur kleine Mengen Farbe auf die Palette und den Pinsel. Ölfarben sind sehr ergiebig, und wenn man nicht aufpasst, kann auf der Palette eine große Schmiererei entstehen. Darum ist es besser, vorsichtig anzufangen. Gemalt wird auf Ölpapier oder grundiertem Papier. Male Blöcke mit gelber, orangener und roter Farbe, die von links nach rechts etwas blasser werden. Gib dafür kleine Mengen Malmittel auf den Pinsel, um die Farbe allmählich immer stärker zu verdünnen. So entsteht ein fließender Verlauf von Dunkel nach Hell.

2. Beginne jetzt auf der rechten Seite und übermale die Farbblöcke mit der jeweiligen Komplementärfarbe, also Violett auf Gelb, Blau auf Orange und Grün auf Rot. Nimm nur sehr wenig Farbe auf. Dunkle Pigmente sind intensiv. Gib wieder geringe Mengen Malmittel auf den Pinsel, um die Farbe allmählich zu verdünnen. Um die Farben nicht zu verschmutzen, wird der Pinsel bei jedem Farbwechsel ausgewaschen.

3. Nun die Farben in der Mitte ineinander verwischen, dafür gegebenenfalls etwas mehr Farbe aufnehmen. Im Übergangsbereich entstehen jedes Mal mittlere Brauntöne. Übe den Umgang mit Malmittel und Verdünner, um fließende Farbübergänge zu erhalten. Wenn du die Farben mit Lösemittel oder Malmittel verdünnst, gelingen die Übergänge in der Mitte leichter und fließender.

HINWEIS *Die weiße Farbe auf der Palette wird hier noch nicht gebraucht, aber bei Übung 2.*

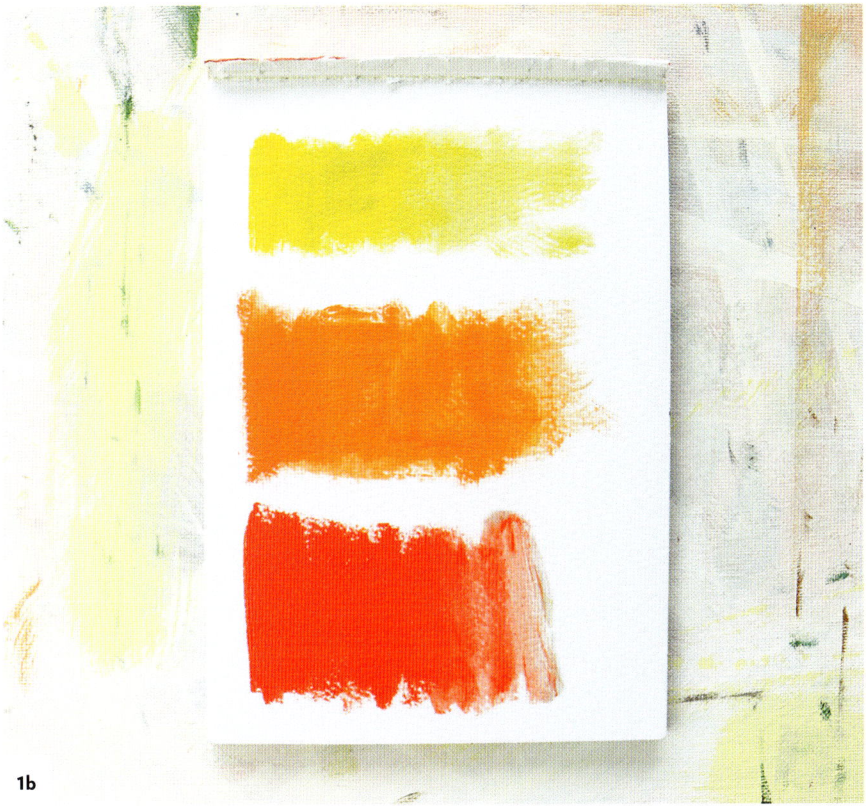

1b

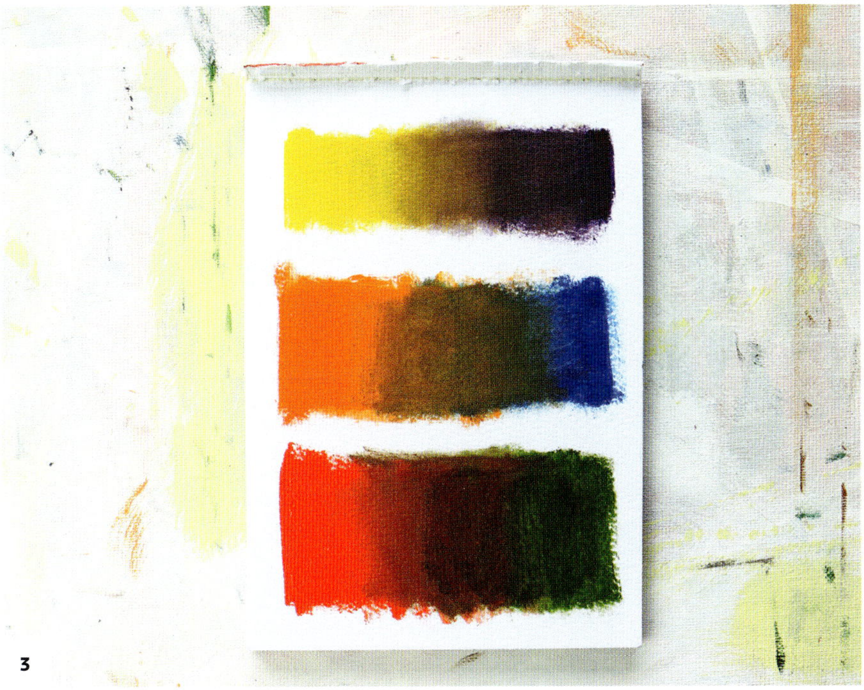

3

TIPP *Überschüssige Farbe regelmäßig vom Pinsel abwischen, damit Bild und Arbeitsplatz sauber bleiben. Wenn du mit Gelb beginnst und dann Rot aufnimmst, brauchst du den Pinsel nur abzuwischen, aber nicht gründlich auszuwaschen.*

ÜBUNG 2: AUFHELLEN UND ABDUNKELN

Auch durch Aufhellen und Abdunkeln lässt sich die Wirkung einer Farbe verändern. Aufgehellt wird durch die Zugabe von Weiß, abgedunkelt wird durch die Zugabe von Schwarz.

1. Gib Weiß und Schwarz auf deine Palette. Auf Ölpapier oder grundiertes Papier einen weißen Kreis malen. Mit einem sauberen Pinsel ringsherum einen schwarzen Kreis malen.

2. Nun die Kreise ineinander verwischen. Experimentiere dabei mit Malmittel und verschiedenen Pinseltypen und -stärken. Soll der Übergang fließend sein, oder sollen Pinselstriche sichtbar bleiben?

3. Füge jetzt Farben eigener Wahl hinzu. (Meine Farben sind am unteren Rand der Abbildung 3 zu sehen.)

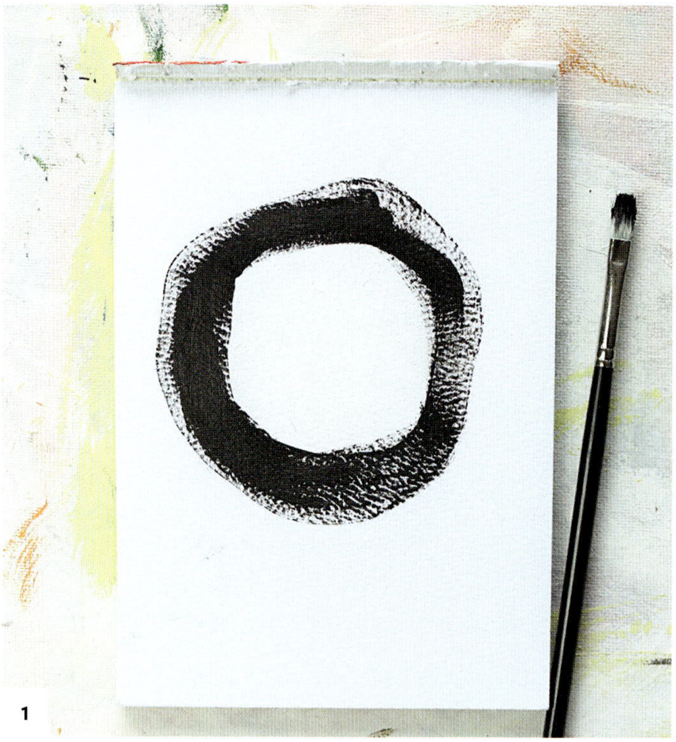

1

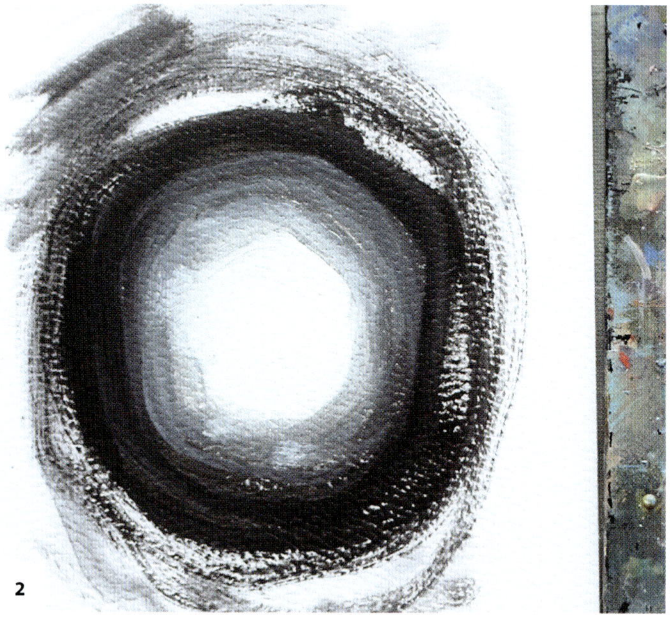

2

3

4. So sah meine Palette aus, als ich fertig war. Wie sieht deine aus? Denk daran, einen Glaskeramikschaber zum Reinigen der Palette zu verwenden oder um trockene Farbe abzutragen.

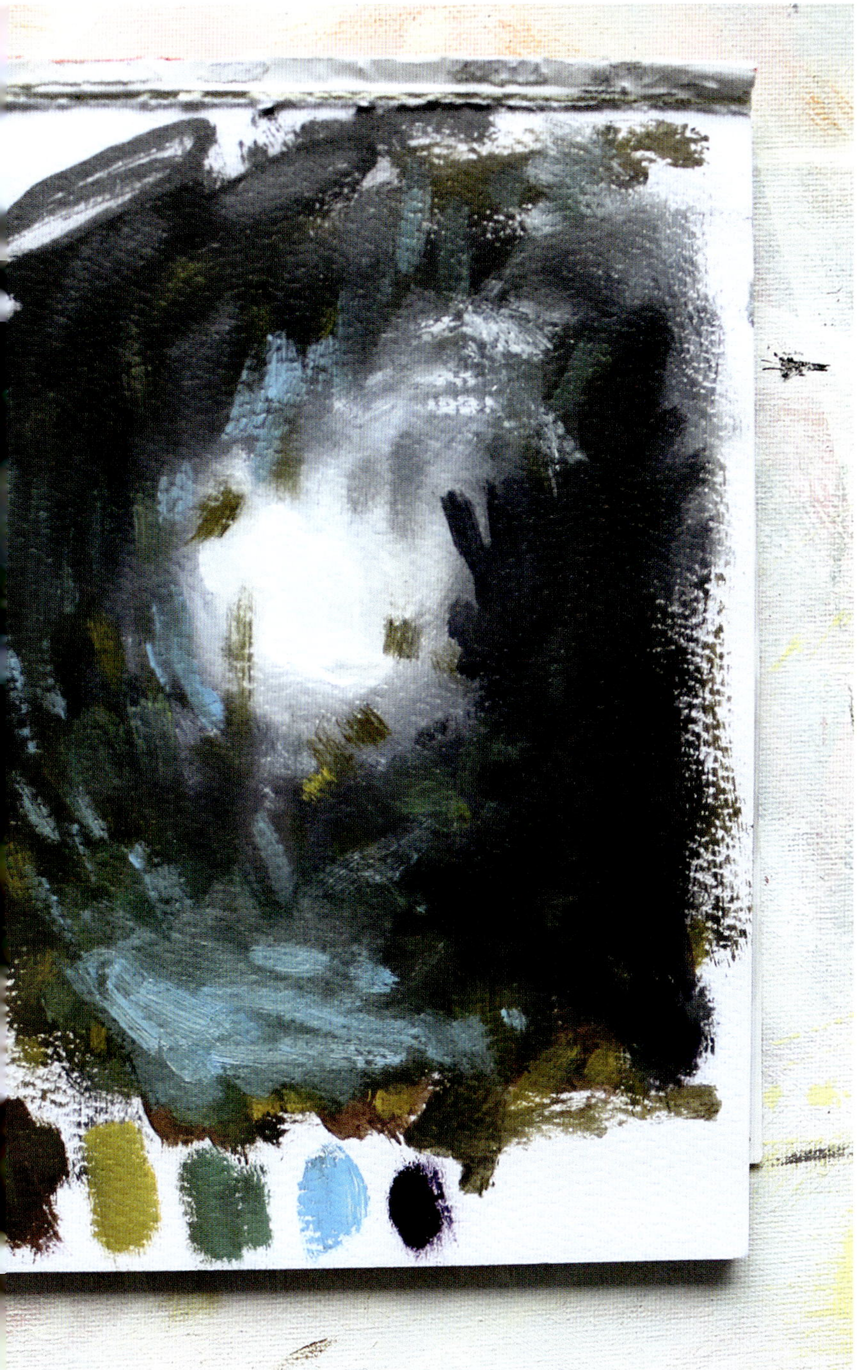

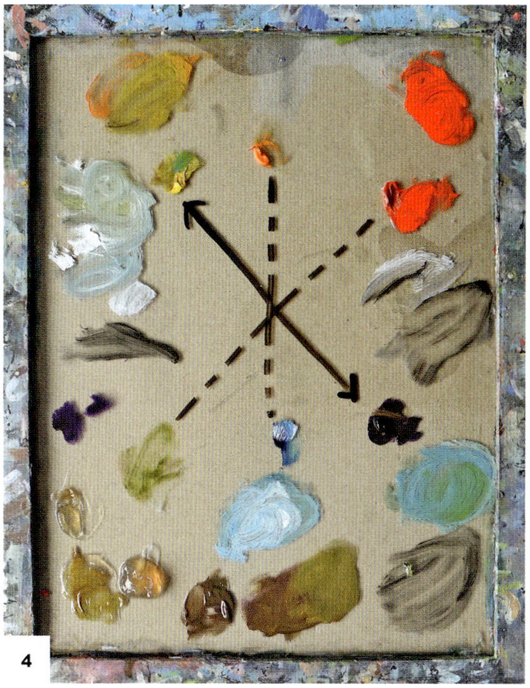

4

TIPP *Wichtig, wenn zum Aufhellen und Abdunkeln Weiß oder Schwarz verwendet werden:*

- *Niemals Weiß und Schwarz zugeben, sonst wird die Farbe verfremdet und tendiert eher zum Grau.*
- *Zum Abdunkeln kann man nicht nur Schwarz verwenden. Probiere auch andere dunkle Farben aus.*

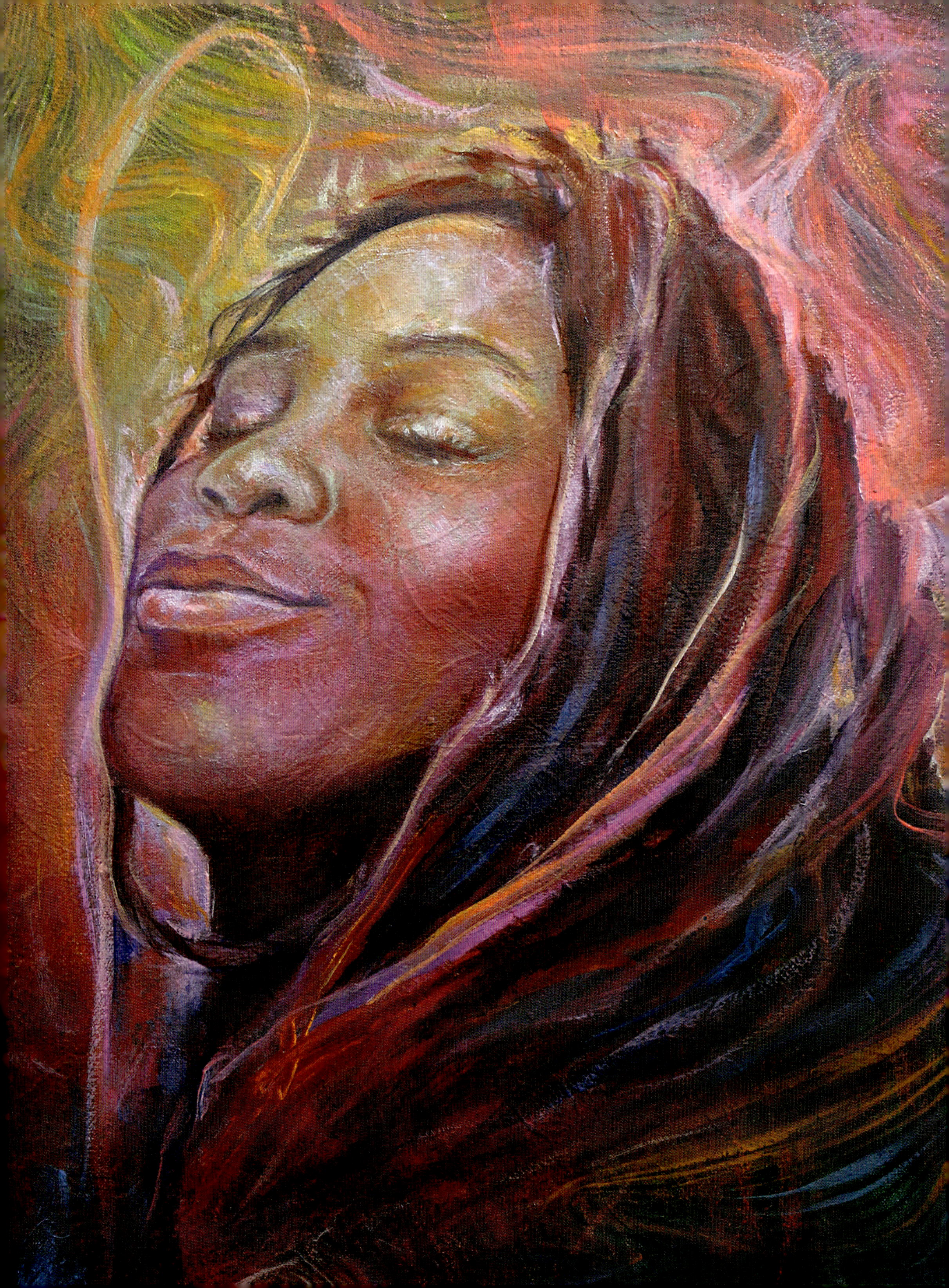

2

Die Techniken

Dieses Kapitel gibt einen Überblick über verschiedene Techniken und schlägt einige sinnvolle Übungen für den Anfang vor.

Hast du Lust, Neues auszuprobieren – und gleichzeitig fürchtest du, dich zu überfordern? Dann solltest du dieses Kapitel lesen.

Hier zeige ich Techniken, Kniffe und Übungen, mit denen du Schritt für Schritt lernen kannst. Sobald du dich mit den Grundtechniken vertraut gemacht hast, wirst du in der Lage sein, diese in deinen eigenen Arbeiten neu zu kombinieren und abzuwandeln. Auch die alten Meister haben sich in ihren Werken oft einfacher Mittel bedient.

Denke daran, dass du zu einer Künstlergeneration gehörst, die die Malerei auf innovative Weise erweitern darf. Die Entwicklung der Kunst ist ein großes Abenteuer, das von den frühesten Höhlenmalereien über die Mona Lisa bis hin zu den vielen wunderbaren Künstlern unserer Generation reicht. Und die Zukunft der Kunst dürfte noch einiges bereithalten.

Mit den folgenden Anleitungen wirst du die wesentlichen Werkzeuge der Ölmalerei im Handumdrehen beherrschen.

GLOSSAR DER TECHNIKEN

- **ALLA PRIMA**: Diese Maltechnik wird auch nass in nass genannt. Die Farben werden übereinandergeschichtet, ohne sie zwischendurch trocknen zu lassen. Es ist eine relativ schnelle Maltechnik, weil die manchmal langen Trocknungszeiten entfallen (Siehe Übung 1: Grundlegende Maltechniken, Seite 32)

- **AUSFÜLLEN**: Hier geht es darum, die wichtigsten Formen und Farben grob auf das Bild aufzutragen. Dabei wird die Bildfläche schnell bedeckt, und es soll eine harmonische Farbwirkung entstehen. (Siehe Übung 3: Mehrfarbige Untermalung, Seite 42)

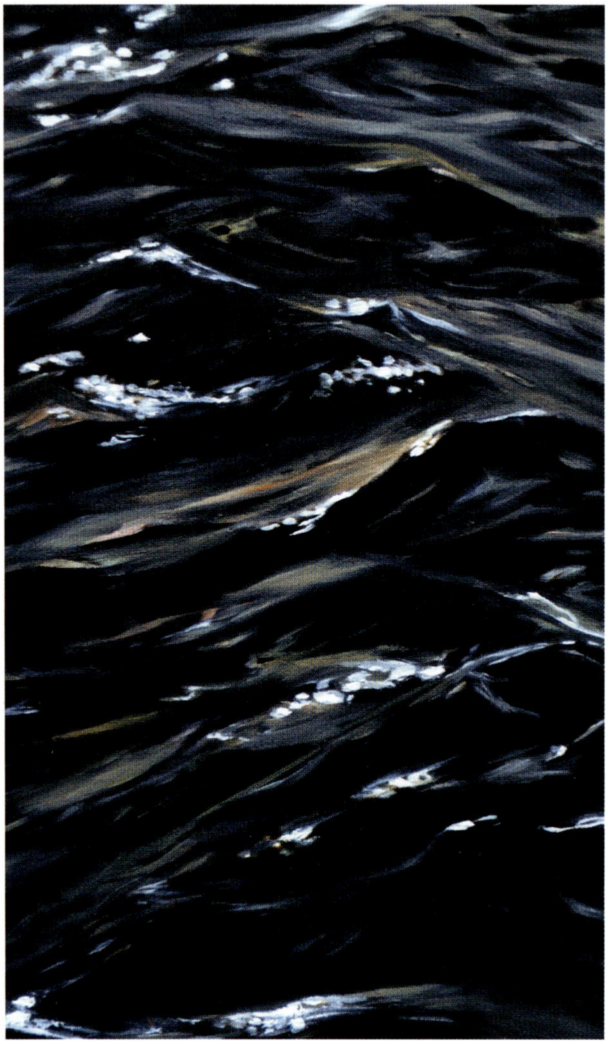

- **FARBÜBERGANG**: Fließende Farbübergänge werden gestaltet, bevor die Farbe getrocknet ist. Gut geeignet für weiche Farbeffekte und Schattenübergänge. (Siehe Übung 1, Seite 32)

- **FIRNIS**: Dies ist eine Art Klarlack, der aufgesprüht oder mit dem Pinsel aufgetragen wird, um der Bildoberfläche einen einheitlichen Glanz zu verleihen und die Farben zu vertiefen. (Siehe Übung 1, Seite 32)

- **IMPASTO**: Durch den dicken Farbauftrag werden sichtbare Pinselstriche oder Oberflächentexturen erzeugt. Diese Methode kann verwendet werden, um einem Gemälde räumliche Tiefe zu verleihen oder um Schatten, Texturen im Vordergrund, Sichtachsen oder einen Blickfang zu gestalten. Teils werden die Farben direkt auf dem Malgrund gemischt. (Siehe Übung 1, Seite 32)

- **KOHLETRANSFER**: Diese Technik wird verwendet, um selbst gezeichnete Motive oder Fotos auf den Malgrund zu übertragen. Dazu die Rückseite der Zeichnung oder des Fotos komplett mit Zeichenkohle oder Pastellkreide schraffieren. Die Zeichnung mit der Vorderseite nach oben auf den Malgrund legen oder kleben und die Linien, die übertragen werden sollen, nachfahren. (Siehe Übung 2: Motive übertragen, Seite 38)

- **LASUR**: Durch das Auftragen einer dünnen, durchscheinenden Farbschicht auf ein Gemälde können optische Mischeffekte entstehen, ohne dass die Farben tatsächlich gemischt werden. Lasuren können verwendet werden, um Farbtöne, Schatten und Lichteffekte zu beeinflussen und Bilder insgesamt lebendiger aussehen zu lassen. (Siehe Übung 1, Seite 32)

- **TUPFEN**: Bei dieser Technik wird wenig oder gar kein Malmittel verwendet. Die Farbe wird grob aufgetragen, sodass die Untermalung teilweise durchschimmert und ein lockerer, gebrochener Farbeffekt entsteht. Diese Technik eignet sich gut für Dunstschleier in Landschaftsbildern. (Siehe Übung 1, Seite 32)

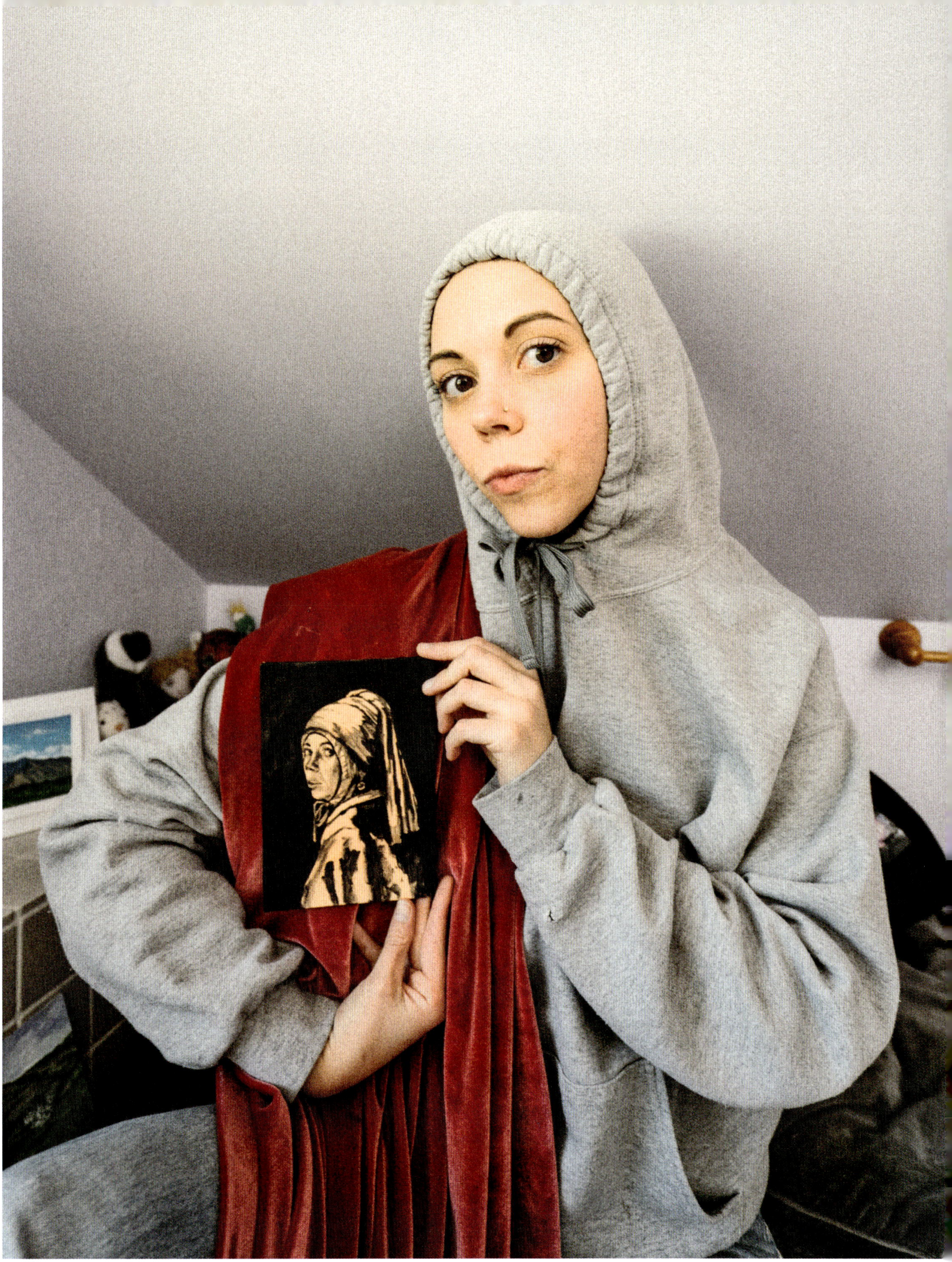

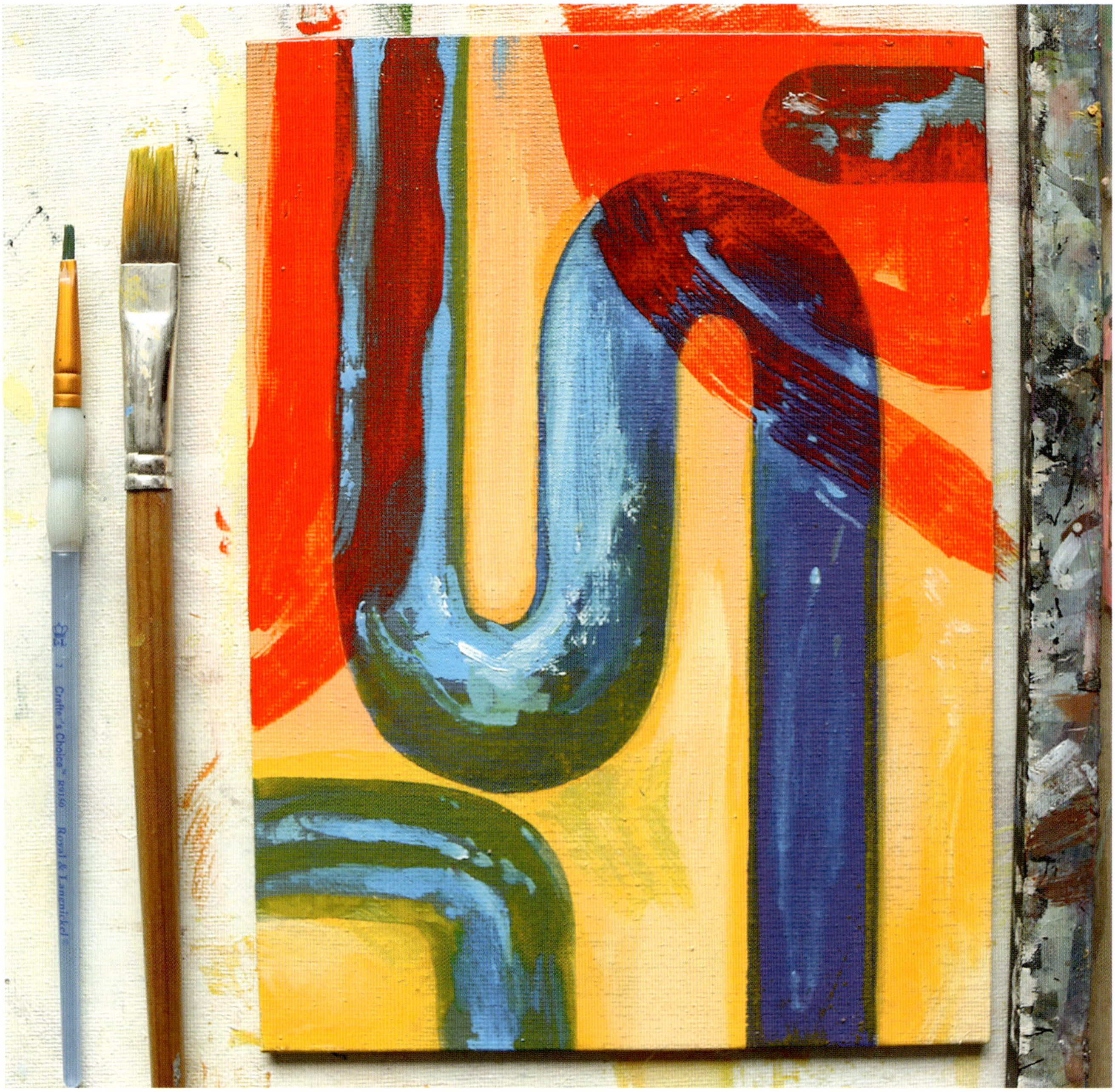

ÜBUNG 1: GRUNDLEGENDE MALTECHNIKEN

In dieser Übung entsteht mit verschiedenen Maltechniken ein abstraktes, ausdrucksstarkes Bild. Dieses Projekt habe ich auf grundiertem Malkarton gemalt.

Die folgenden Techniken kommen zum Einsatz:

- Farbübergang
- Alla prima
- Lasur
- Tupfen
- Impasto
- Firnis

TIPP *Ich habe zuerst meine Farben für diese Übung festgelegt. Du kannst meine Farben übernehmen und dabei nachvollziehen und lernen, wie ich sie gemischt habe. Um die Übung zu individualisieren, kannst du allerdings auch ganz andere Farben verwenden.*

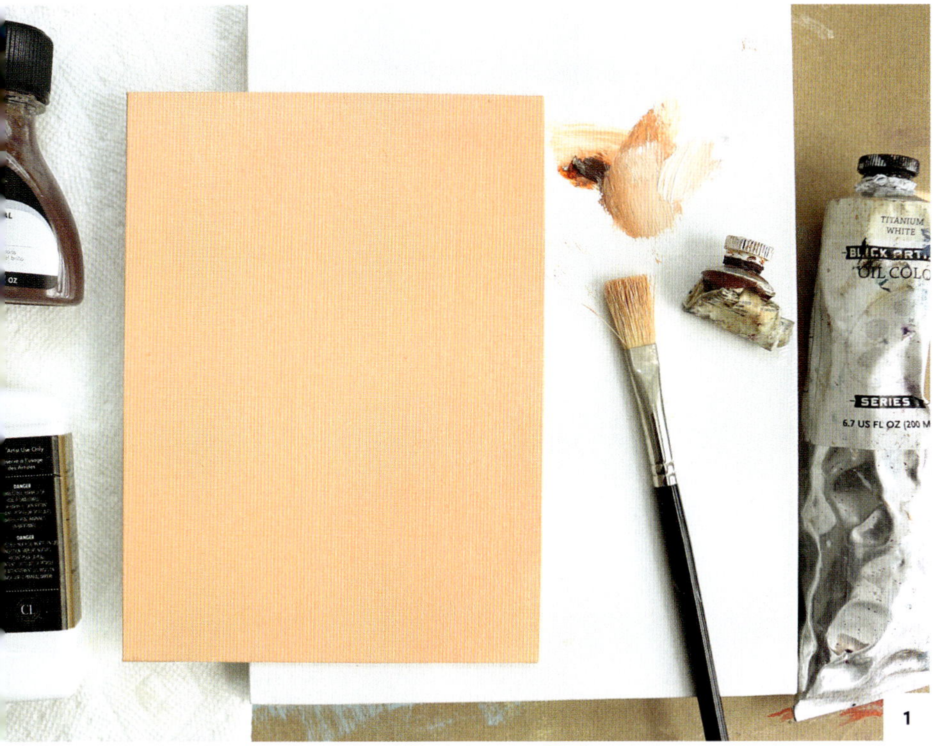

1

1. Weiß und Umbra gebrannt zu einem hellen Pfirsichton mischen und den Malgrund mit einer gleichmäßigen Schicht dieser Mischung bedecken. (Ich habe grundierten Malkarton verwendet.) Falls nötig, unregelmäßige Stellen nacharbeiten. Ich habe einen mittleren Flachpinsel gewählt, um die Platte zügig und gleichmäßig zu füllen.

2. Farbübergang: Gestalte den Hintergrund mit einem Farbübergang. Weiß und Gelb zu einem hellen Gelb mischen und damit nur den unteren Bereich des Malkartons

Fett auf mager

In der Ölmalerei wird empfohlen, »fett auf mager« zu arbeiten. Das bedeutet, dass die ersten Schichten dünn sein sollten, um dann zu dickeren Schichten aufzusteigen. Weil die ersten Schichten relativ schnell trocknen, wird so verhindert, dass die Farbe später rissig wird oder abplatzt. Eine gute Möglichkeit für magere Farbschichten ist die vorsichtige Zugabe von Terpentin oder einem Malmittel, das die Trocknung beschleunigt.

Im ersten Teil der Übung wird alla prima gearbeitet (siehe Seite 30). Die erste Schicht in Schritt 1 wird dünn aufgetragen, um nicht später auf einem dicken, nassen Untergrund malen zu müssen. Gib dafür kleine Mengen Malmittel zur Farbe oder auf den Pinsel. Ich benutze Liquid, um die Farbe zu strecken. So lässt die Farbe sich gut verteilen und es entsteht eine deckende Schicht.

Damit die Deckkraft dauerhaft ist, muss die Mischung mehr Farbe als Malmittel enthalten. Bedenke, dass Lösemittel wie Terpentin sich anders verhalten als ein Malmittel auf Ölbasis. Lösemittel verursachen eine chemische Reaktion (Reduktion), sodass sich die Trocknungsdauer verkürzt. Dieses Verfahren ist gut, sollte aber mit Vorsicht und planvoll eingesetzt werden.

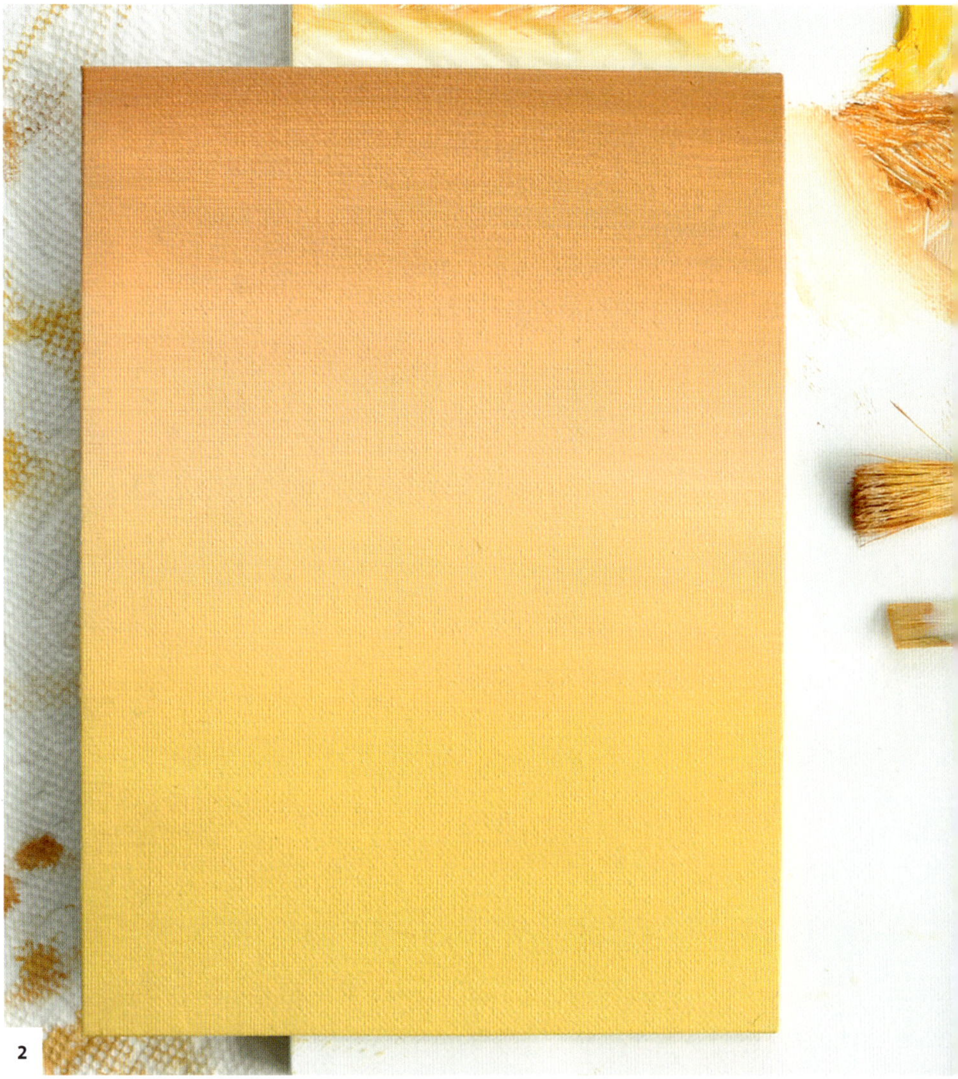

2

TIPP *Zum Verfeinern der Farbübergänge verwende ich einen sauberen, trockenen Pinsel mit dünnen Borsten, den ich mit minimalem Druck durch die feuchte Farbe ziehe.*

mit gleichmäßigen waagerechten Strichen überziehen. Dabei keine neue Farbe aufnehmen. Das Gelb soll unten am intensivsten sein und nach oben hin allmählich blasser und weniger opak werden.

3. Damit der Farbübergang noch intensiver wird, im oberen Bildbereich Umbra gebrannt auftragen und nach unten hin blasser werden lassen. Falls gewünscht, im mittleren Bereich etwas Weiß verwenden, damit der Übergang fließender ausfällt und der Pfirsichton in der Mitte dennoch erhalten bleibt.

4. Alla prima: Nun einige große Formen malen. Ich habe aus Ultramarinblau und Weiß ein mittleres Blau gemischt und zur Überlagerung der Bildelemente mit zwei Maltechniken experimentiert.

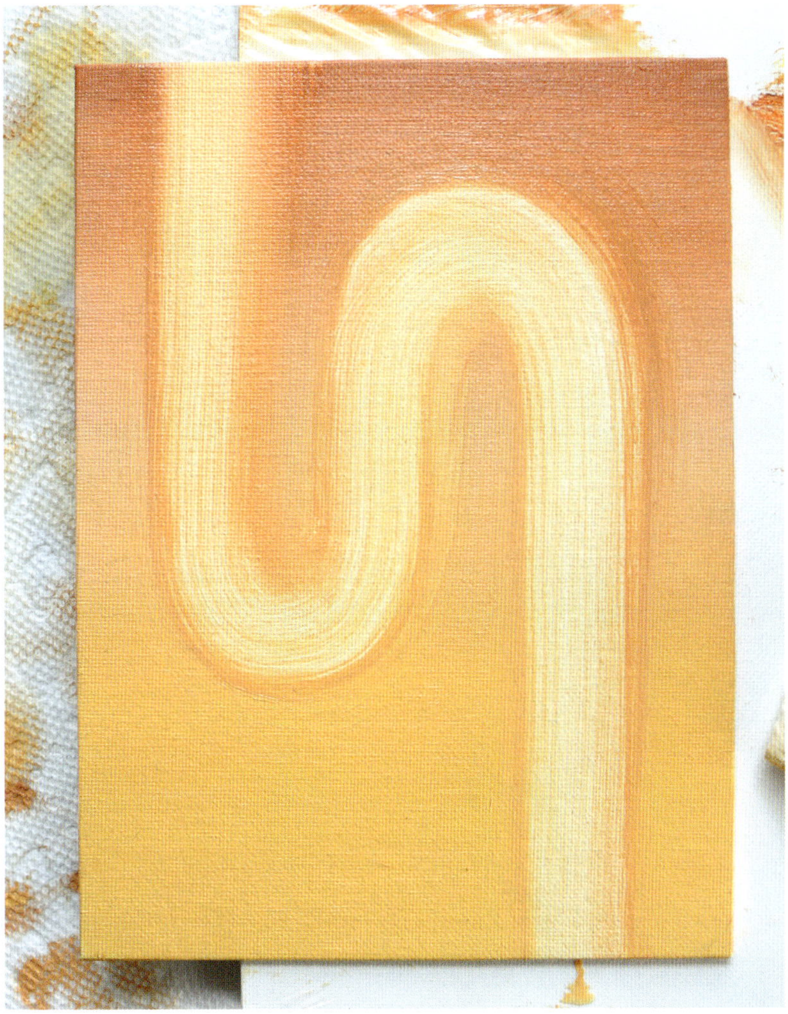

- **METHODE 1:** *Den Verlauf der späteren blauen Form mit einem Papiertuch und einem in Verdünner getauchten Pinsel abwischen. Den negativen Raum dann sorgfältig mit Mittelblau ausfüllen.*

- **METHODE 2:** *In den beiden freien Ecken zwei blaue Formen einfügen, ohne vorher die Farbe abzuwischen. Direkt auf der noch feuchten Grundierung malen.*

HINWEIS *Du hast nun einmal auf abgewischtem Grund und einmal auf noch feuchter Farbe gemalt. Wie hat es sich angefühlt? Hast du einen Unterschied bemerkt? Hat dir eine der beiden Methoden besser gefallen? Beschreibe die optischen Unterschiede.*

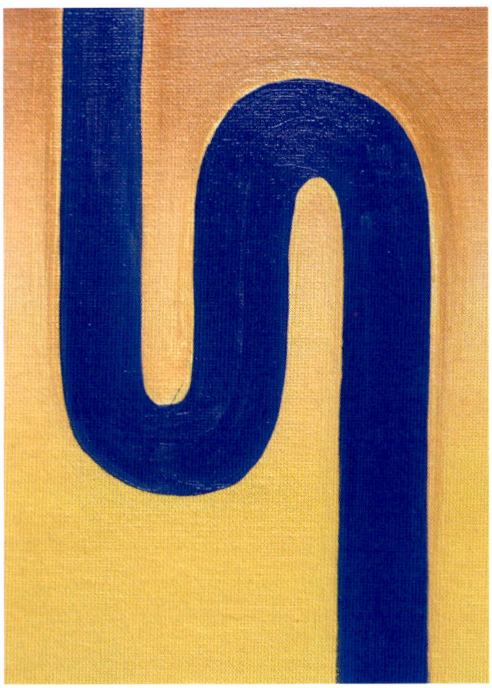

METHODE 1

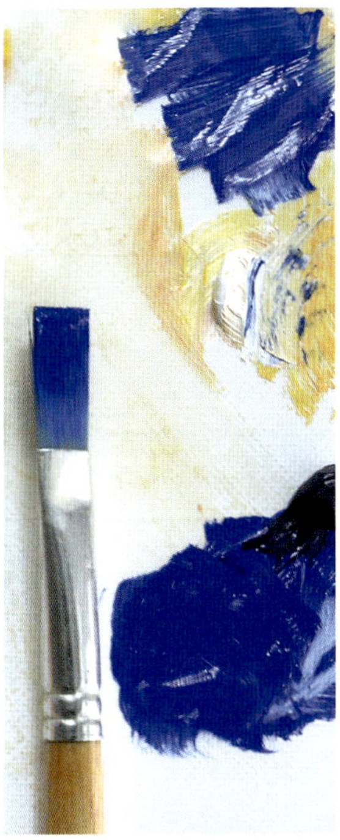

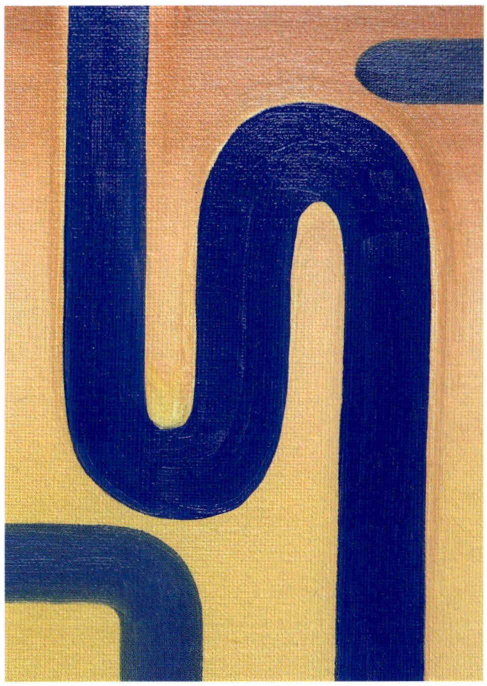

METHODE 2

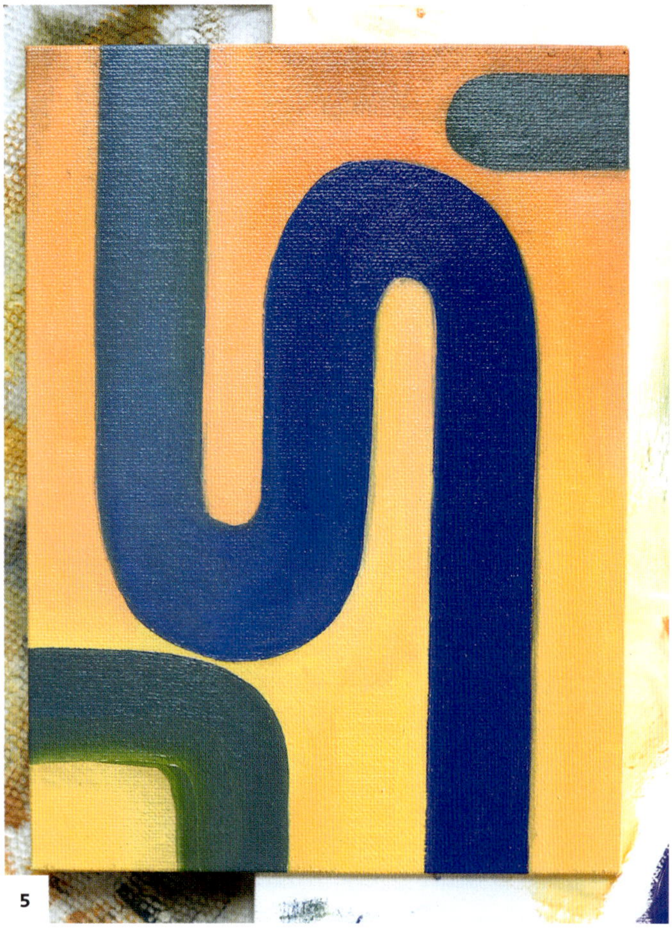

5

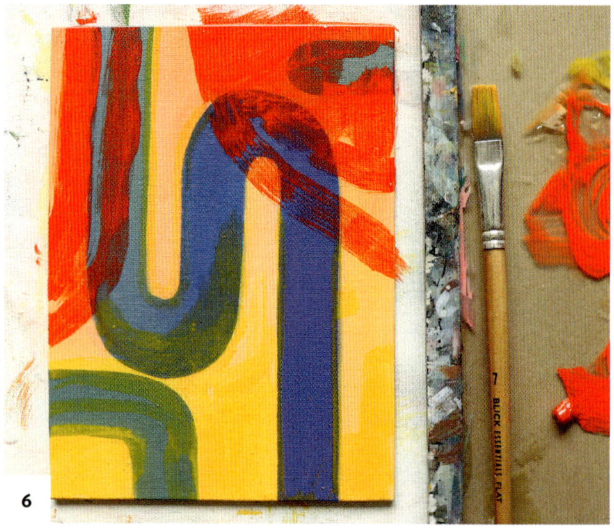

6

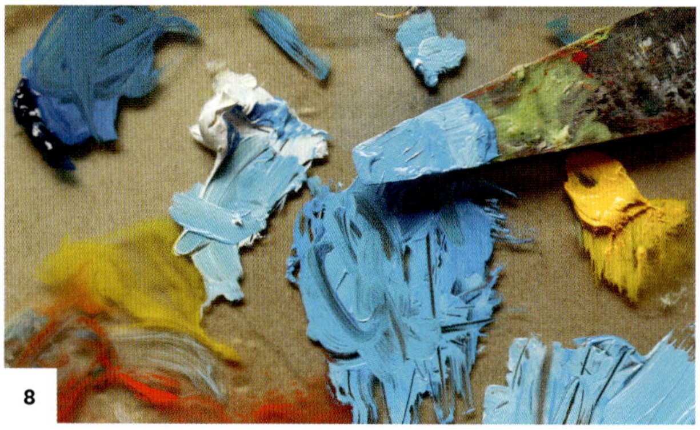

8

TIPP *Raumklima und Viskosität der Farbe beeinflussen die Trocknungszeit eines Gemäldes. Ich habe mit relativ flüssiger Farbe in einem warmen Raum gemalt. Es dauerte zwei Tage, bis mein Bild trocken war und ich Firnis auftragen konnte.*

5. Trage mehr Farbe von der Palette auf das Bild auf, um die Deckkraft der Formen und des Hintergrunds zu erhöhen. In diesem Schritt habe ich auch einen Farbverlauf in der mittleren Form eingefügt, indem ich das Mittelblau mit etwas Gelb gemischt habe. Dieser Aquaton beginnt am oberen Rand der Komposition und geht in Blau über. An den Rändern mit langen, sanften Pinselstrichen einen feinen Farbkontrast hinzufügen. Dann die Farbe trocknen lassen, bis sie sich nicht mehr klebrig anfühlt.

6. Lasur: Aus Malmittel und Kadmiumrot eine halbtransparente Lasur mischen. Sie darf weder zu stark decken noch zu transparent sein. Die Lasur liegt wie ein zarter Schleier auf den bislang aufgetragenen Farben, ohne diese ganz zu verdecken. Während die erste Lasur noch feucht ist, wird in der unteren Bildhälfte stellenweise eine zweite Lasur aus Malmittel und Kadmiumgelb aufgetragen.

7. Tupfen: Überlege in diesem und im nächsten Schritt, wie du die Farbe auftragen willst: gleichmäßig und locker getupft? Ich habe getupft, sodass die unteren Farben dazwischen durchschimmern. In diesem Schritt der Übung kannst du gut Erfahrungen mit Deckkraft und Transparenz von Ölfarben sammeln.

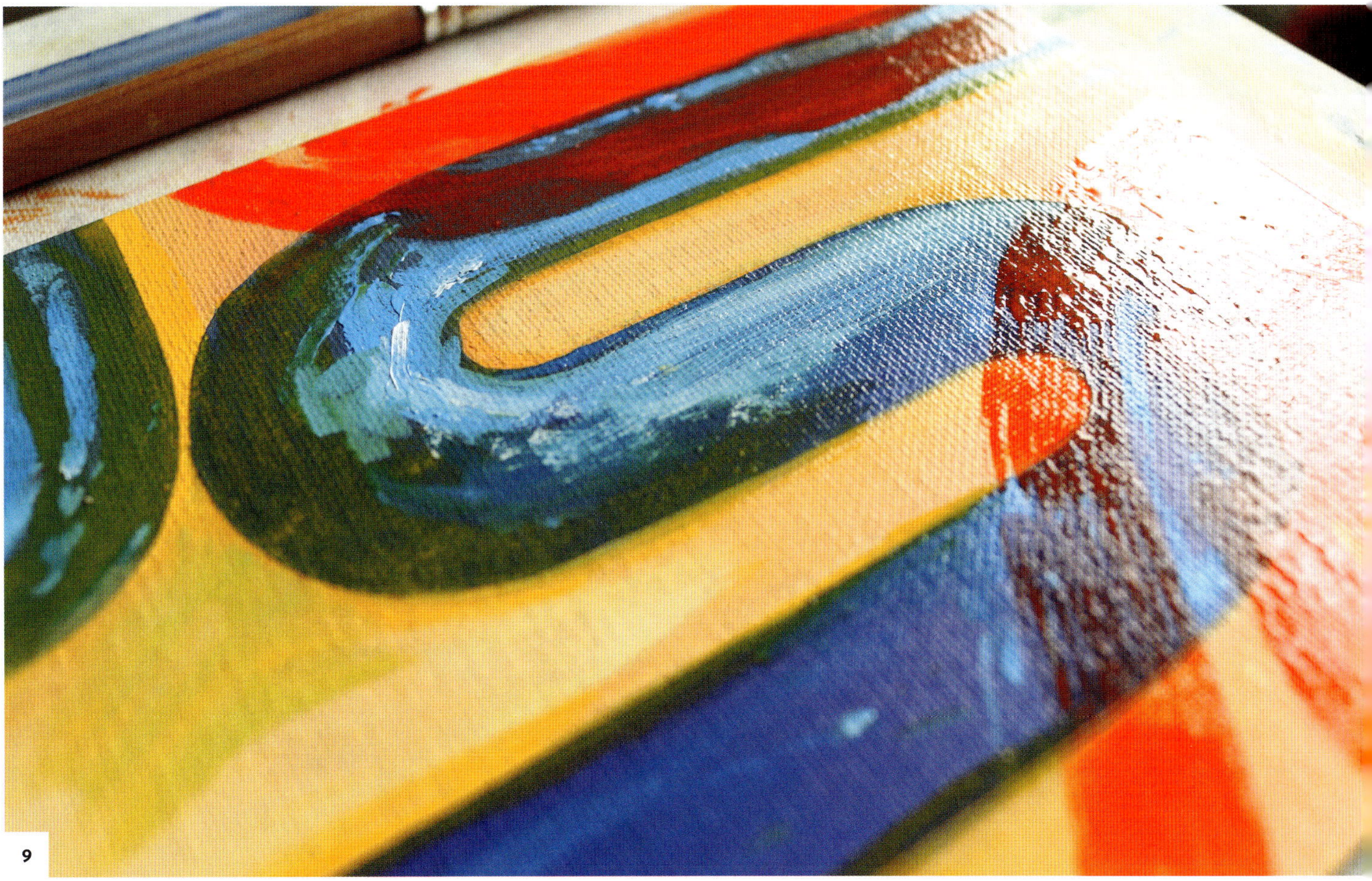

9

8. Impasto: Für Details und Effekte wird eine Mischung aus Weiß und Phthaloblau verwendet. Die Farbe wird deutlich dicker mit tupfenden oder streichenden Bewegungen mit einem Pinsel oder Malmesser aufgetragen, sodass verschiedene Texturen entstehen. Nachdem meine Nichte meinte, die Formen sähen aus wie Leuchtstoffröhren, habe ich das leuchtende Blau vor allem auf die mittlere Form und die beiden abgeschnittenen Formen in den Ecken aufgetragen. Das hellere Blau bildet einen starken Kontrast zum darunterliegenden dunkleren Blau. Einzelne Tupfer mit Weiß dienen als Glanzlichter und verstärken den »Neoneffekt«.

9. Firnis: Wenn das Bild vollständig trocken ist, kann es mit Firnis überzogen werden. Dadurch bekommt die Oberfläche einen stärkeren Glanz, der auf den Abbildungen gut zu erkennen ist. Verschiedene Ölfarben können nach dem Trocknen einen unterschiedlichen Glanz entwickeln, das lässt sich durch Firnis gut wieder vereinheitlichen. Firnis verstärkt außerdem die Farbtiefe.

ÜBUNG 2: EINE ZEICHNUNG ÜBERTRAGEN

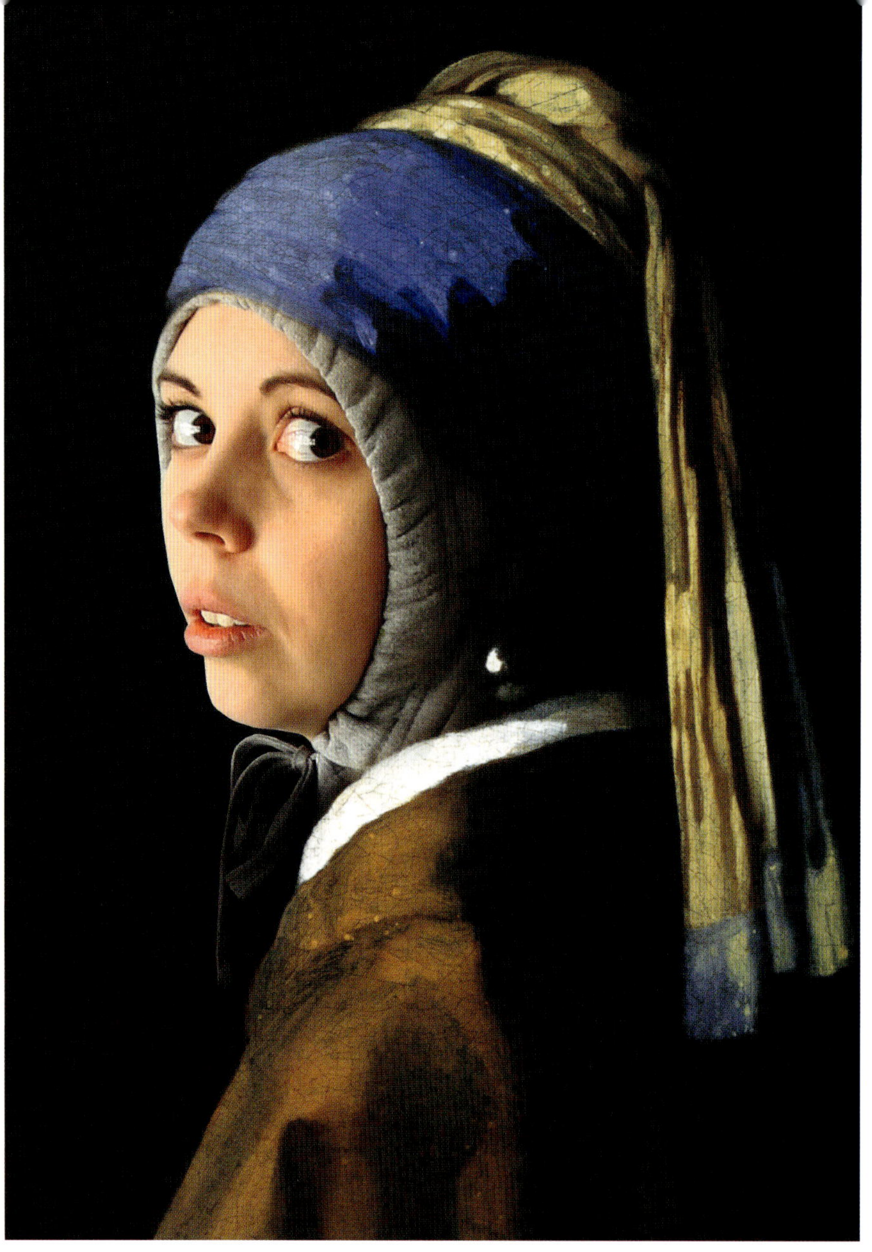

Einige Motive in diesem Buch werden direkt vorgezeichnet, andere werden von einer Vorlage übertragen. Hier erkläre ich das Übertragen von einem Foto oder einer Zeichnung. Je routinierter du wirst, desto mehr wirst du die Grundtechniken individuell abwandeln.

Traditionelle Zeichentechniken stärken das Selbstvertrauen und schulen den künstlerischen Blick. Ich habe aber auch das Transferzeichnen als ausgesprochen nützlich empfunden, denn so konnte ich relativ früh gut strukturierte Vorzeichnungen erstellen und dadurch die Vorbereitung des Malvorgangs verkürzen. Ich habe beim Übertragen außerdem gelernt, wesentliche Bildelemente zu erkennen, Formen zu vereinfachen oder Linien und Winkel zu sehen, die eine perspektivische Wirkung entstehen lassen.

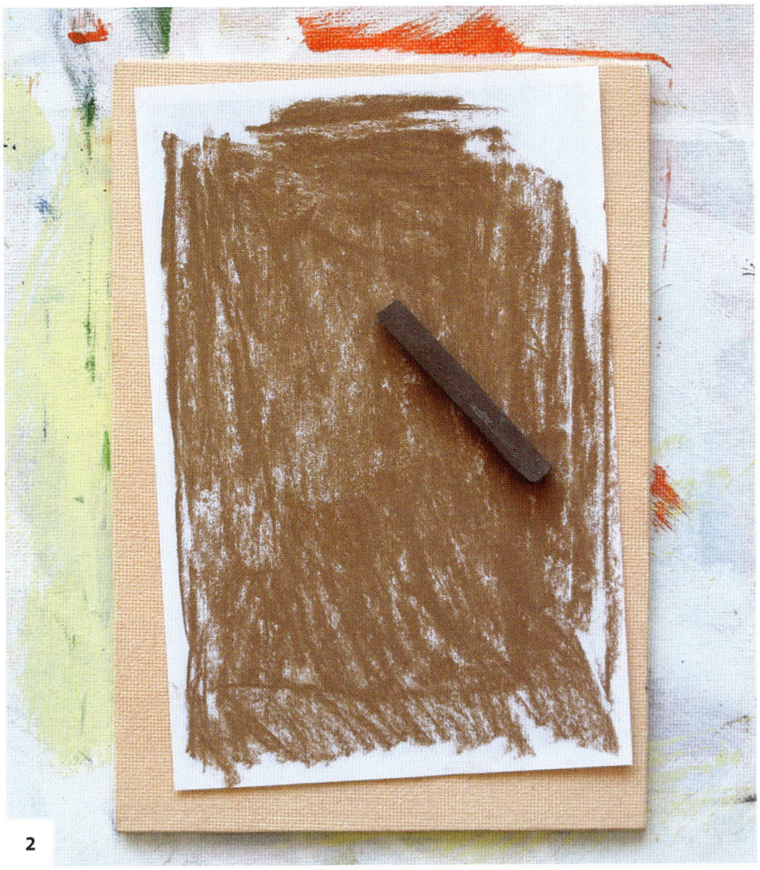

2

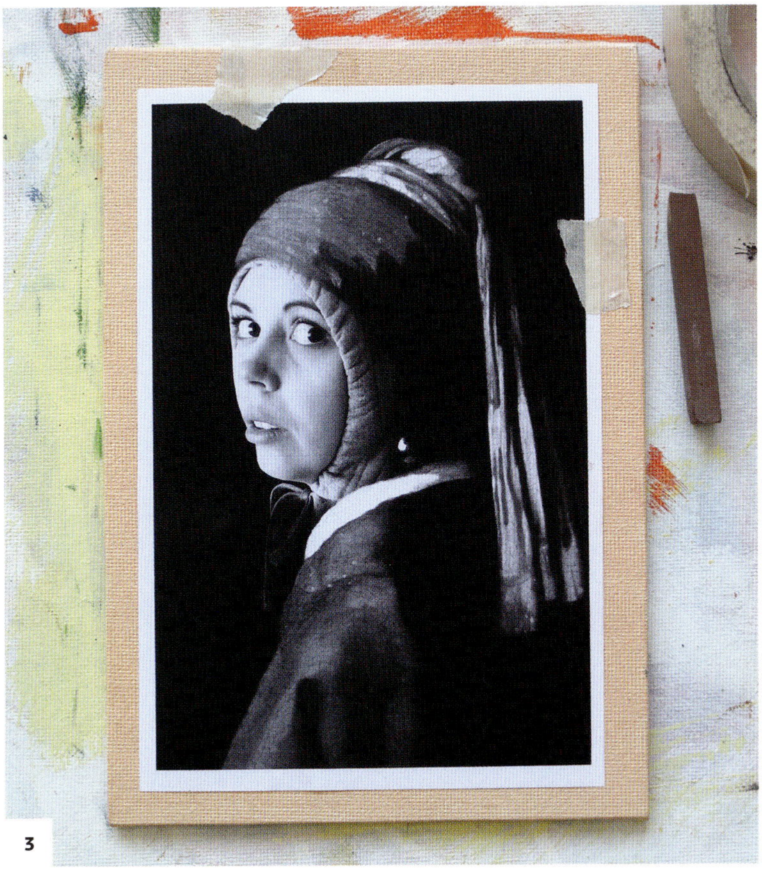

3

1. Zuerst eine Zeichnung oder ein ausgedrucktes Foto wählen, das auf den Malgrund übertragen werden soll. Auf der Papierrückseite müssen Zeichenkohle oder Hartpastell gut haften. Druckerpapier etwa ist gut geeignet. Die Bilder können farbig oder schwarz-weiß sein. Wichtig ist, dass Details und Tonwerte gut genug zu erkennen sind, um sie nachzuzeichnen.

2. Die Rückseite des Bildes komplett und dicht mit Zeichenkohle oder Pastellkreide in einer Farbe, die gut mit dem Malgrund kontrastiert, schraffieren. Je nach Motiv die ganze Rückseite des Papiers oder nur Teile davon präparieren. Danach alle losen Kohle- oder Kreidekrümel in den Papierkorb abschütteln.

3. Nun das Bild mit der schraffierten Seite nach unten auf den Malgrund legen und mit Malerkrepp fixieren, damit es nicht verrutschen kann. Eine Ecke sollte lose bleiben, damit du das Papier anheben und das Ergebnis des Transfers zwischendurch kontrollieren kannst.

TIPP *Bei den ersten Versuchen kann es sein, dass nicht alle Striche sauber übertragen werden. Dann musst du halt nacharbeiten. Mit etwas Zeit und Übung wird dir das Übertragen immer leichter von der Hand gehen.*

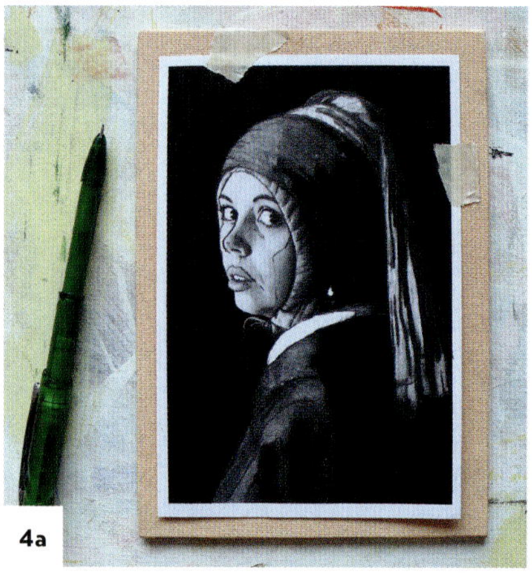

4a

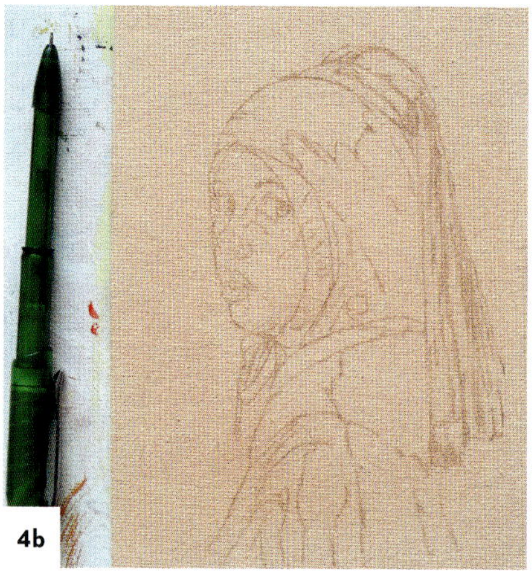

4b

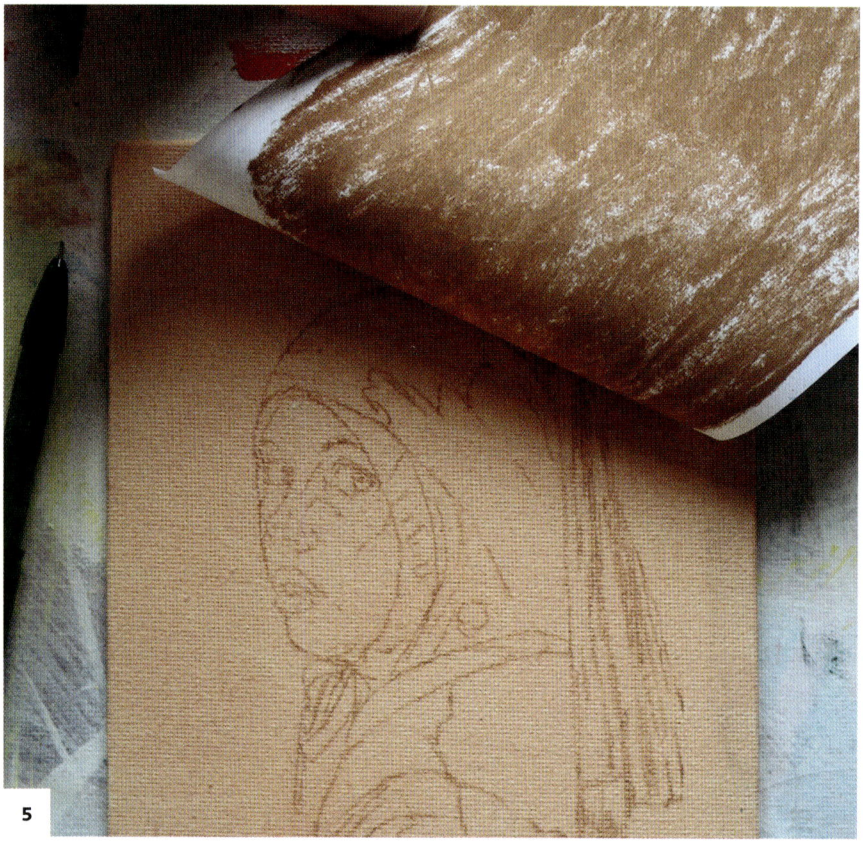

5

Warum Transfer-zeichnungen?

Als ich mich mit Jenny Morgans Herangehensweise an die zeitgenössische Porträtmalerei und den Hyperrealismus beschäftigte, stieß ich auf Fotos aus ihrem Atelier, die zeigen, wie sie große Leinwände mithilfe von Transferzeichnungen für die figürliche Malerei vorbereitet. Ich habe die Methode übernommen und festgestellt, dass die Vorzeichnung zwar hilft, der Realismus aber hauptsächlich beim Malen entsteht. Die Porträtmalerei könnte man als Bildhauerei in Farbe beschreiben, weil etwa die Knochenstruktur durch Schatten, Licht und Platzierung der Farben herausgearbeitet wird. Mit einer guten Transferzeichnung kann man sich früher und schwerpunktmäßig mit Farbe und Form beschäftigen.

4. Nun werden alle wichtigen Formen und Objekte des Motivs auf der Vorderseite des Papiers nachgezeichnet. Auch wichtige Farbbereiche und Schatten sollten mit Hilfslinien markiert werden. In 4b ist zu erkennen, welche Gesichtszüge und Schatten ich übertragen habe.

5. Den Transfer auf Vollständigkeit kontrollieren. Wenn alle wichtigen Elemente übertragen sind, kann die Vorlage entfernt werden. Lose Kohle- oder Kreidekrümel vom Malgrund pusten. Aber Vorsicht: Dabei darf die übertragene Zeichnung nicht leiden, also nicht reiben.

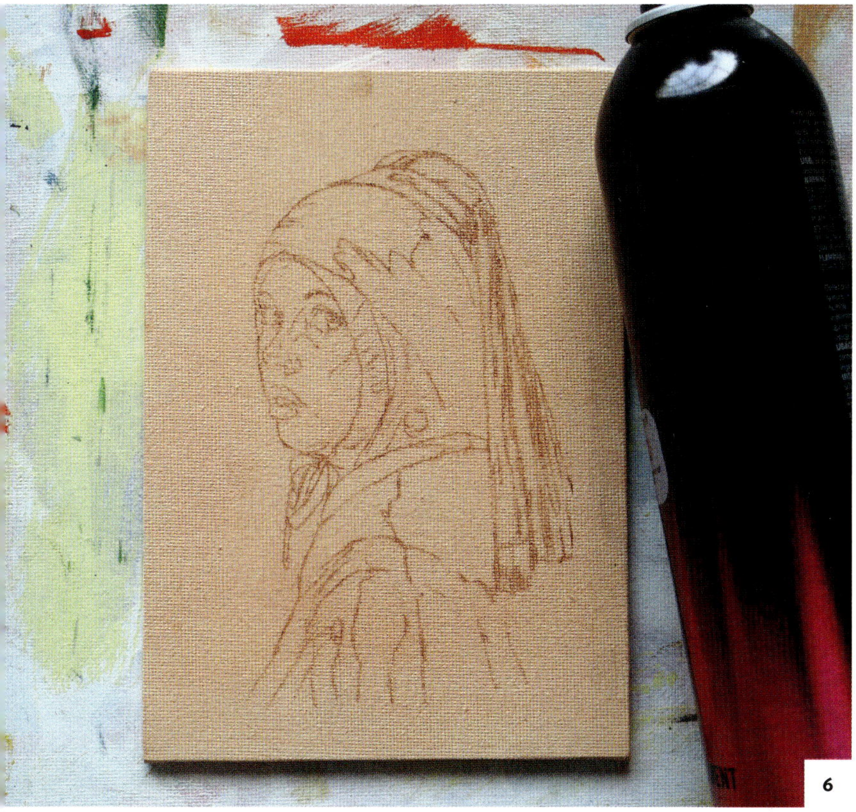

6

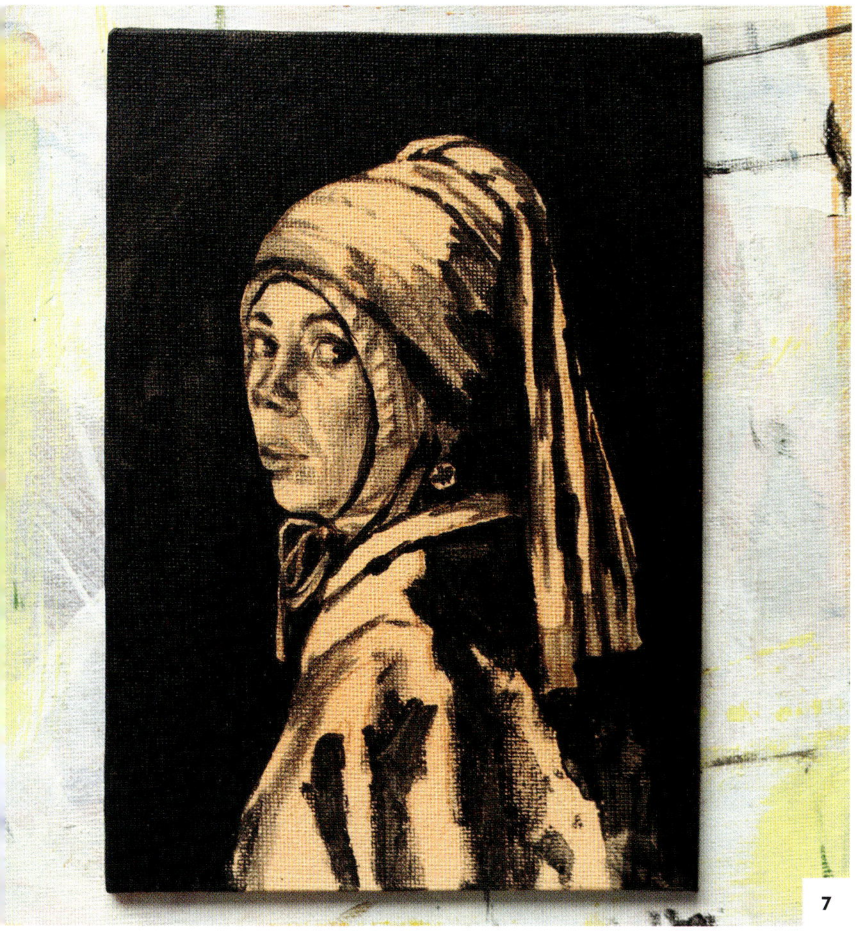

7

6. Die Vorzeichnung mit Haarspray oder Fixativ einsprühen, damit sie nicht verwischt. Durch das Einsprühen nimmt die Farbsättigung der Kohle oder Kreide zu und die Striche heben sich stärker vom helleren Malgrund ab.

7. Nun kann das Motiv vorgemalt werden. Ich habe eine dünne Schicht schwarzer Acrylfarbe auf die Leinwandplatte aufgetragen. Ich beginne meine Gemälde häufig mit Acrylfarben, weil sie schnell trocknen. Darum eignen sie sich gut zum Einfärben oder Abtönen einer Leinwand vor dem Malen, zum Ausfüllen von Flächen oder zum schnellen Aufbau von ersten deckenden Schichten. Nach einer groben Acrylschicht gestalte ich das Bild detailliert mit Ölfarben aus. Man kann mit Ölfarben zwar immer nass in nass malen, aber manchmal ist es einfacher, auf einem trockenen Untergrund zu arbeiten, und den liefern eben schnell trocknende Acrylfarben. Die Ausarbeitung dieses Bilds, das von dem barocken Porträt *Das Mädchen mit dem Perlenohrring* von Johannes Vermeer inspiriert ist, wird mir viel Spaß machen.

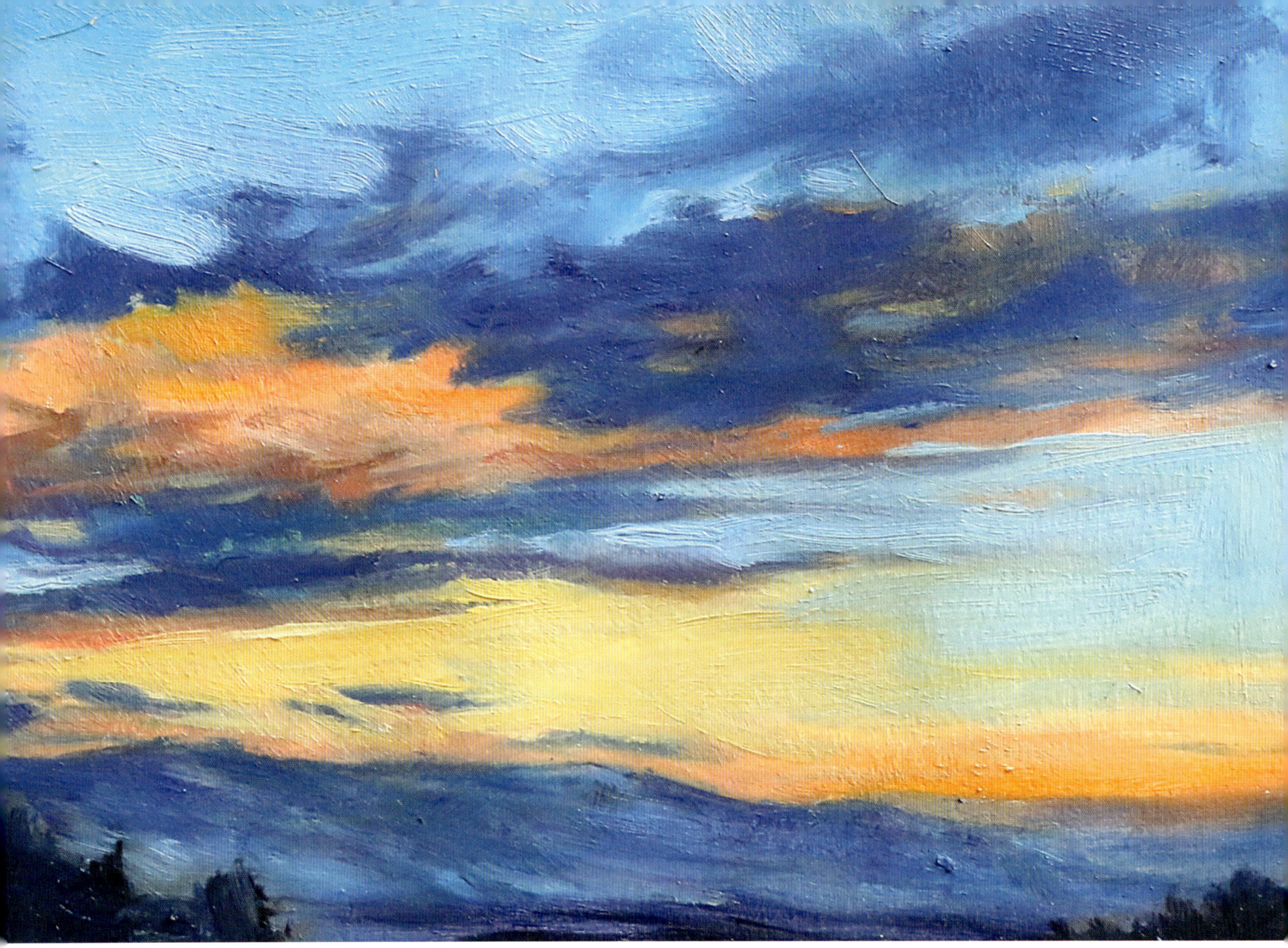

ÜBUNG 3: MEHRFARBIGE UNTERMALUNG

In dieser Übung wird das Motiv aus freier Hand vorgezeichnet, bevor die wichtigsten Farbtöne und -flächen festgelegt werden. Durch eine mehrfarbige Untermalung ist es möglich, relativ schnell das Wesentliche einer Komposition durch größere Farbblöcke zu Papier zu bringen. Die Untermalung bildet eine harmonische Grundlage für die weitere Entwicklung von Farben, Kontrasten und Details.

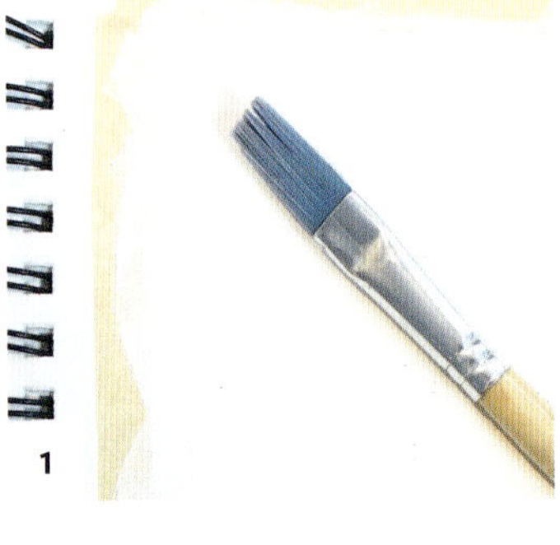

1

1. Auf dem Malgrund ein Rechteck von 10 x 15 cm abkleben. Ich habe hier Mixed-Media-Papier verwendet. Um das Papier vorzubereiten, wird es zuerst mit zwei Schichten Gesso oder Acrylfarbe überzogen. Dafür sollte ein Flachpinsel in einer Breite verwendet werden, die zum Bildformat passt, um die Fläche zügig auszufüllen. Das Gesso zwischen den Schichten trocknen lassen. Durch die Grundierung wird verhindert, dass Ölfarben später in das Papier eindringen und es zersetzen. Wer auf Ölpapier arbeitet, kann auf das Grundieren verzichten.

2. Das Motiv anhand einer Fotovorlage grob aus freier Hand vorzeichnen. Ich habe dafür einen Druckbleistift verwendet. Dabei sollten die wichtigen Linien der Komposition in einem optisch ansprechenden Verhältnis zu Höhe und Breite der Bildfläche stehen. Auf welcher Höhe liegt die Horizontlinie? Und wo am Papierrand beginnt die Unterkante der größten Wolke? Halte den Bleistift an die Vorlage und miss die Winkel und Längen des Motivs, beispielsweise die flachen Hügelkuppen, den schrägen Verlauf der Wolken und die Silhouetten der Baumwipfel in der unteren Ecke des Bilds. Behalte dabei immer das Gesamtbild im Auge. Achte darauf, dass die Proportionen stimmen und die wichtigsten Linien korrekt platziert sind. Details sind jetzt noch nicht wichtig.

3. Zuerst die bläuliche Bergkette andeuten. Dafür aus Weiß, Phthaloblau, Ultramarinblau und Chinacridonmagenta verschiedene Blau- und Violetttöne mischen. Die Mischung aus Magenta und Blau ergibt ein Violett. Um die Farbe zu verändern, mehr Magenta oder mehr Blau zur Mischung geben. Zum Aufhellen Weiß verwenden. Die Formen großzügig andeuten und die Farbe bei Bedarf mit etwas Malmittel mischen. Vor allem in den unteren Schichten sollte die Farbe eher dünn aufgetragen werden.

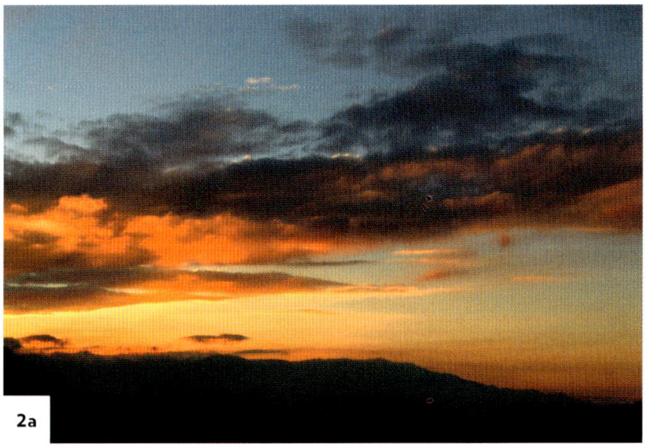
2a

2b

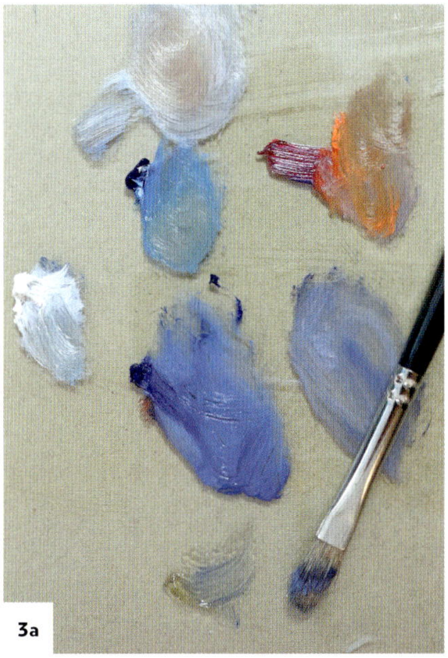
3a

3b

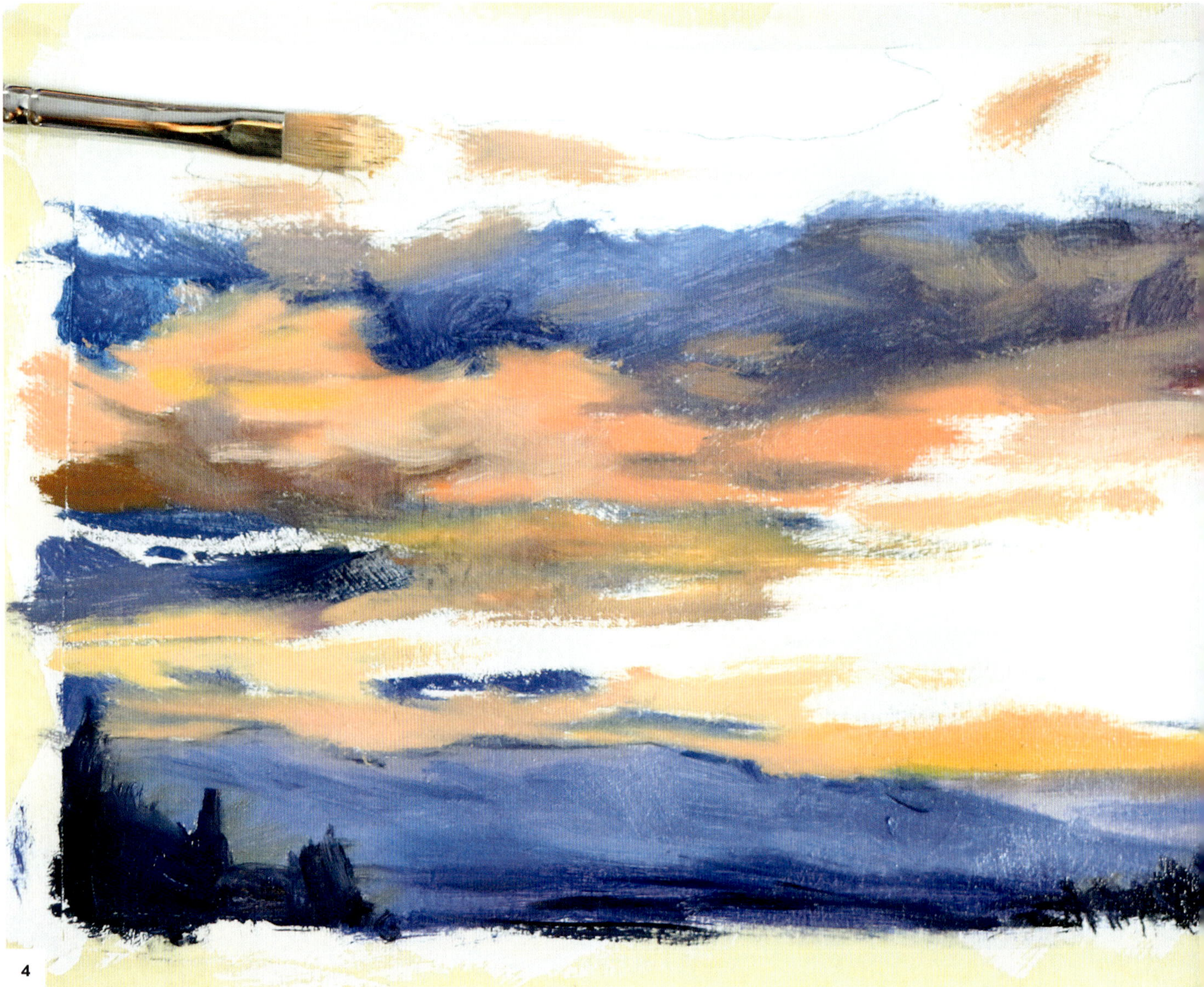

4

4. Für die dunklen Baumsilhouetten im Vordergrund Ultramarinblau mit kleinen Mengen Magenta und Orange mischen, um ein dunkles, neutrales Blau wie in der Abbildung zu erhalten. Die Silhouetten der Nadelbäume werden mit einem dünnen Pinsel und feinen, kurzen Strichen angedeutet.

5. Nun kommen die warmen Farben hinzu. Mit Weiß, Kadmiumgelb und Magenta helle, rosige Pfirsich- und Gelbtöne für den Himmel direkt über den Bergen mischen. Auch die warmen Farben weiter oben in den Wolken werden jetzt eingefügt.

Mit den Blau- und Violetttönen der Berge auch die dunklen Wolkenoberseiten andeuten. Weil Blau und Orange Komplementärfarben sind (siehe Seite 23), wird Magenta verwendet, um schmuddelige Mischtöne zu vermeiden und die Übergänge zwischen den hellen, warmen und den kühlen, gedämpften Farben zu gestalten.

6. Für die helleren Bereiche des Himmels Weiß und Phthaloblau mischen. Mit dieser Farbe werden die restlichen weißen Flächen des Papiers bedeckt.

7. Nun können Farben und Kontraste noch verstärkt werden. Das ist jedoch nicht unbedingt nötig, denn dies ist

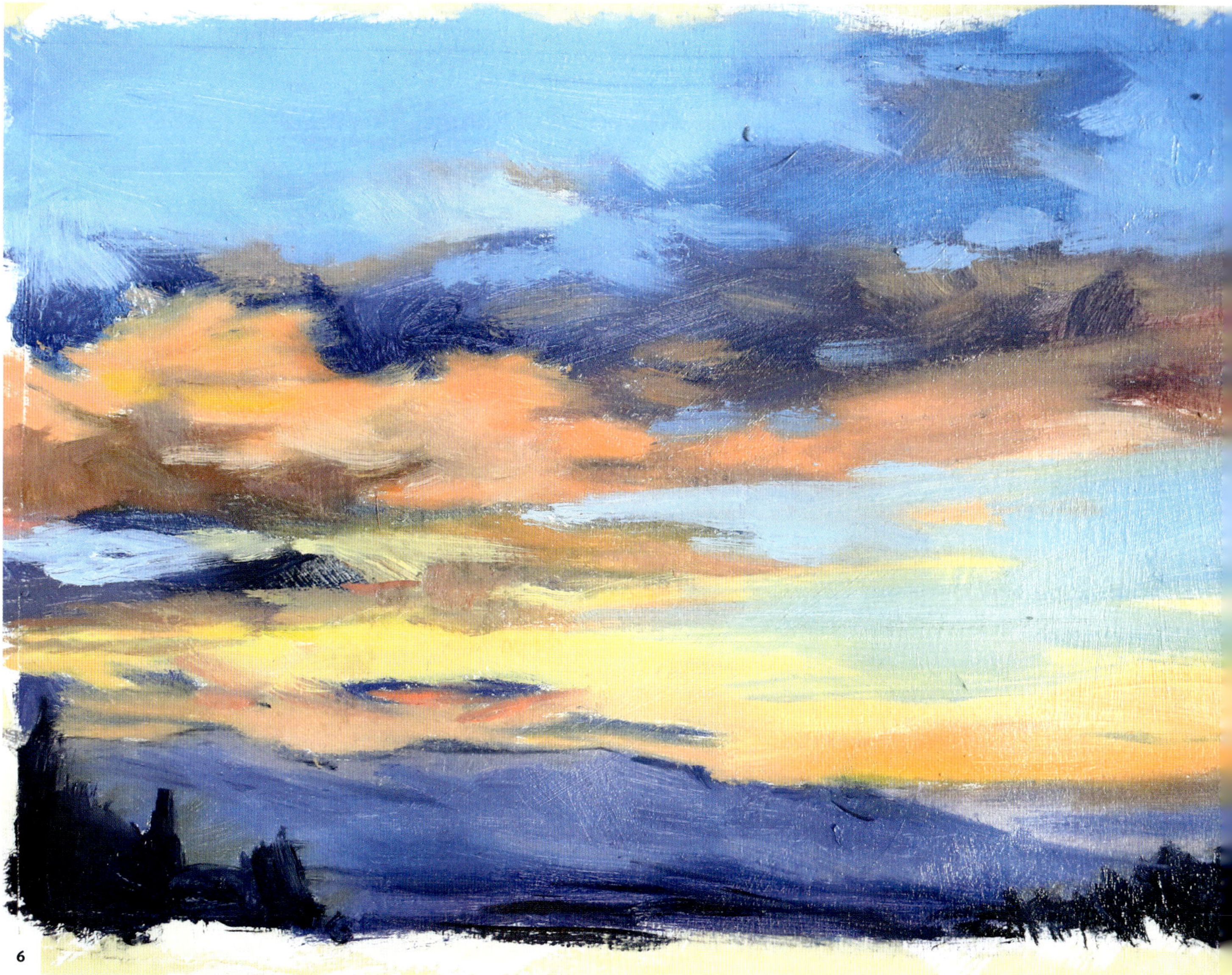

6

schließlich nur die Untermalung. Schau dir dein Bild noch einmal an und sei zufrieden mit dir.

8. Entscheide selbst, ob du die Untermalung weiter verfeinern oder für abgeschlossen erklären willst. Lass die Farbe aber gut trocknen. Wenn sich das Klebeband schlecht abziehen lässt, erwärme es mit einem Föhn.

TIPP *Nachdem ich das Klebeband von einer Untermalung entfernt habe, betrachte ich sie noch einmal kritisch. Dann entscheide ich, ob ich vielleicht noch Kontraste oder Details verstärke oder ob ich sie als fertig betrachte. Um den Kontrast zu erhöhen, verstärke ich die dunklen Töne, die Lichter und die Farbsättigung mit zusätzlicher Farbe oder mit Lasuren (siehe Übung 1: Grundlegende Maltechniken, Seite 32). Aspekte wie die Ausarbeitung von Details und saubere Kanten können großen Einfluss auf die Gesamtwirkung des Bildes haben, sodass es sich lohnt, es öfter einmal genau zu betrachten.*

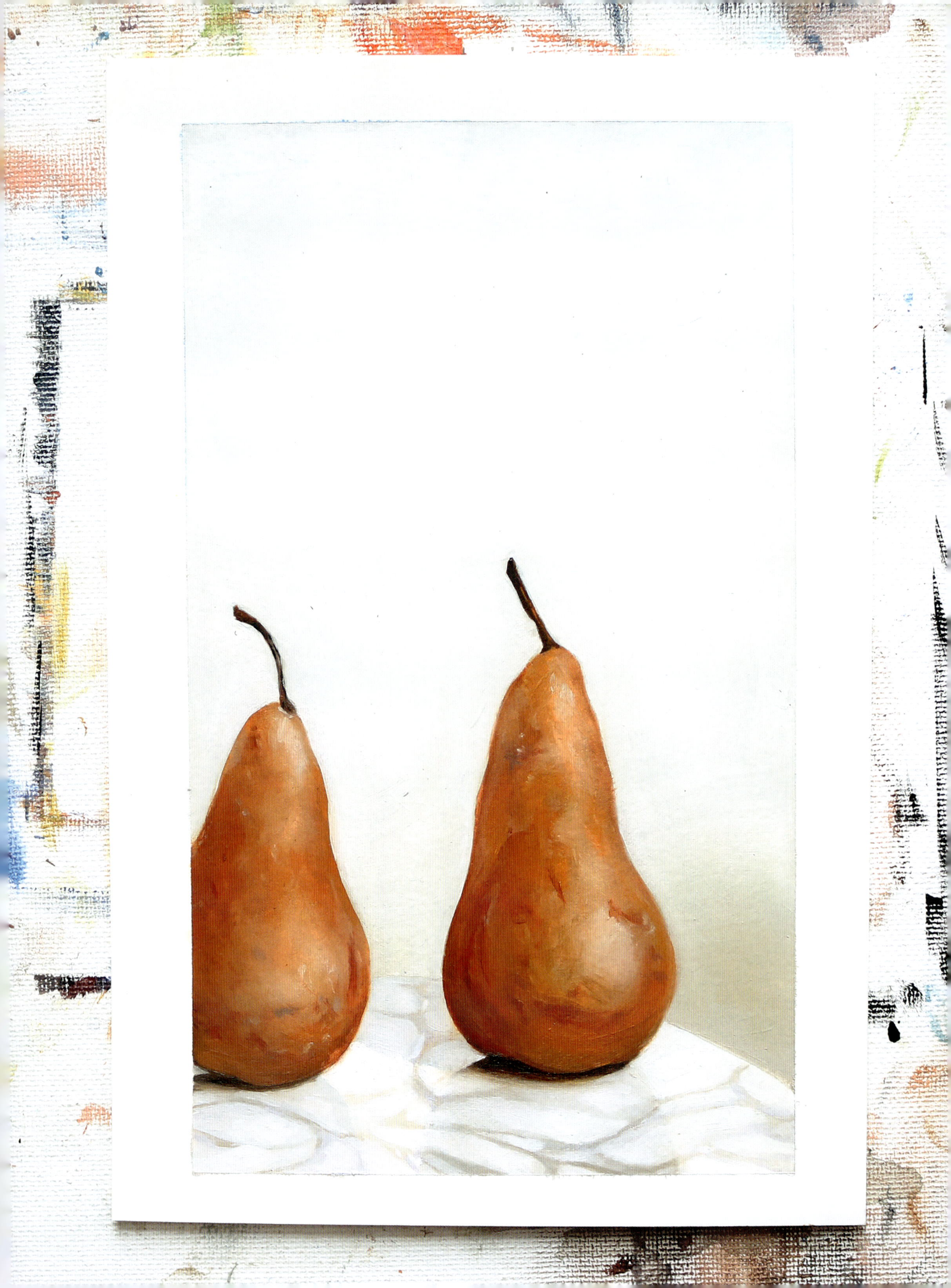

3

Der Künsterblick

In den Projekten dieses Kapitels wirst du deine technischen Kenntnisse vertiefen, deinen Blick trainieren und lernen, ein Bild aufzubauen.

Nachdem wir uns mit den Materialien, den Farben und Mischungen sowie den wichtigsten Maltechniken beschäftigt haben, geht es im folgenden Kapitel also um den Blick des Künstlers.

Das Auge kann man jederzeit im Alltag trainieren. Um wie ein Künstler zu sehen, musst du lernen, mehr zu sehen, als du normalerweise wahrnimmst. Konzentriere dich bewusst auf die Farben der Dinge in deiner Umgebung oder auf die Silhouette etwa von Baumgruppen. Achte darauf, wie Licht und Schatten die Farben der Gegenstände beeinflussen, und überlege, welche Farben du mischen würdest, um eine Mauer zu malen.

Wie ein Künstler sehen zu lernen, bedeutet, mehr Details und Farben in der täglichen Umgebung wahrzunehmen, und das hat viel mit Neugierde und Detailfreude zu tun.

In diesem Kapitel wird anhand einfacher Motive – Stillleben und Blumen – der künstlerische Blick in der Praxis geübt, indem die Motive eingehend betrachtet werden. Das Gesehene wird dann in die künstlerische Darstellung übersetzt. Genaues Hinsehen ist für die erfolgreiche Konstruktion von Bildern unerlässlich.

Diese Übungen können in vielerlei Hinsicht nützlich sein. Ich erinnere mich an eine Konferenz, auf der Vince Kadlubek, Mitbegründer des Kunstkollektivs Meow Wolf, einen Vortrag hielt. Er berichtete über das Erlebnisprojekt *The House of Eternal Return*, in dem ein Haus zu sehen war, das zunächst ganz normal aussah, aber durch zwei Portale – eine Waschmaschine und einen Kühlschrank – Zugang zu einer verblüffenden Installation bot. Kadlubek sprach von seinem künstlerischen Wunsch, den Menschen das Staunen zurückzugeben. Er hoffte, dass ein Kühlschrank als magisches Portal vielleicht dazu beitragen könne, dass die Menschen auch andere alltägliche Dinge, wie zum Beispiel einen Baum, wieder mit Staunen und Neugierde betrachten.

Folgendes kannst du tun, um deinen Künstlerblick zu trainieren:

- Sitze ganz still und beobachte die Bewegung des äußeren Randes einer Wolke.
- Beobachte genau, wie das Licht auf schwarzem Haar oder auf der Haut reflektiert wird und glitzert.
- Suche die Farbe Grün in einem Sonnenuntergang. (Tipp: Manchmal kann man sie zwischen Orange und Blau finden.)

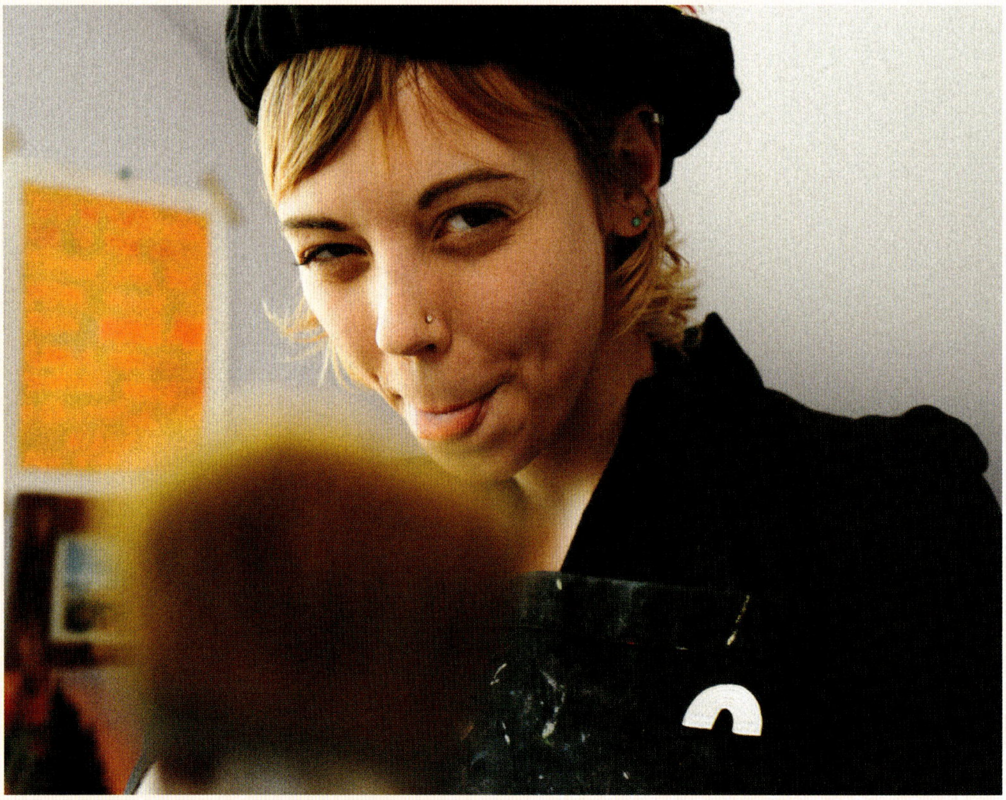

Lektion 1:

STILLLEBEN

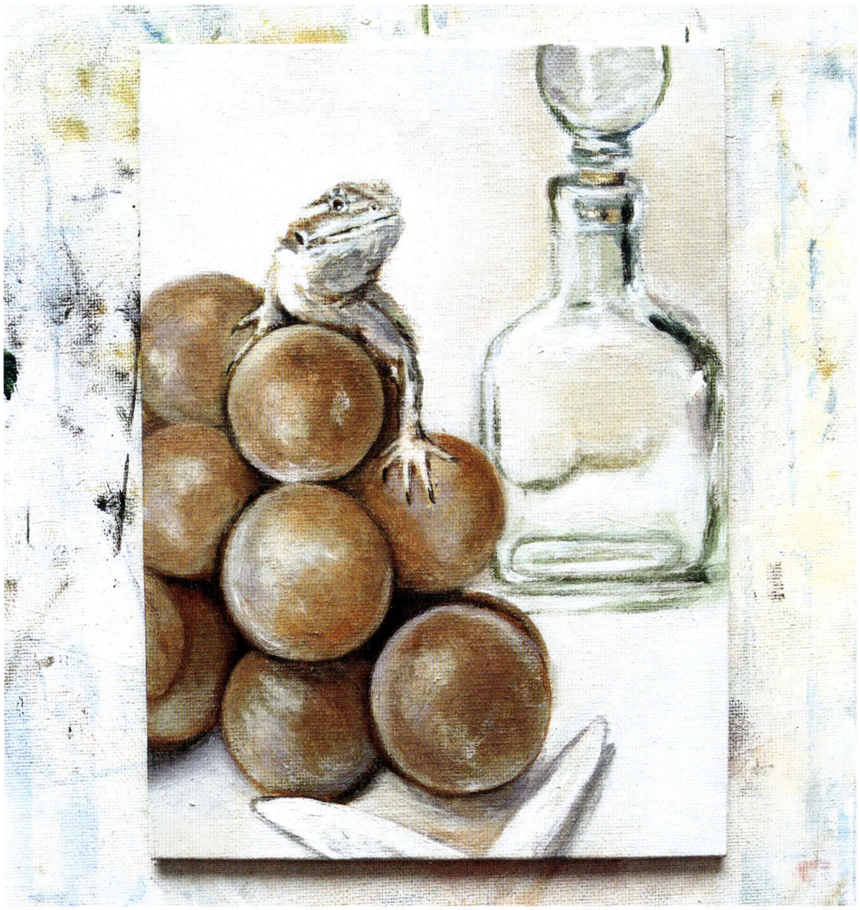

Die meisten Einsteiger beginnen ihre künstlerische Entwicklung mit Stillleben. Auch in Mal- und Zeichenkursen aller Niveaus sind Stillleben regelmäßig Thema, denn sie verlangen vom Künstler, das Motiv genau zu studieren und die besten Techniken zur Wiedergabe von Licht, Farbe und Form zu wählen. In dieser Lektion geht es nicht nur um die Darstellung des Stilllebens, sondern auch um die (selbst-)kritische Betrachtung.

Du kannst in dieser Lektion nach meinem Vorlagefoto malen (siehe Seite 123) oder ein eigenes Foto verwenden. Mein Motiv entstand mit Unterstützung meiner beiden Nichten und einer Bartagame namens Blueberry. Die besondere Schwierigkeit ist hier ein sehr geringer Tonwertumfang. Überlege beim Malen einmal, wie man in einem monochromen Bild farbliche Akzente setzen kann, und suche gezielt nach Möglichkeiten, interessante Töne durch Lichtreflexe oder stilisierte Details hervorzuheben. Für ein eigenes Stillleben kannst du dich zwischen einer farbintensiven Komposition und der reduzierten Farbigkeit dieses Motivs entscheiden.

1. Zuerst wird das Motiv auf den Malgrund eigener Wahl gezeichnet oder übertragen. Ich habe grundierten Malkarton (15 x 20,5 cm) und für den Transfer einen dunkelbraunen Prismacolor NuPastel®-Stift verwendet.

2. Zum Übertragen das Bild an zwei Kanten auf den Malgrund kleben, um zur Kontrolle eine Ecke anheben zu können. (Weitere Informationen zum freien Vorzeichnen auf Seite 43 und 90, eine Übung dazu auf Seite 69)

3. Alle losen Pastellpartikel wegpusten, dann die Zeichnung mit Fixativ oder Haarspray einsprühen und vollständig trocknen lassen.

4. Eine Lasur aus Malmittel und Siena gebrannt mischen. Sie soll so transparent sein, dass die Zeichnung nach dem Übermalen noch gut sichtbar ist.

5. Für die Schattenbereiche des Bilds Umbra gebrannt, Siena gebrannt und Phthaloblau auf der Palette mischen. Je höher der Blauanteil, desto dunkler und grünlicher werden die Schatten. Etwas Malmittel auf den Pinsel geben, um die Farben zu verdünnen. Das ist hilfreich, um die nuancenreichen Lichter und Schatten auf der Glasflasche und ähnlichen Bereichen differenziert herauszuarbeiten.

Beim Malen genau auf das Spiel

1

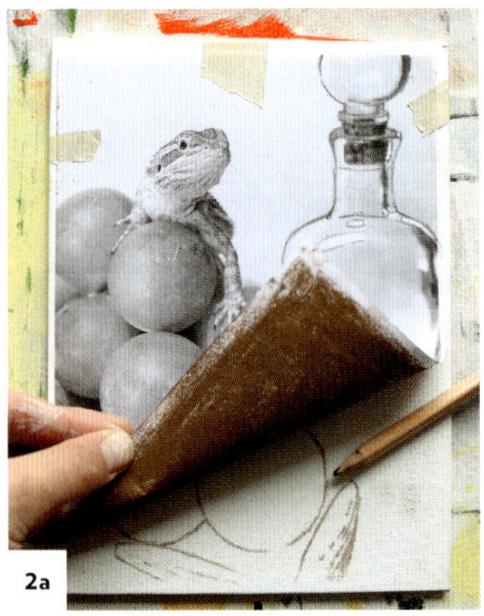

2a

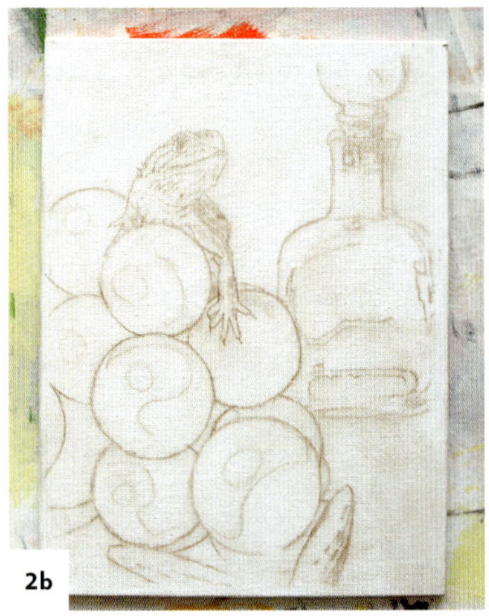

2b

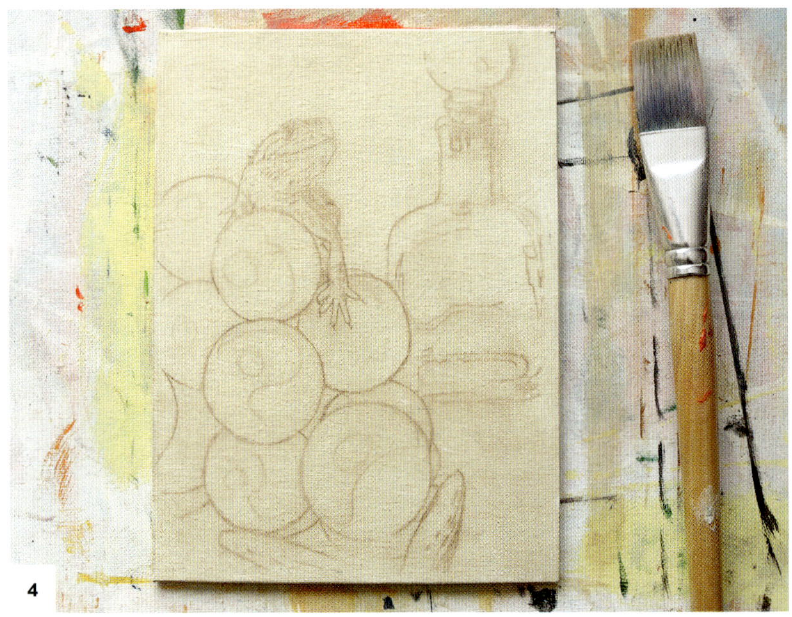

4

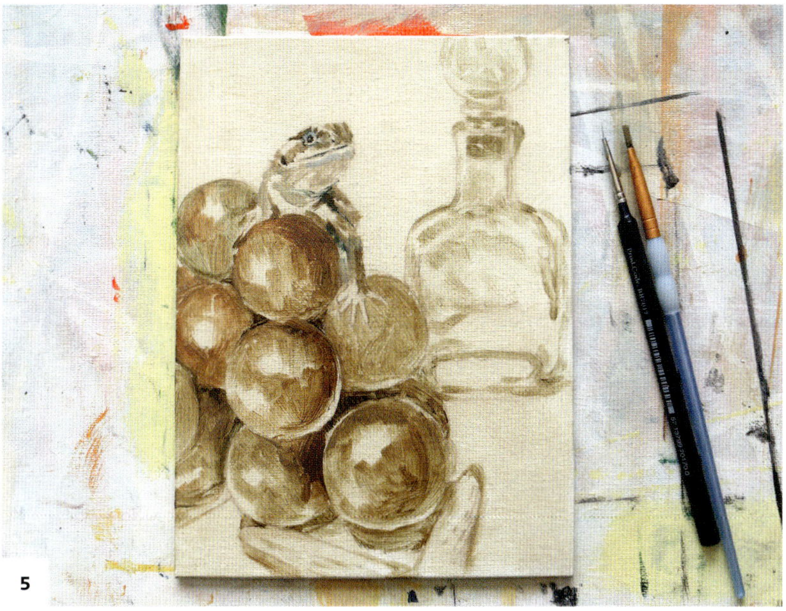

5

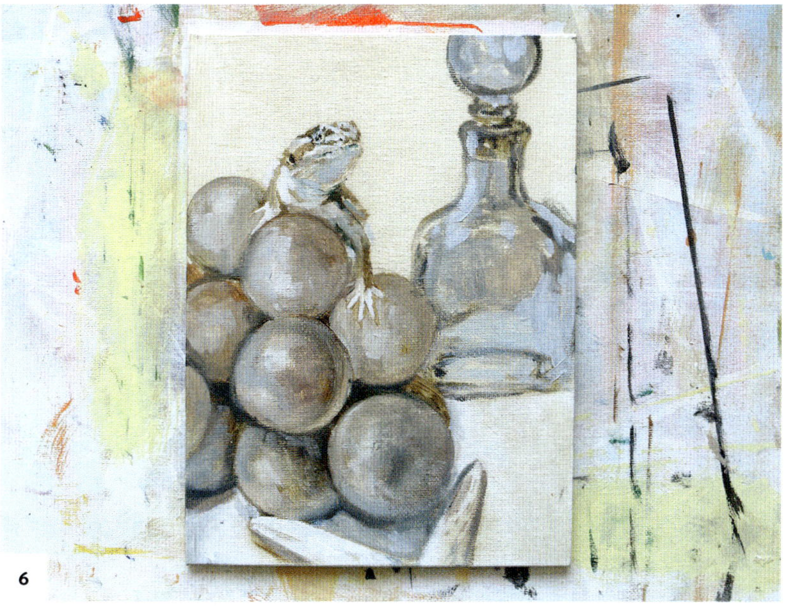

6

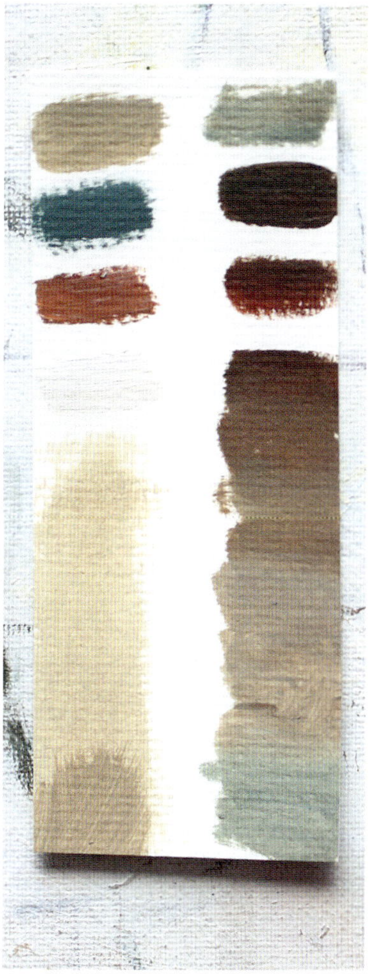

HINWEIS *An diesen Farbproben kannst du dich beim Mischen orientieren.*

des Lichts auf den Oberflächen achten. Jede steinerne Weintraube hat einen Lichtreflex, aber auch Schatten auf der vom Licht abgewandten Seite.

6. Für die Mitteltöne und helleren Bereiche geringe Mengen Weiß zu der Mischung aus Umbra gebrannt, Siena gebrannt und Phthaloblau geben. Schau dir beim Mischen die Farbproben an. Alle wurden aus nur vier Farben gemischt.

Ich habe diese Farben sowohl für diesen als auch für den nächsten Schritt verwendet, um die Schatten, Mitteltöne und Lichter auszuarbeiten. Wenn du reines Weiß verwenden willst, solltest du es erst ganz zum Schluss einsetzen. (Dieser Ratschlag stammt von dem zeitgenössischen Maler Andrew Tischler, der Künstlern empfiehlt, ganz genau zu überlegen, wo und wann sie helle Pigmente verwenden.) Dieses Bild enthält zwar sehr viele helle Farbtöne, reines Weiß sollte jedoch nur für die hellsten Glanzlichter verwendet werden, nachdem die anderen interessanten Farben bereits vorhanden sind.

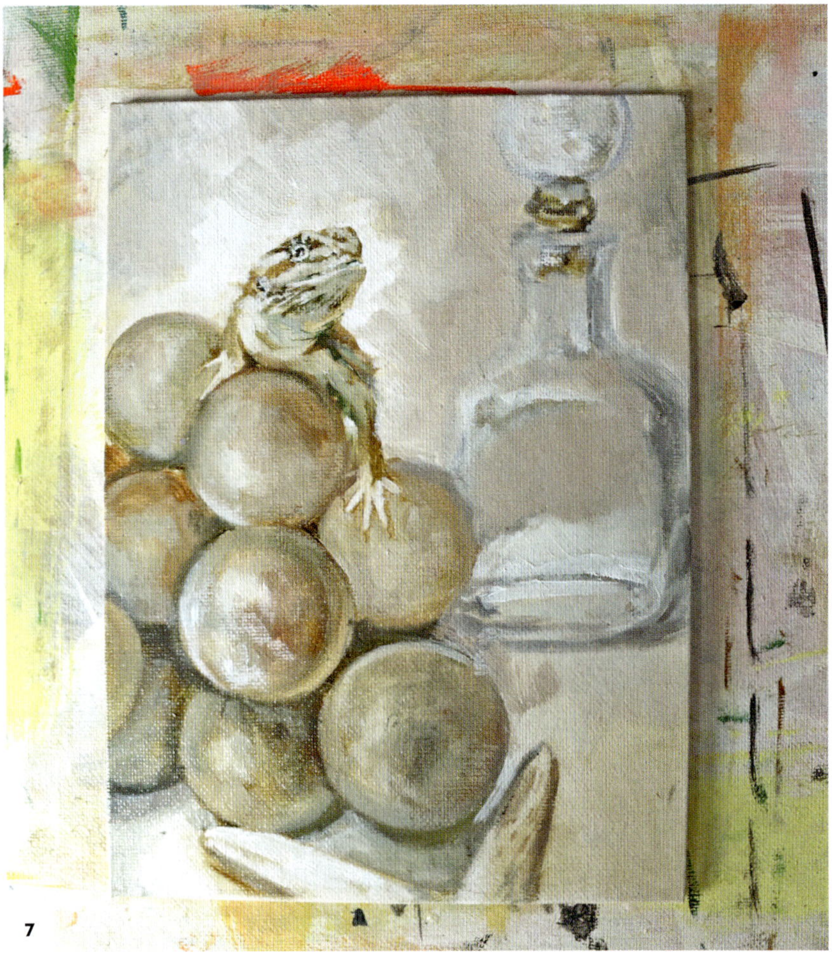

7

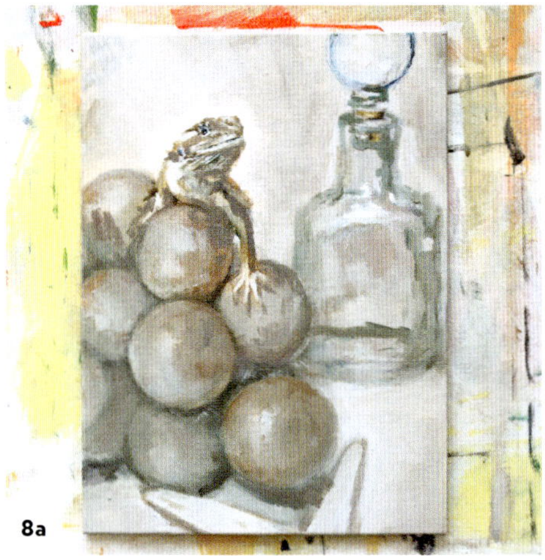

8a

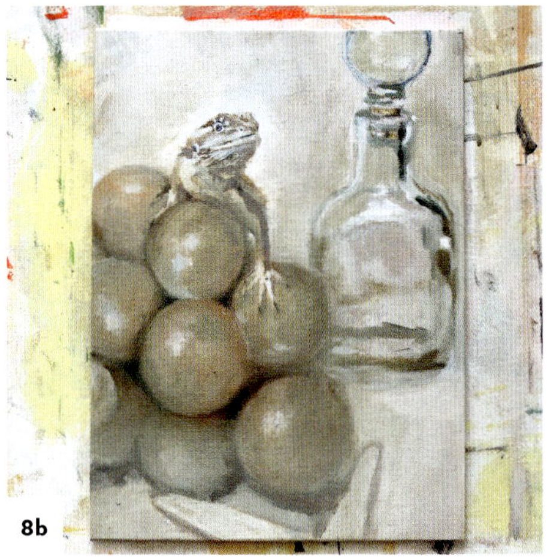

8b

7. Das Bild mit den Mischungen aus Weiß, Umbra gebrannt, Siena gebrannt und Phthaloblau weiter ausarbeiten. Für die wärmeren Farbtöne der Trauben und des Hintergrunds einen höheren Anteil Umbra gebrannt verwenden. Für die dunkleren, kühlen Schatten sind Blau und Siena gebrannt gut geeignet.

8. Die dunkleren Töne der Weintrauben mit Umbra gebrannt nacharbeiten, die Schatten mit einer Mischung aus Siena gebrannt und Blau vertiefen. Weiß kann verwendet werden, um den negativen Raum um die Bartagame herauszuarbeiten und die Mitteltöne der steinernen Weintrauben mit markanten Strichen zu erzielen. Die Struktur der Glasflasche und die Gesichtszüge der Bartagame mit dünnen Strichen in Dunkelblau einfügen.

9. Ich habe das Bild über Nacht trocknen lassen, um am nächsten Tag Sättigung und Kontrast der Bereiche in wärmeren Tönen (höherer Anteil Siena gebrannt) zu verstärken. Außerdem habe ich die unteren Trauben in der Komposition beendet. Dabei habe ich das Bild immer wieder mit etwas Abstand betrachtet, um die Formen einzuschätzen. Beim Entwickeln von Strukturen sollte man sich ausreichend Zeit lassen.

10. Im letzten Schritt werden nochmals Farben, Schatten und Formen verfeinert. Auch dafür werden nur die Farben der ursprünglichen Palette verwendet. Schatten mit Umbra gebrannt abdunkeln. Die Flasche mit dunkelsmaragdgrünen Reflexen (gemischt aus Saftgrün und Ultramarinblau) weiter modellieren und am Bildrand pastelliges Beigerosa und Violett auftragen, um reflektiertes Licht anzudeuten und die Bildatmosphäre zu intensivieren. Diese Pastelltöne entstehen durch Mischen von Weiß, Violett und Magenta. Die Lebendigkeit dieses Stilllebens beruht auf der Detailgenauigkeit und dem Farbenspiel.

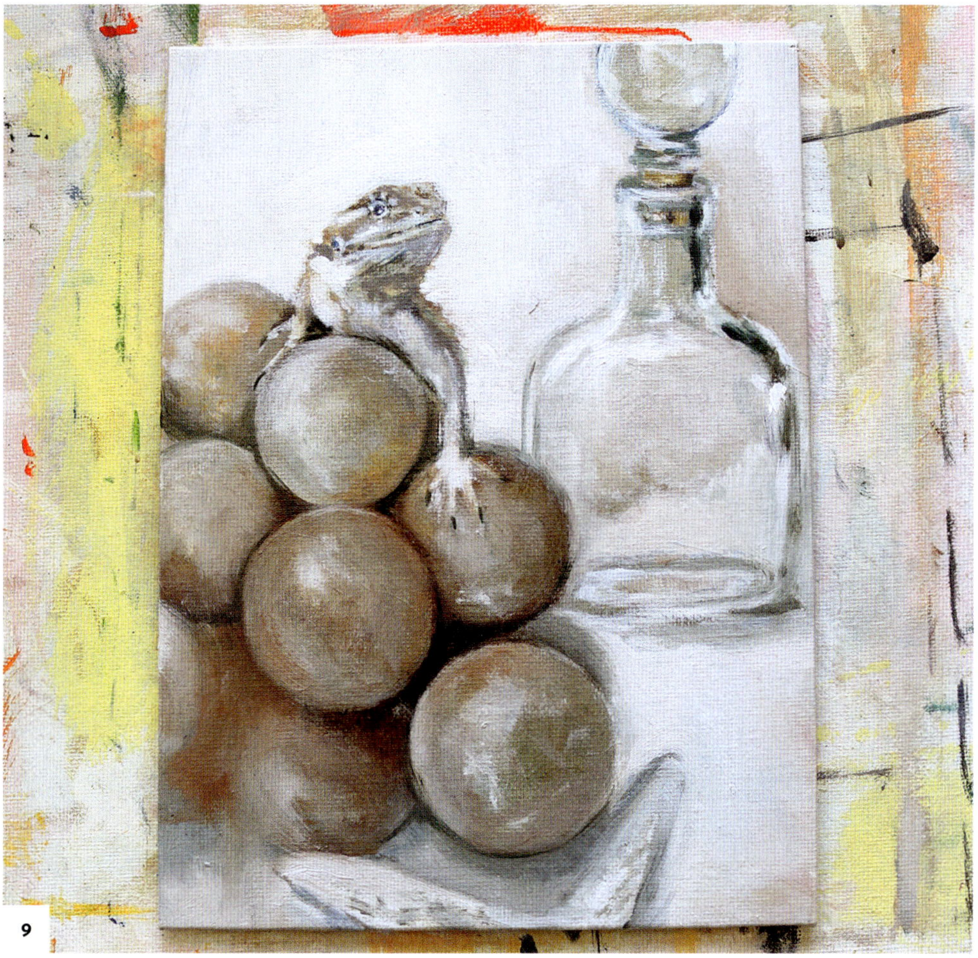

9

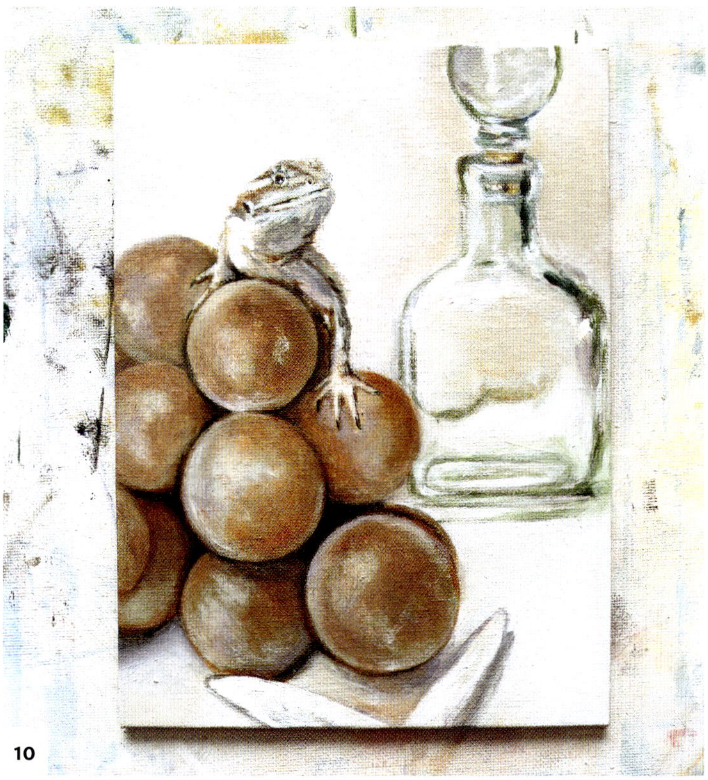

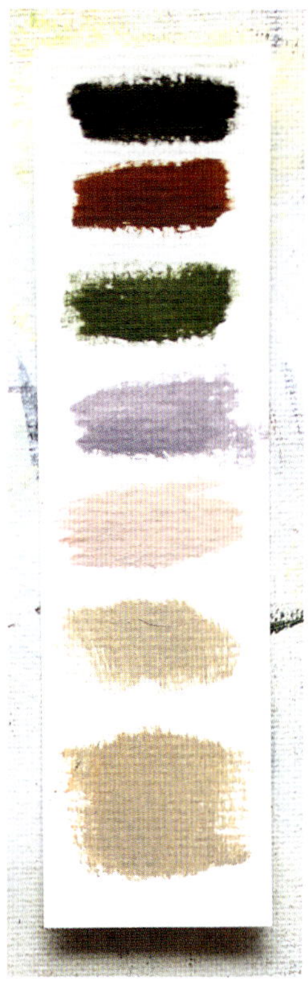

10

Lektion 2:
TULPEN MALEN

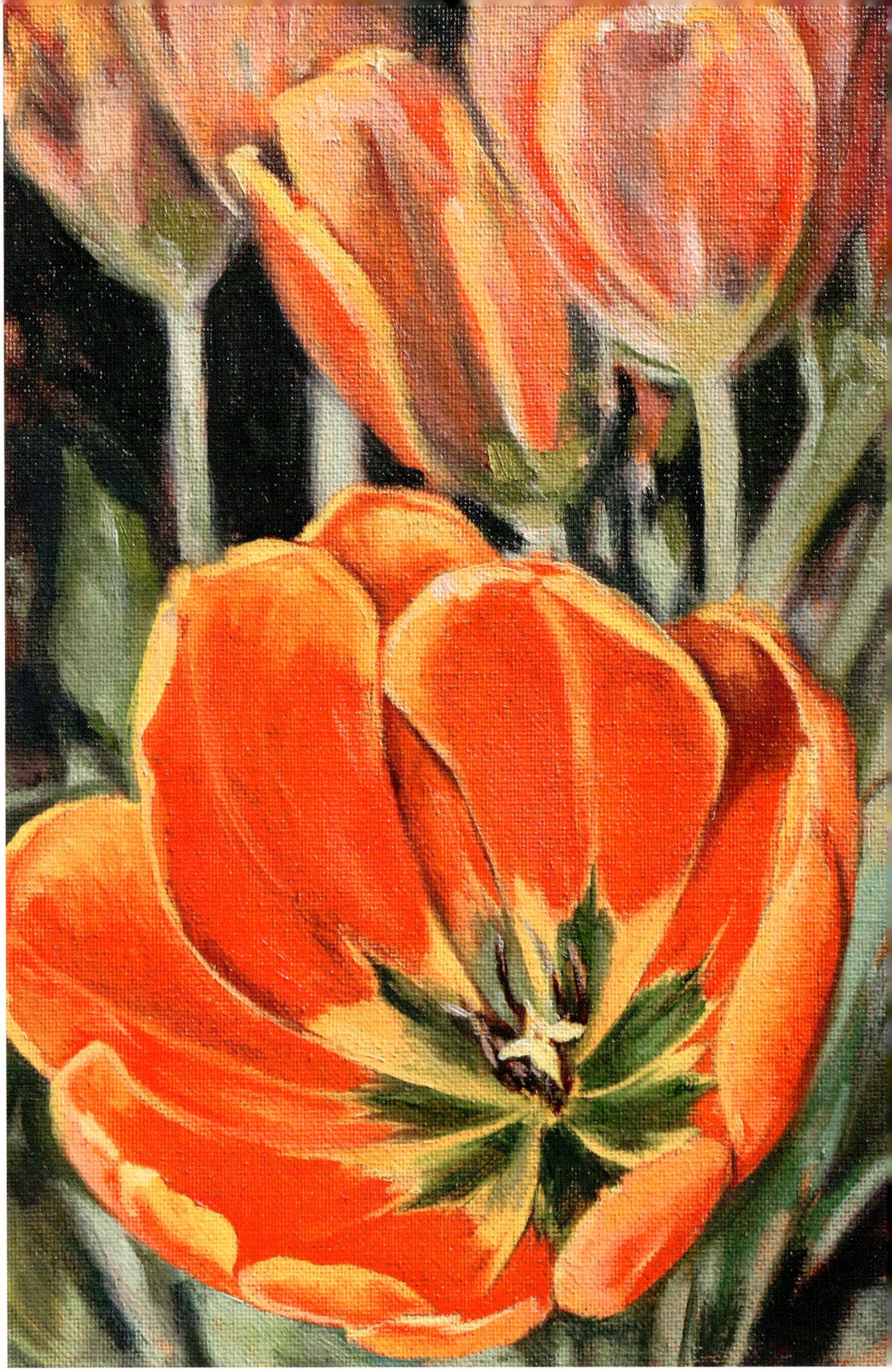

In diesem Projekt wird das Motiv in kräftigen Farben dargestellt (siehe Vorlagefoto auf Seite 123). Zuerst wird der Malgrund farbig grundiert, dann wird das Motiv übertragen. Anschließend kommen die starken Farben hinzu. Erst die Schatten und Lichtreflexe lassen die Blumen realistisch wirken und heben sie von vom Malgrund ab.

1. Den Malgrund vorbereiten. Ich habe hier einen Malkarton (20,5 x 25,5 cm) verwendet. Da er bereits grundiert ist, musste ich ihn nur farbig eintönen. Solche farbigen Grundierungen wurden im Lauf der Kunstgeschichte für verschiedene Zwecke verwendet. Hier dient sie dazu, frühzeitig den farblichen Gesamteindruck zu steuern und einen einheitlichen Grundton zu schaffen. Diese Tönung wird sich später als sinnvoll erweisen, weil die Hintergrundfarbe durch locker gemalte Bildbereiche durchschimmert.

Mische zuerst ein Rostorange aus Kadmiumrot und Umbra gebrannt und trage es dünn auf den gesamten Malgrund auf. Befeuchte einen mittelgroßen Pinsel mit sauberem, geruchlosem Testbenzin (Farbverdünner) und achte darauf, dass der Pinsel breit genug ist, um die Fläche zügig flächig zu bemalen. Das Testbenzin in den Pinselborsten verdünnt die Farbe und erleichtert es, sie gleichmäßig zu verteilen. Die Verdünnung beschleunigt die Trocknung, dennoch kann sie mehrere Stunden in Anspruch nehmen. Die Zeichnung kann übertragen werden, wenn die Farbe vollständig getrocknet ist, wenn also beim Berühren keine Farbe mehr am Finger haftet.

2. Nun wird das Motiv vom Vorlagefoto übertragen (siehe Seite 123). Du kannst auch ein Motiv eigener Wahl verwenden. Zum Schraffieren empfiehlt sich schwarze Zeichenkohle oder eine Hartpastellkreide, deren Farbe sich gut vom orangeroten Untergrund abhebt. Beim Übertragen zeichne ich die wichtigsten Formen nach und definiere auch bedeutsame Veränderungen von Farben

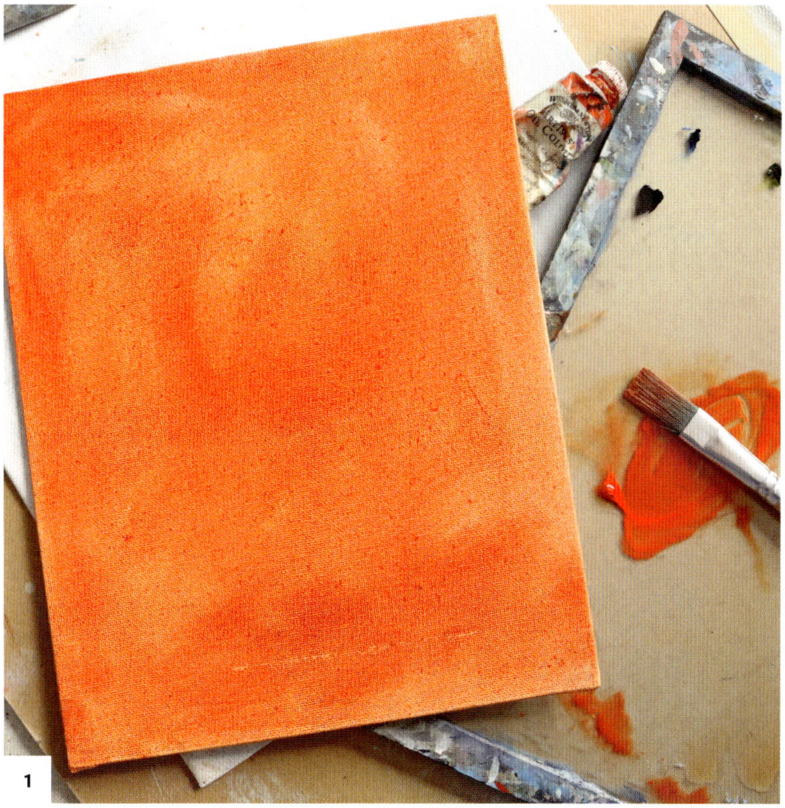

1

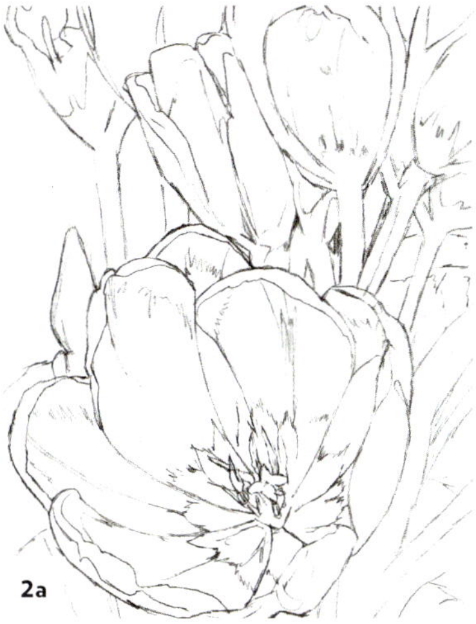

2a

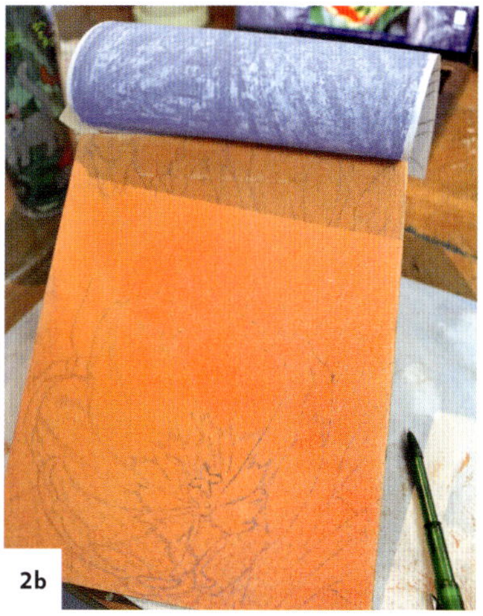

2b

TIPP *Die Trocknungsdauer hängt unter anderem von der Viskosität der Farben und von Umgebungsfaktoren wie Temperatur und Luftfeuchtigkeit ab. Wer es eilig hat, kann das Bild in die Sonne legen oder einen Föhn benutzen.*

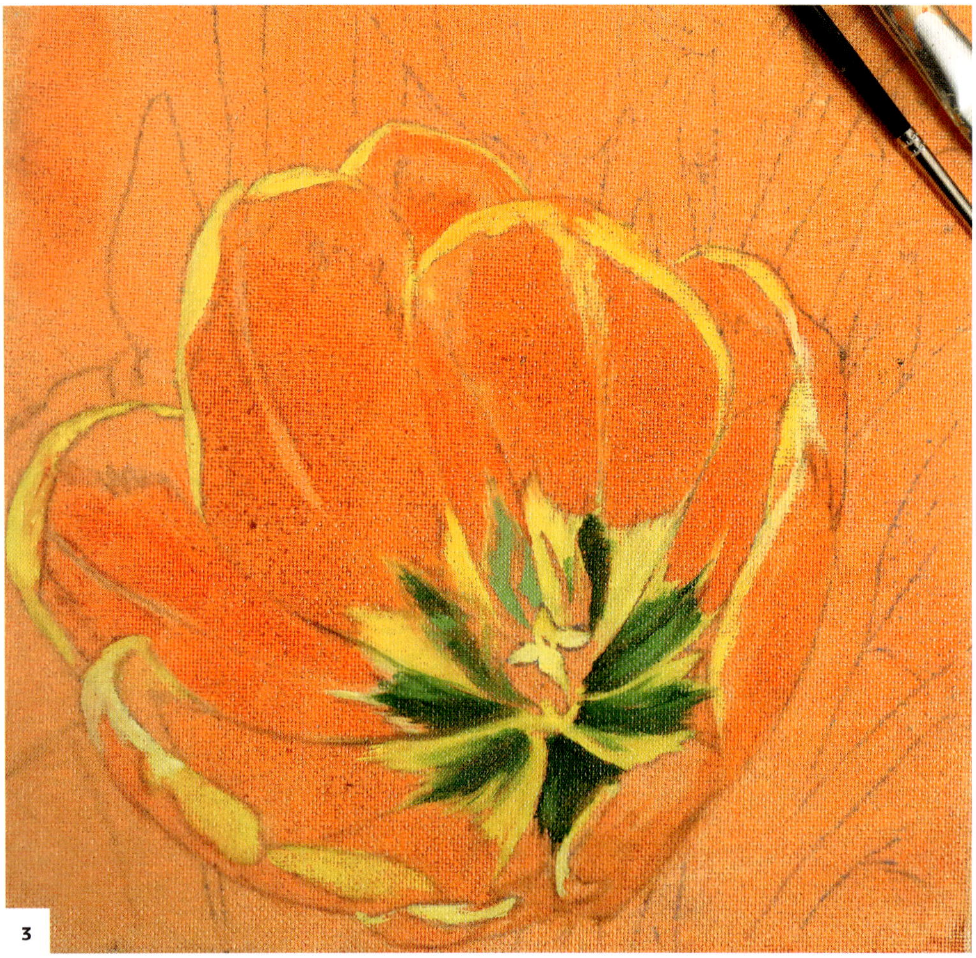

3

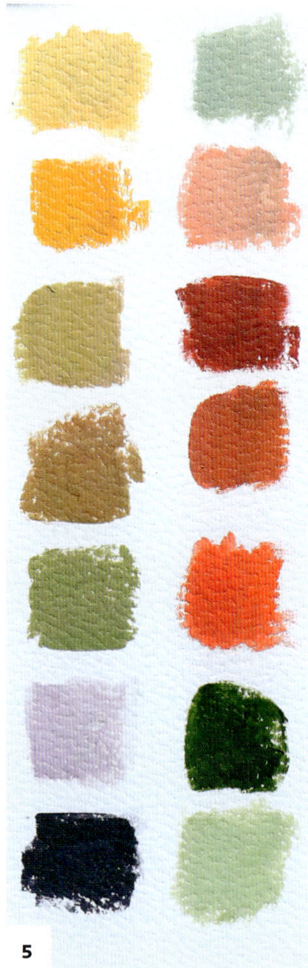

5

oder Schatten. Das erweist sich beim späteren Malen als hilfreich. Abbildung 2a zeigt die wichtigsten Linien des Motivs, die ich übertragen habe. (Mehr Informationen zum Übertragen von Motiven auf Seite 38)

3. Die Blütenblätter der größten Blüte werden mit dem vorhandenen Rotorange nochmals abgedunkelt. Die Ränder der Blütenblätter und die Mitte der Blüte mit einer Mischung aus Gelb und Weiß hervorheben.

4. In der Mitte der Blüte reines Saftgrün auftragen. Ich habe die Farbe leicht in das umgebende Gelb verwischt und stellenweise das Grün mit einer winzigen Menge Magenta gemischt, um es abzudunkeln. So ließen sich die Überlappungen und Schatten auf den Blütenblättern leichter darstellen.

5. Beim Mischen dienen die Farbproben als Orientierung. Sie zeigen die Farben, die ich gesehen und in dem Bild verwendet habe.

6. Nun die verschiedenen Rottöne der einzelnen Blütenblätter einfügen. Dabei dient Kadmiumrot als Grundfarbe. Für die Schatten im Bereich der Rundungen und Überlappungen dunkleres Rot und Braun verwenden. Das Kadmiumrot wird für Schatten mit kleinen Mengen Saftgrün, Magenta und/oder Siena gebrannt abgedunkelt. Die helleren Farbtöne verweisen auf die Position der Lichtquelle. Für sie wird das Kadmiumrot mit Kadmiumgelb, Kadmiumorange, und/oder Weiß aufgehellt. Erst durch die Licht- und Schattenkontraste wird die plastische Form der Blüte erkennbar.

7. Nun folgt der Hintergrund. Für die dunkelsten Schatten Siena gebrannt, Magenta und Saftgrün mischen. Die Schattenfarben sollten je nach

Position mehr zu Grün oder mehr zu Violett tendieren. Studiere dafür die Fotovorlage genau. Die Stiele zuerst mit Saftgrün malen, dann Weiß dazumischen für die hellgrünen Lichtreflexe.

8. Die Farben und Schatten im Hintergrund mit den Farben von der Palette weiter ausarbeiten. Da die hinteren Blüten auf dem Foto unscharf sind, dürfen sie auch lockerer gemalt werden als die Blüte im Vordergrund. Dafür wird der Pinsel mit ähnlich leichter Hand geführt wie bei der mehrfarbigen Untermalung (siehe Seite 42). Konturschärfe und Leuchtkraft der Blüte im Vordergrund sollen am stärksten sein. Das trägt zur räumlichen Wirkung bei und macht das Bild interessanter.

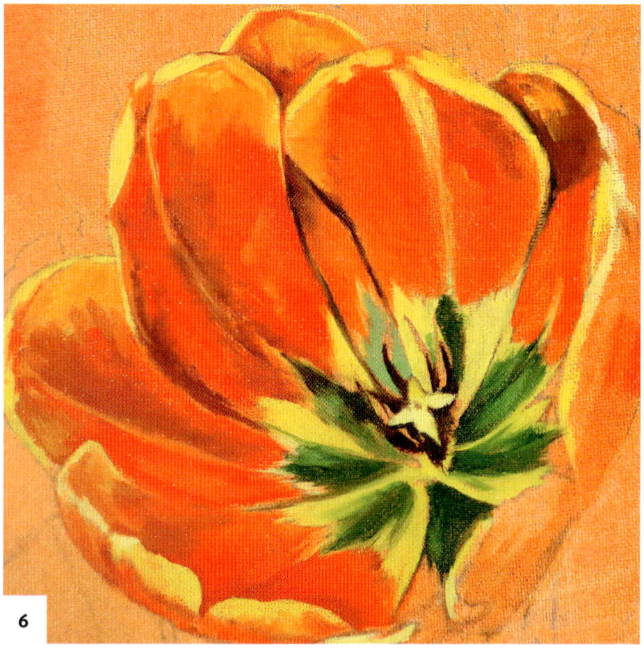

6

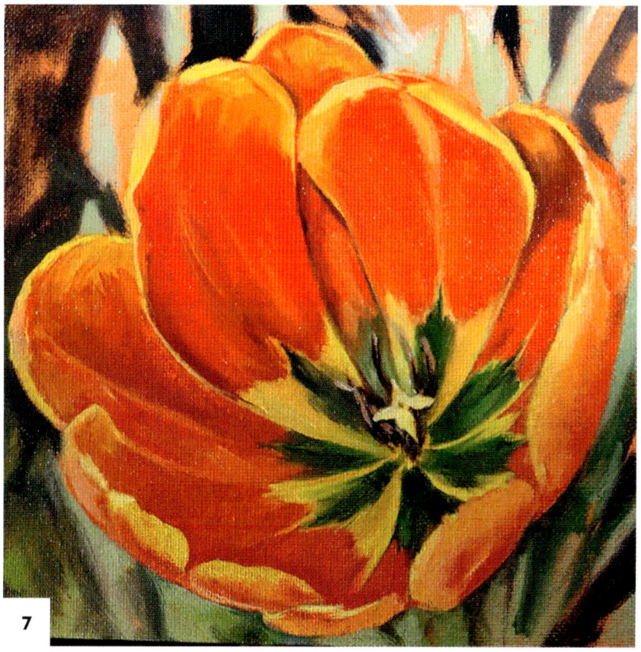

7

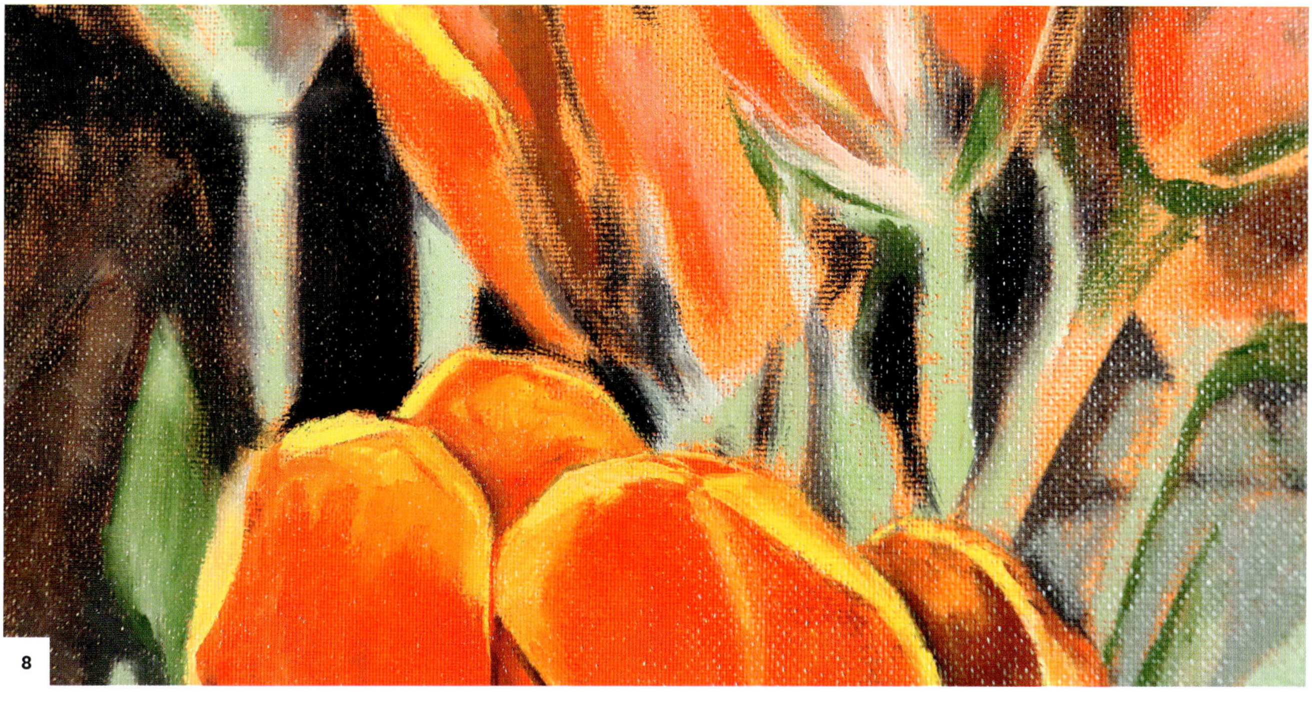

8

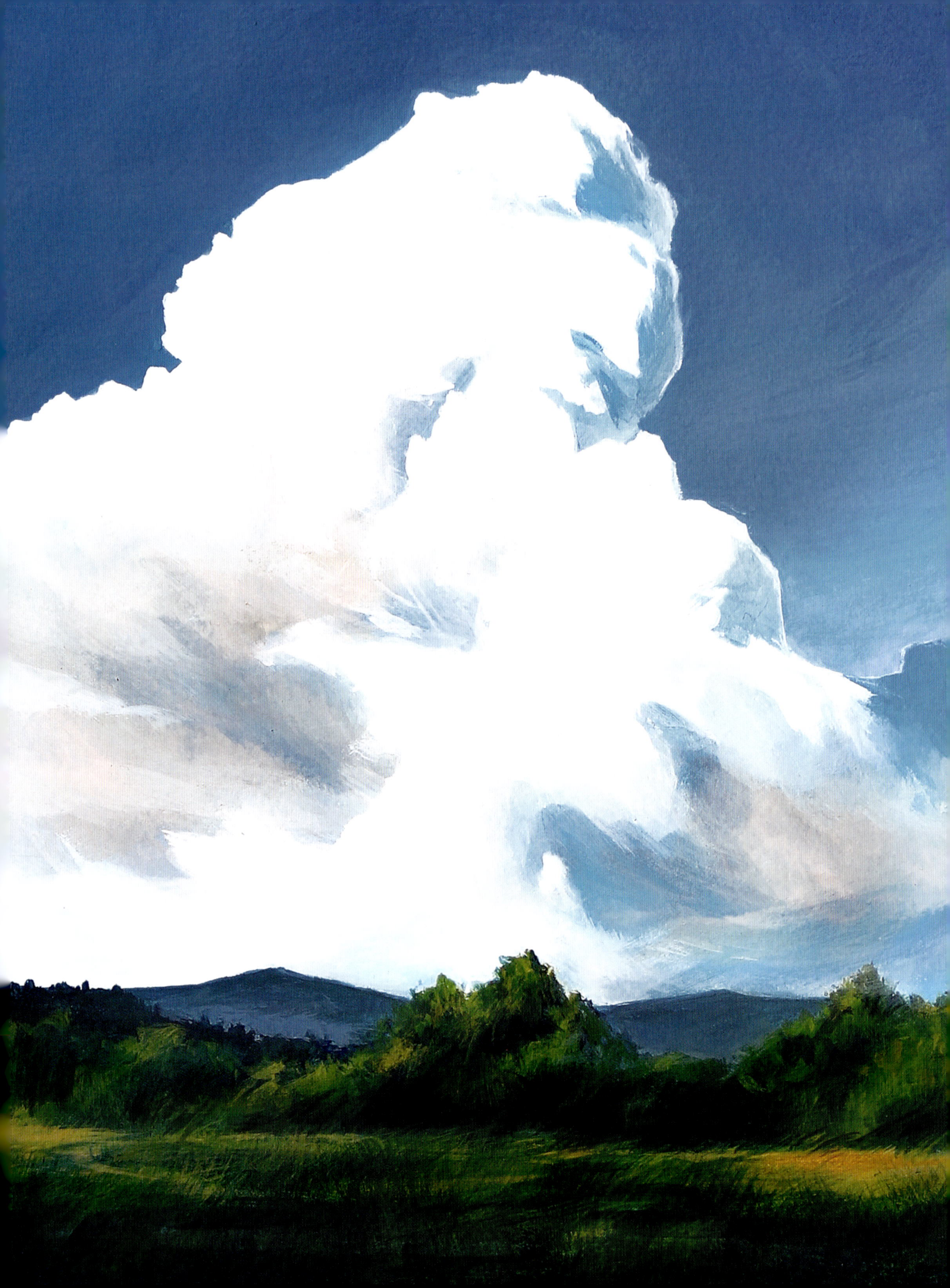

4

Landschaftsmalerei

Komm an und mach dich locker!
In diesem Kapitel geht es darum, die Schönheit der Natur im Bild festzuhalten und Details gezielt auszuarbeiten.

Mit der Landschaftsmalerei begann ich, nachdem ich einen persönlichen Verlust erlitten hatte und das Bedürfnis spürte, mich auch in meiner kreativen Arbeit intensiver mit meiner Heimat zu verbinden. Dabei gab es zuerst einmal viel zu lernen. Landschaften haben mir die Augen geöffnet und mich gelehrt, meine Umgebung visuell zu interpretieren. Durch die Arbeit in diesem Genre konnte ich meine starre Herangehensweise an Fotos überwinden und in der Darstellung der natürlichen Schönheit einen neuen künstlerischen Stil finden. Die Landschaften haben mich auch gelehrt, über ein einzelnes Motiv hinauszudenken und Kompositionen mit Perspektive und überlagerten visuellen Elementen zu schaffen. Der Lernprozess war sehr reizvoll und hat meine konzeptionelle Arbeit gestärkt.

In diesem Kapitel zeige ich, wie man Szenen künstlerisch interpretieren und auf diesem Weg eine eigene stilistische Herangehensweise an die Motive entwickeln kann.

Eines meiner Vorbilder als Landschaftsmaler ist Eyvind Earle, der die Hintergrundbilder für den Disney-Film *Dornröschen* geschaffen hat. Als ich mir seine Arbeiten ansah, war ich beeindruckt von der Art und Weise, wie er Tricks und visuelle Spielereien in seine Arbeit einfließen ließ. Er entwickelte individuelle Stile für seine Wolken, Bäume und Berge und brachte die Perspektive oft durch dramatisch überlagerte Vorder-, Mittel- und Hintergrundelemente zum Ausdruck. Von ihm habe ich gelernt, meine eigene Herangehensweise an die Landschaftsmalerei zu überdenken und eigene Tricks und Kunstgriffe zu entwickeln. Seitdem fällt es mir viel leichter, Szenen zu dekonstruieren oder zu vereinfachen.

HINWEIS *Diese Bilder habe ich gemalt, nachdem ich 2018 angefangen hatte, mich mit Earles Werken zu beschäftigen. Sie sind in kleinem Format mit Markern gemalt und zeigen, wie ich heute Landschaften mit vereinfachten Linien darstelle.*

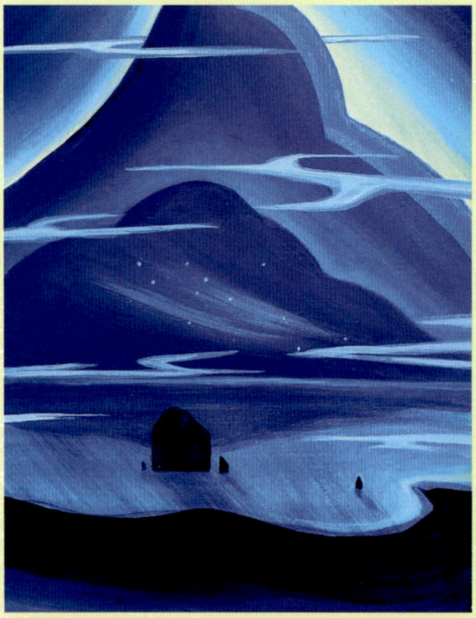

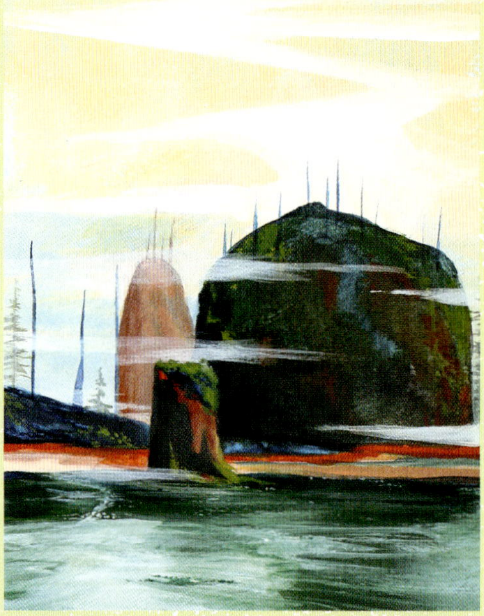

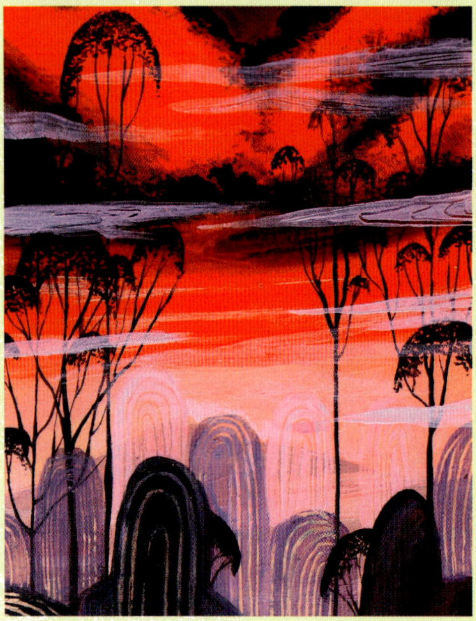

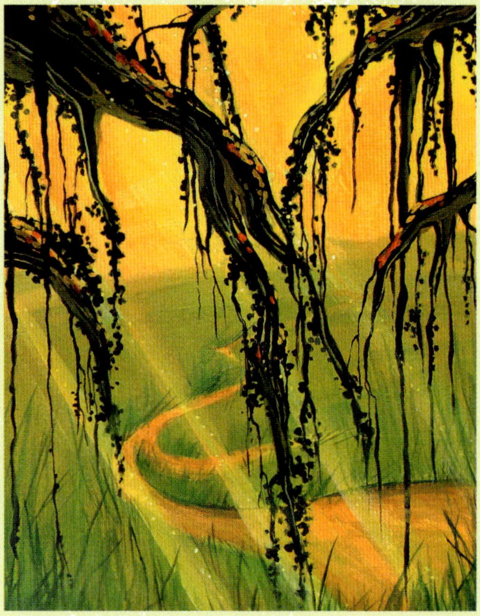

Lektion 3:

RAUS INS FREIE – FELDSTUDIEN

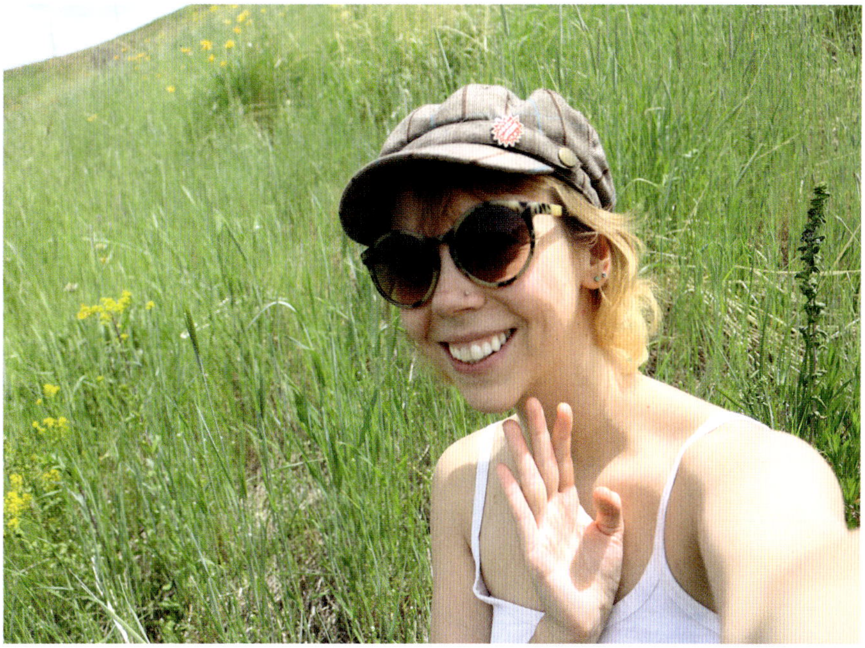

Los geht's. Hier winke ich dir von einer Frühlingswiese zu. Ich liebe solche Kunstexkursionen, und es ist höchste Zeit, dass wir gemeinsam eine unternehmen. In dieser Lektion zeichnest du drei schnelle Skizzen, bevor du ein Ölgemälde in Angriff nimmst. Ich habe mein Bild im Freien begonnen und in meinem Atelier beendet.

Der Fachbegriff *en plein air* bedeutet wörtlich »an der frischen Luft« und bezeichnet das Malen im Freien. Er geht auf die französischen Impressionisten des 19. Jahrhunderts zurück, deren Werke vor allem dafür bekannt sind, Licht, Bewegung und Farbe in Szenen einzufangen, die wie flüchtige Momentaufnahmen wirken. Im Freien reagiert man ganz automatisch auf das Licht und die Schatten der Landschaft und wird dadurch zu unverwechselbaren Farben und Pinselstrichen inspiriert. In dieser Lektion geht es um Feldstudien und darum, die visuellen Informationen genau wahrzunehmen. Eine Szene zu malen, während man sich in ihr befindet, ist eine spannende Erfahrung. Die Herausforderung besteht darin, den dreidimensionalen Raum durch gekonnte Strichführung und Farbarbeit auf den zweidimensionalen Malgrund zu bannen. Versuchen wir es!

In dieser Lektion wird zuerst anhand von Fotovorlagen das Vereinfachen der Linien und die Wahl der Farben geübt. Dann geht es hinaus in die Natur. Such dir einen Ort in deiner Umgebung aus und halte ihn im Bild fest. Dieser Ort kann so einfach oder dramatisch sein, wie es dir gefällt. Hauptsache, die Exkursion macht dir Freude.

ZUM AUFWÄRMEN

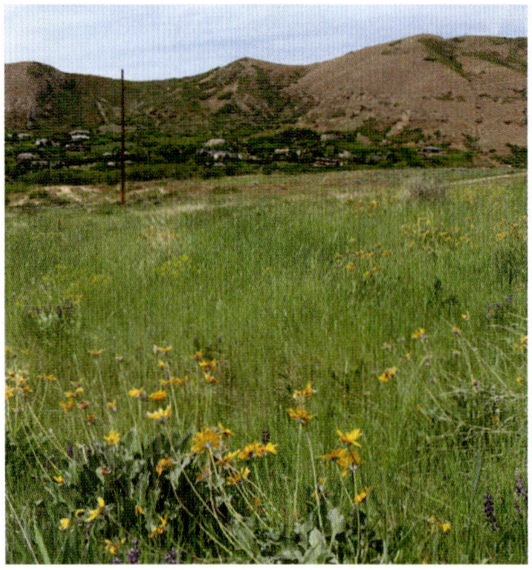

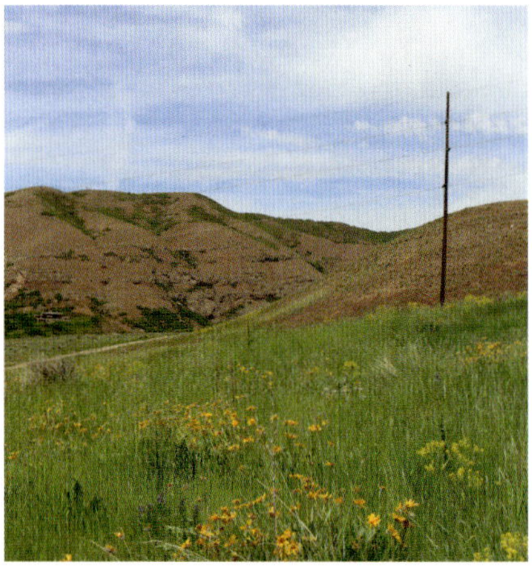

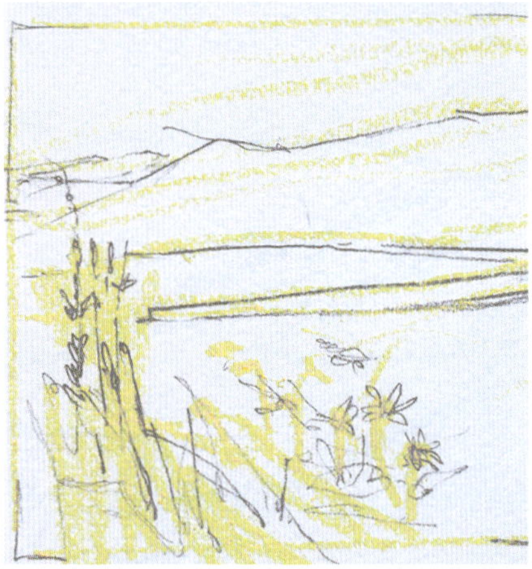

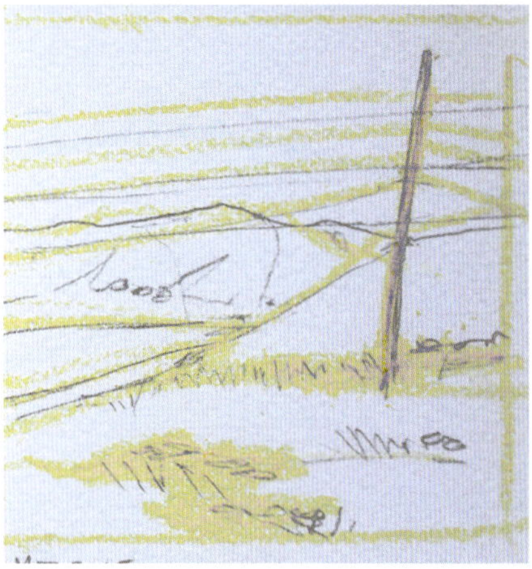

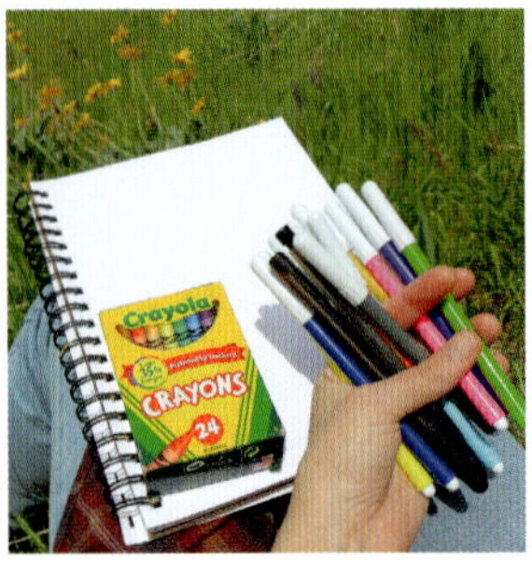

HINWEIS *Ich habe mir ein offenes Gelände mit vielen Wiesen in der Nähe ausgesucht.*

AUFWÄRMÜBUNG 1: EINFACHE, KLEINE SKIZZEN IN ZWEI FARBEN

1. An meinem ersten Platz zum Malen habe ich einen gelben Wachsmalstift aus meinem Rucksack geholt und zwei schnelle Skizzen gezeichnet. Sie sind ungefähr quadratisch, damit sie später gut in mein Skizzenbuch passen. Ein Motiv lag direkt vor mir, das andere etwas seitlich. Für die Skizzen habe ich mir nur wenige Minuten Zeit genommen. Lockeres Zeichnen ist dabei wichtig. Auf Perfektion kommt es noch nicht an.

2. Danach habe ich die Skizzen mit Bleistift überarbeitet und die Linien einiger Elemente – etwa der Berge und der größeren Pflanzen – mit kräftigeren Strichen nachgezeichnet. Durch die verschiedenen Farben von Bleistift und Wachsmalkreide entstand schon eine erstaunliche Vielschichtigkeit, und aus der groben Skizze wurde eine Zeichnung, die einen deutlicheren Eindruck vermittelte.

HINWEIS *Es ist ganz normal, dass Pleinair-Bilder sich von den vor Ort aufgenommenen Referenzfotos unterscheiden. Auf Realismus kommt es nicht so sehr an. Es geht vielmehr darum, das Erleben der Szene im Bild festzuhalten.*

AUFWÄRMÜBUNG 2: PANORAMEN

1. Für diese Komposition im Querformat habe ich das Landschaftspanorama mit einem hellgelben Marker skizziert. Zuerst habe ich die Kontur der Hügel und die Telegrafenmasten gezeichnet, um der Skizze Struktur zu geben. Dann kamen der Baum in der Mitte, das Gestrüpp im Vordergrund und in der Mitteldistanz hinzu.

2. Mit Bleistift und Farbstiften in Grün und Violett habe ich die Landschaft weiter ausgearbeitet und mehr visuelle Informationen eingefügt. Gleichzeitig habe ich versucht, die Landschaft genauer zu erforschen und die Linien zu vereinfachen, um meine ursprünglichen Striche genauer auszuarbeiten. Diese grobe Studie genügt, um locker zu werden, und sie kann später als Vorlage für Farbe und Form eines Landschaftsgemäldes dienen.

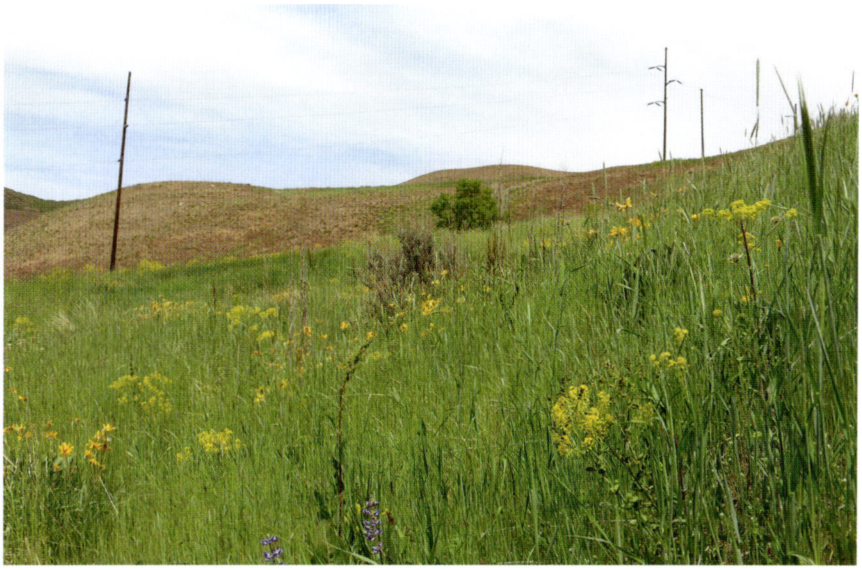

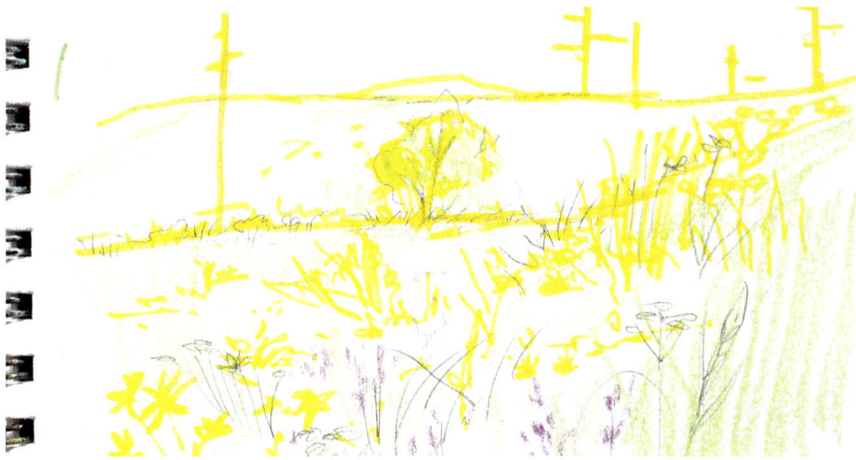

Tipps für das Zeichnen im Freien

- Ein Auge schließen oder abdecken, um die Szene zweidimensional zu sehen. Wechselt man das Auge, verschiebt sich der Ausschnitt leicht. Da ein Bild zweidimensional ist, kann es hilfreich sein, auch das Motiv zweidimensional zu betrachten.

- Wenn du bei der Platzierung deiner Striche unsicher bist, halte einen Bleistift auf Augenhöhe, um Längen und Winkel erst am Motiv zu »messen« und dann auf das Papier zu übertragen. Diese Technik ist besonders nützlich für Linien, die für die perspektivische Wirkung der Zeichnung sorgen.

- Wenn du nicht weißt, wo du beginnen sollst, fange mit der Horizontlinie an. An ihr können sich alle weiteren Bildelemente orientieren.

- Wenn dir das Skizzieren der realen Szene schwerfällt, fotografiere sie. Wer häufig nach Fotos arbeitet, hat mit dem Zeichnen in der Natur anfangs manchmal Schwierigkeiten. Es lohnt sich jedoch unbedingt, das Zeichnen nach der direkten Beobachtung zu trainieren. Das geht fast immer, indem du entfernte Objekte mit den Augen oder dem Finger in der Luft nachzeichnest.

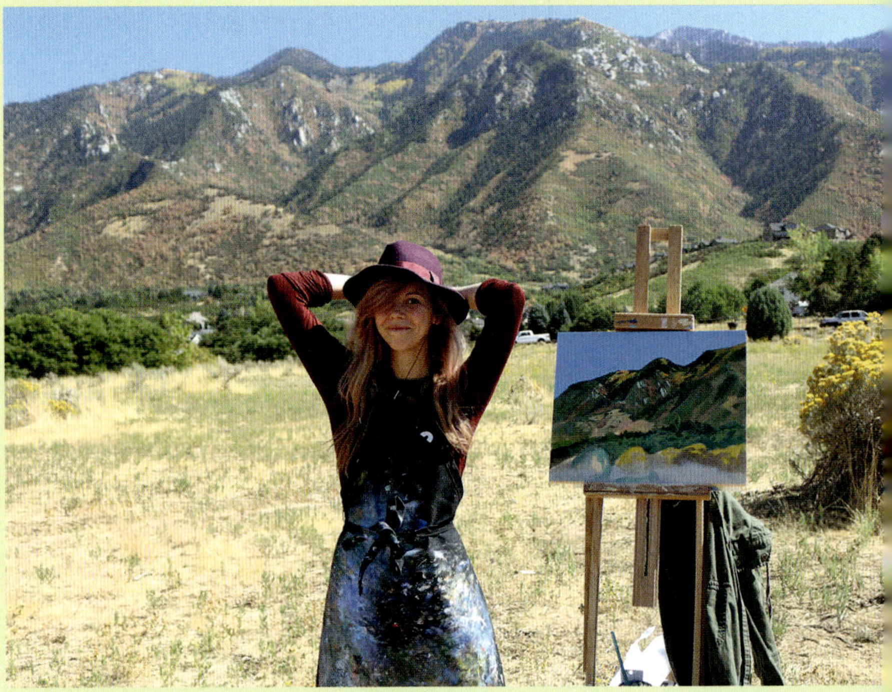

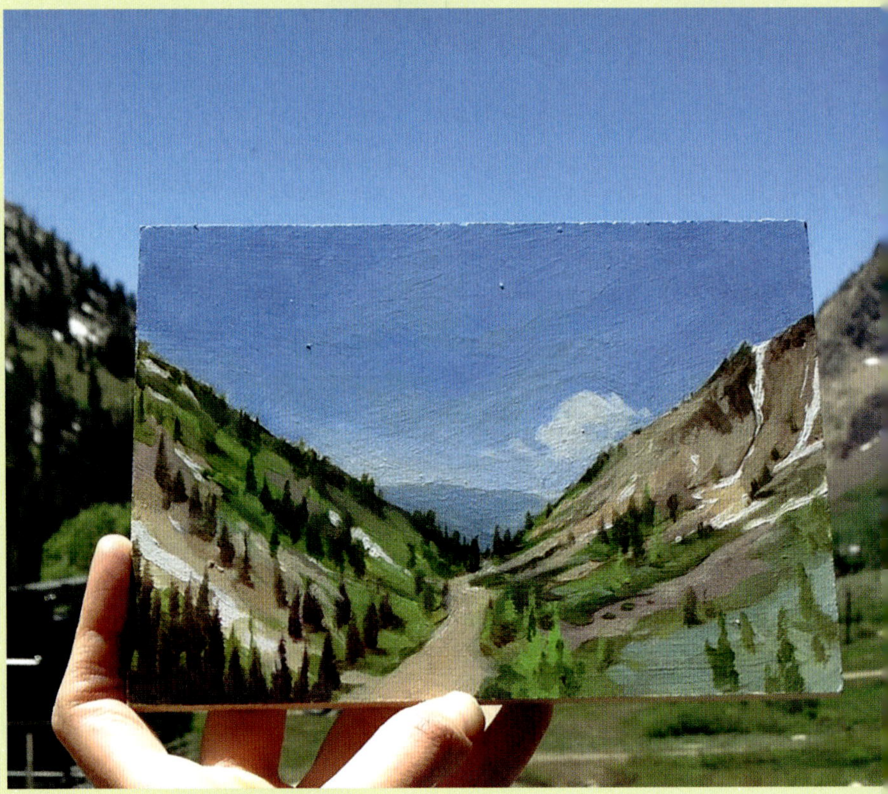

PLEINAIR-ÖLSTUDIE

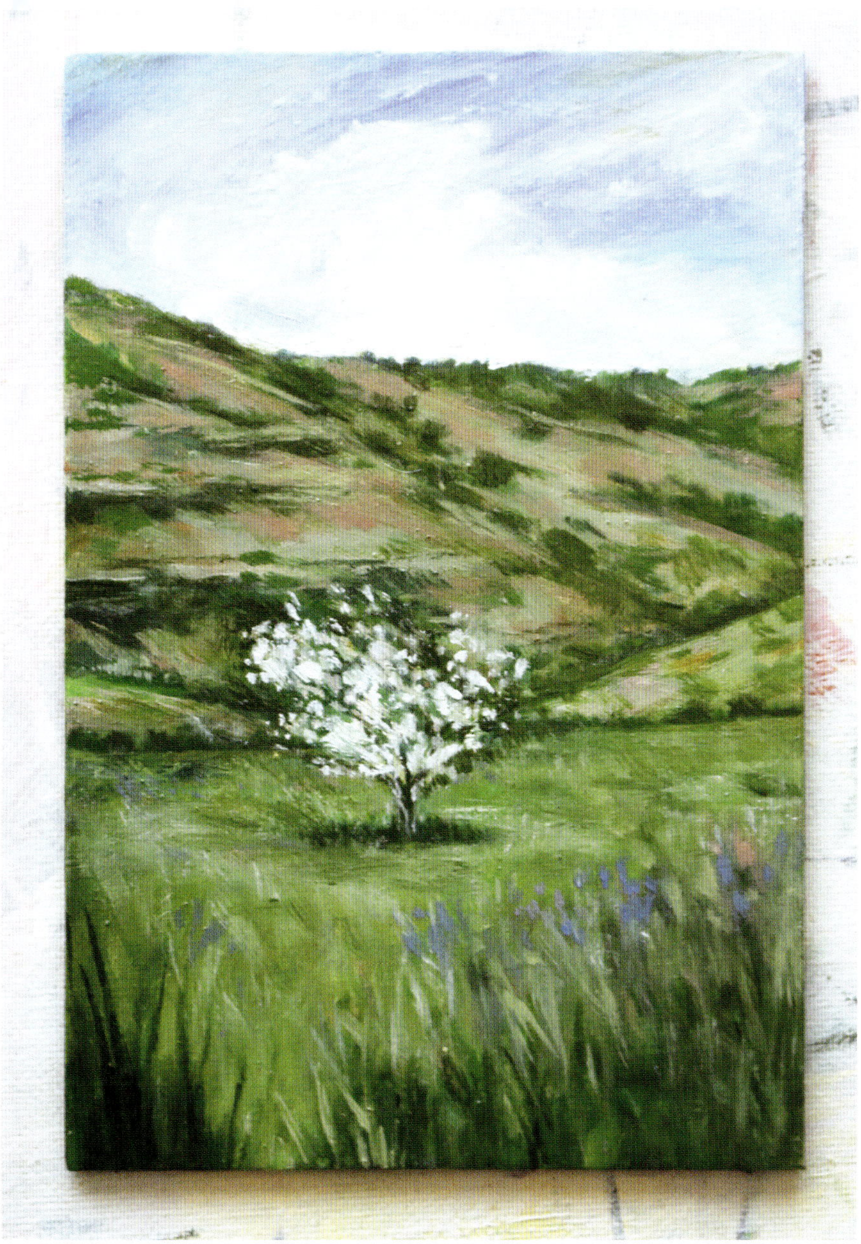

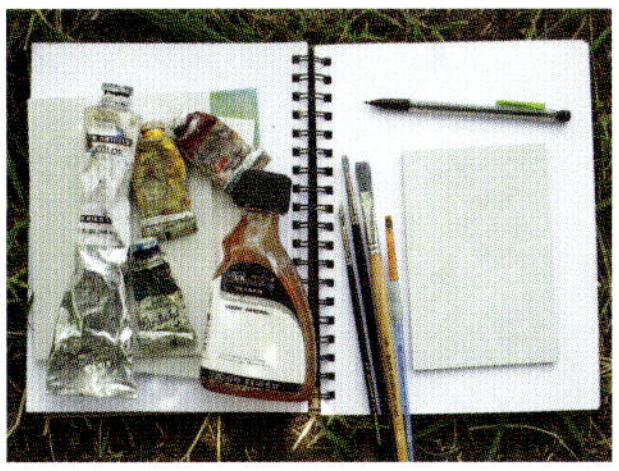

HINWEIS *So sieht mein Arbeitsplatz im Freien aus.*

Suche dir einen guten Platz für eine längere Malsitzung. Gut ist etwa ein Platz mit etwas Schatten. Wer draußen malt, ist Gast in der gewählten Umgebung, zu der auch Wetter, Insekten und andere äußere Faktoren gehören. Ich fand einen schützenden Baum abseits des Hauptwegs, der Schatten und eine tolle Aussicht bot.

Zu den wenigen Materialien, die ich auf den Ausflug mitnahm, gehörten eine 10 x 15 cm große grundierte MDF-Platte, Ölfarbe in Weiß, Gelb, Phthaloblau und Magenta, vier Pinsel (ein kleiner abgeschrägter, ein Flachpinsel, ein Katzenzungenpinsel und ein mittelgroßer Flachpinsel), Liquin, Küchenpapier und eine improvisierte Palette aus einem Stück Leinwandplatte, das ich in Plastikfolie gewickelt hatte. Wer nun gerade nicht ins Freie gehen kann, verwendet für diese Übung das Vorlagenfoto auf Seite 123.

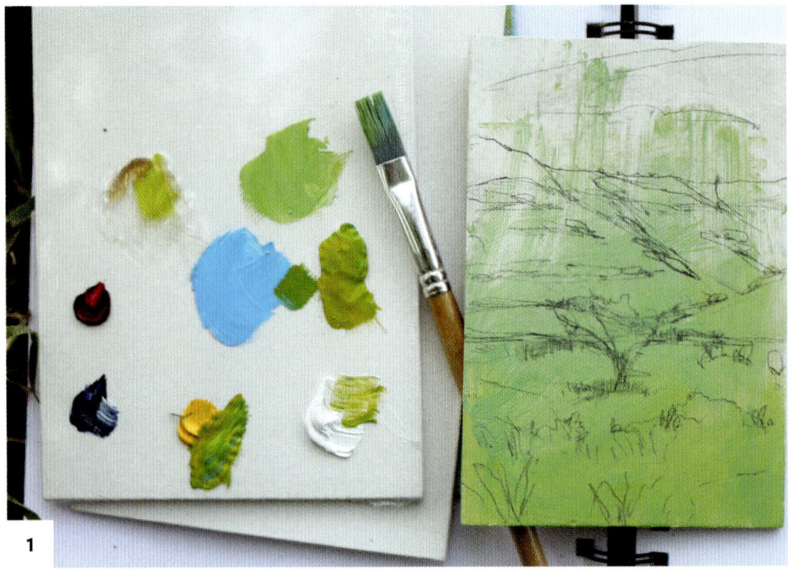

1

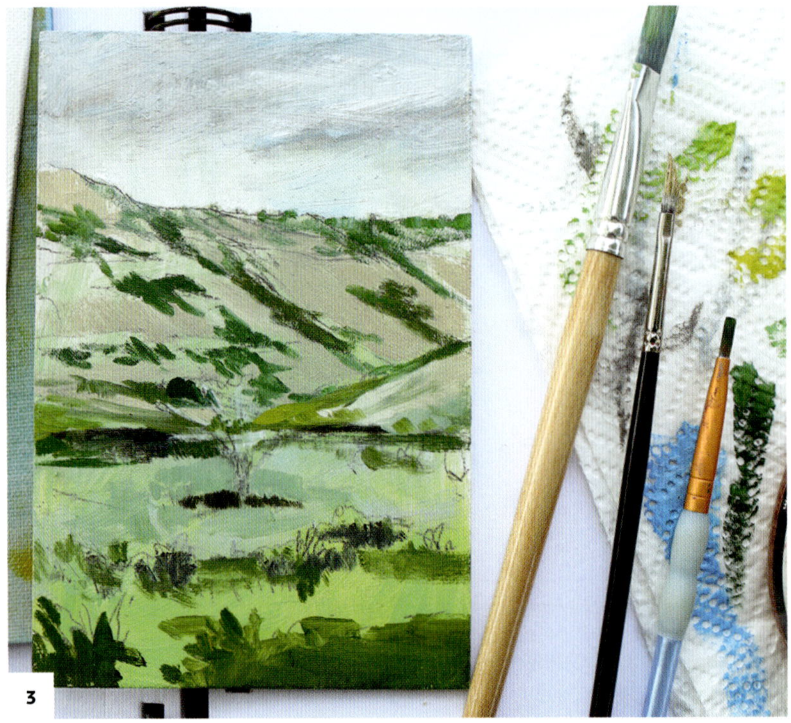

3

1. Ein kühles Gelb aus Weiß, Gelb und einer geringen Menge Phthaloblau mischen. Malmittel auf den mittleren Flachpinsel geben, damit die Farbe gut fließt, und die Farbe mit lockeren Strichen auf die Malplatte auftragen. Ich habe sie nur auf die unteren drei Viertel meiner Bildfläche aufgetragen, in denen später Grün dominiert.

2. Die Landschaftselemente auf der Untermalung grob mit Bleistift skizzieren. Zuerst die wichtigsten Bereiche der Komposition einzeichnen, beispielsweise die Horizontlinie, den Baum in der Mitte und die obere Kontur der Hügel im Hintergrund. Elemente im Hintergrund erscheinen kleiner und unschärfer, dort kann also auf Details verzichtet werden.

3. Das Malen dieses Bildes war wie das Dirigieren eines Orchesters. Manche Maler arbeiten von Dunkel nach Hell, wobei sie die Farben systematisch aufhellen, um schließlich mit den hellsten Farbtönen und Weiß zu enden. Dieses Motiv hat mein Farbempfinden jedoch in verschiedene Richtungen gelenkt, und ich bin ihm willig gefolgt.

Deute markante Schatten in den Baum- und Strauchreihen an und schaffe um den fernen Horizont herum mit einer hellblauen Skyline negativen Raum. Die Hänge in neutralem Beige eintönen, für die Schatten verschiedene Grüntöne – von dunklem Algengrün bis zu Minz- und Lindgrün – verwenden. Beim Malen stellte ich fest, wie das Bild allmählich zu leuchten begann.

4. Nun das Farbspektrum erweitern und weitere Grüntöne für Sträucher und Bäume einfügen. Für die Schatten an den Berghängen und die

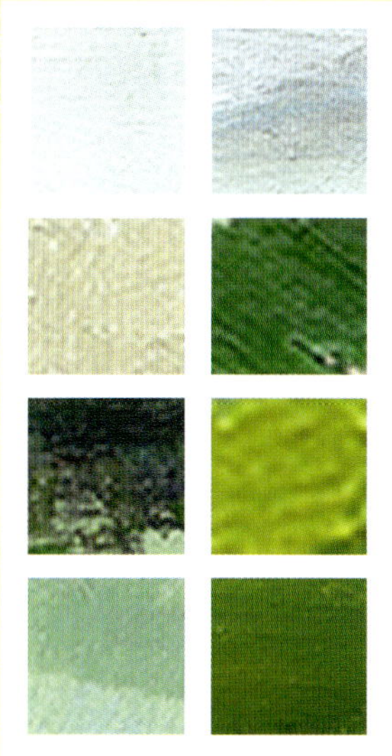

Die Farbpalette

HIMMEL: Für den blauen Grundton Weiß und Phthaloblau mischen. Die vom Licht beschienenen Bereiche der Wolken mit Weiß malen, die Schattenbereiche mit einer kleinen Menge Magenta.

HÜGEL: In dem hellen Beige sind alle vier Farben der Palette enthalten. Mit Weiß beginnen, dann Gelb und Magenta hinzufügen, damit der Ton wärmer wird. Die Mischung mit etwas Blau dämpfen. Das ist der Grundton der Hänge.

BÄUME UND STRÄUCHER: Aus Blau und Gelb ein mittleres Grün mischen. Für dunklere Grüntöne mehr Blau zugeben und mit Magenta noch weiter abdunkeln. Für das gelbliche Grün muss die Mischung mehr Gelb als Blau enthalten. Zum Aufhellen wird Weiß verwendet.

Blumen im Vordergrund Blau- und Violetttöne verwenden. Ich habe die Schatten auf den Bergen mit einem Magenta gemalt, das zum Violett tendiert, und die Blumen im Vordergrund mit einem bläulicheren Ton. Für das Gras im Vordergrund das Orangebeige verwenden, mit dem bereits der Hügel gemalt wurde.

5. Nun die Kontraste auf Hügel, Baum und Wiese verstärken und einige Details ausarbeiten. Dabei die Farben überlagern und die Texturkontraste zwischen den glatten Hängen und dem struppigen Gras durch gezielte Pinselstriche erkennbar machen. In diesem Schritt wird aus der groben Flächenaufteilung eine

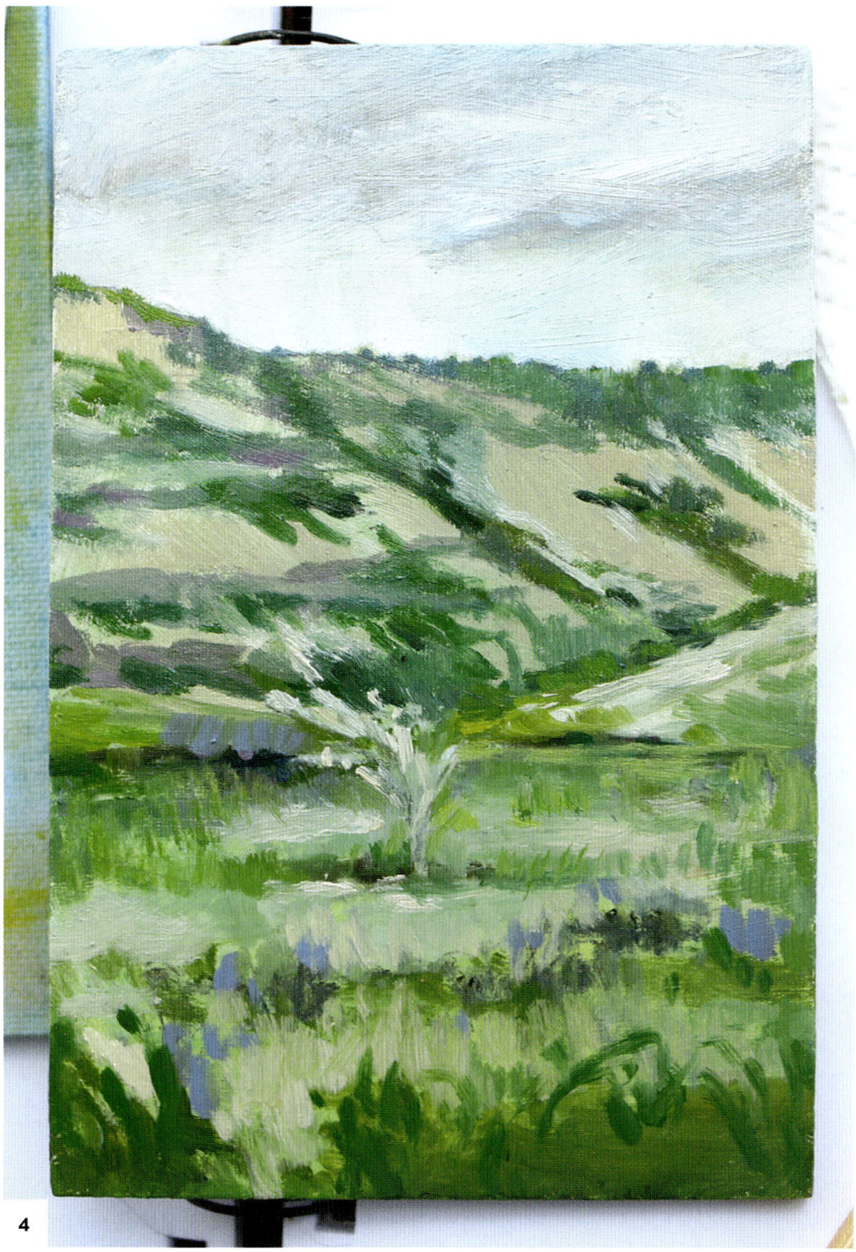

4

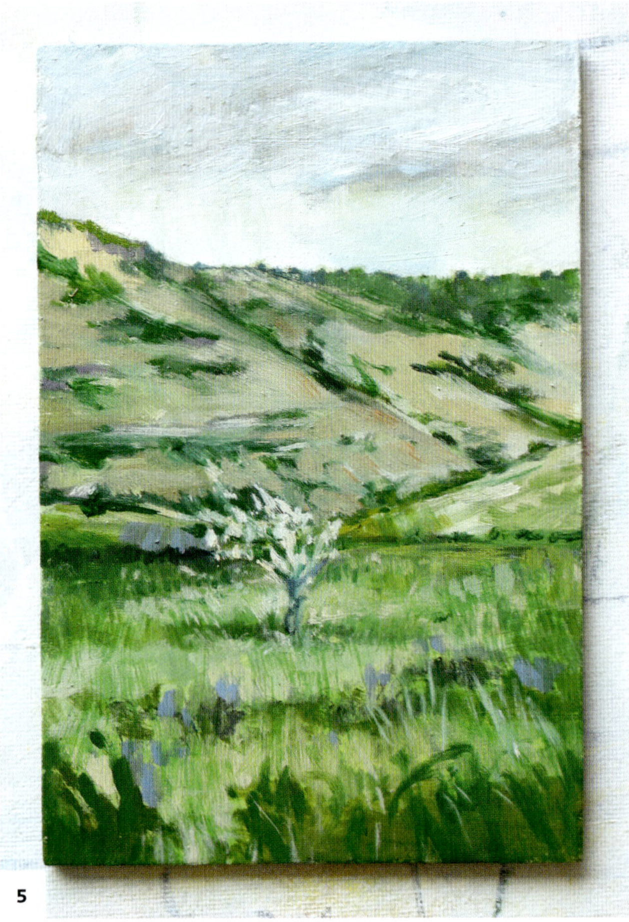

5

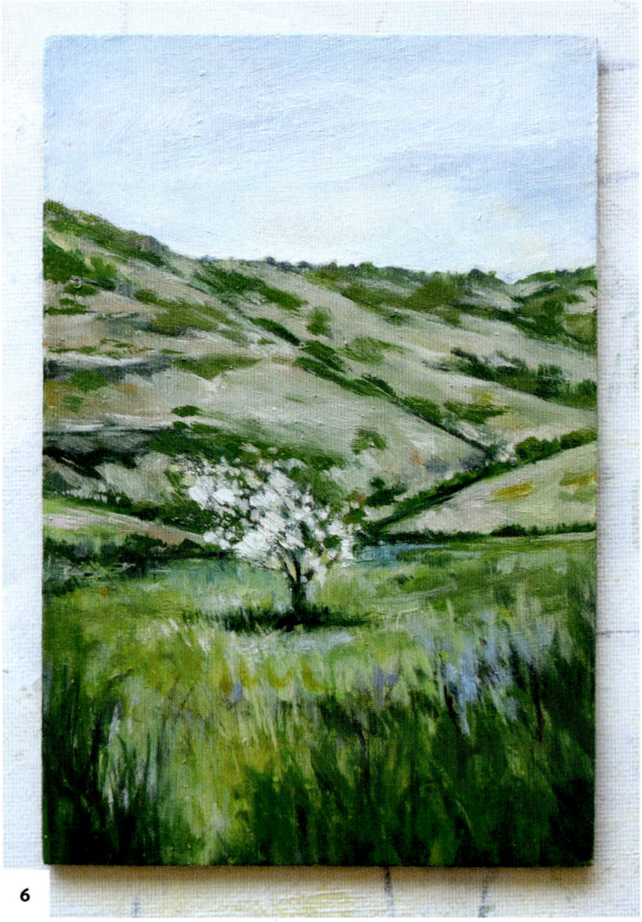

6

erkennbare Szenerie. Einige Details auf dem neutralen Hang einfügen, um die geschwungenen Formen, die sonnenbeschienene Bergwand, den Laubwald und die Schatten zu unterscheiden. Mit einem kleinen Katzenzungenpinsel Stamm und Äste des Baumes in der Mitte sowie die Grashalme im Vordergrund einfügen.

6. Die Farbgebung weiter ausarbeiten. Aus Weiß und Ultramarin ein helles Blau mischen für den negativen Raum um die Wolken herum. Den Baum und das im Schatten liegende Gras im Vordergrund verfeinern. Mit einem mittleren Grün die weiter entfernten Bäume und Büsche definieren und den negativen Raum um den Baum in der Mitteldistanz andeuten. Dadurch heben sich die weißen Blüten des Baumes besser vom Hügel ab. Den Kontrast zwischen den dunklen Grüntönen im Vordergrund und den helleren, sonnenbeschienenen Bereichen der Wiese in der Mitteldistanz verstärken. Dunkle, nach oben gerichtete Tupfer mit Grün im Bildvordergrund einfügen.

Von diesem Stadium an habe ich mein Bild anhand des Vorlagefotos im Atelier beendet. Dabei habe ich mich nicht sklavisch an das Foto gehalten, weil es mir mehr darum ging, den Charakter der Landschaft zum Ausdruck zu bringen.

7. Im letzten Schritt habe ich das Vorlagefoto beiseitegeschoben und für den Himmel eine Wolkenformation erfunden, die mich an die animierten Hintergründe im Film *Howl's Moving Castle* erinnert. Die künstlerische Freiheit erlaubt es uns schließlich, Motive durch stilistische Mittel und andere Ideen aufzuwerten. Ich habe den Farbkontrast verstärkt und mit Lasuren in gesättigten Grüntönen weitere Details in die Wiesen eingefügt, außerdem einige Grüntöne vertieft, die weißen Blüten am Baum eingefügt und die Wolkenformen deutlicher herausgearbeitet (siehe fertiges Bild auf Seite 65).

Lektion 4:

SCHNELLE LANDSCHAFTS-STUDIEN – BEISPIELE UND ÜBUNGEN

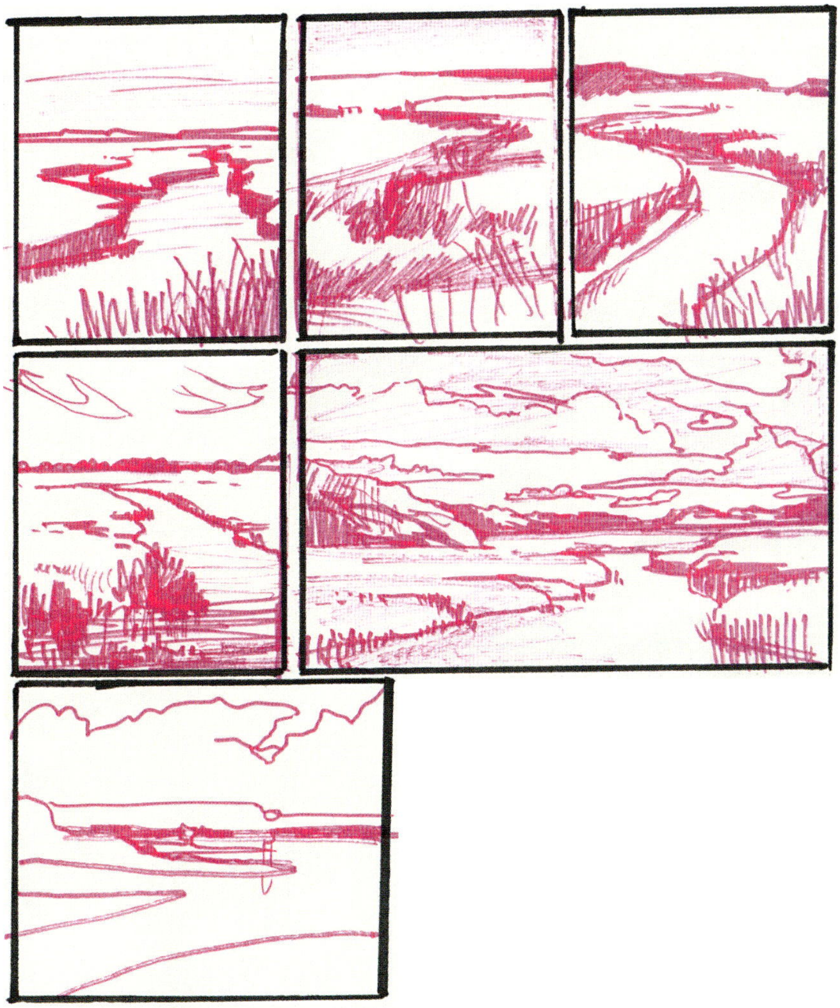

In dieser Lektion wird geübt, Landschaftsmotive zu vereinfachen. Wir vernachlässigen die Details und versuchen, uns eine vergrößerte, vereinfachte Komposition vorzustellen. Wenn du die Szene mit unscharfem Blick betrachten würdest, welche Elemente sind dann noch wahrzunehmen? Lerne, eine Landschaft in ihre wichtigsten Bestandteile zu zerlegen, um dir das Malen und Zeichnen zu erleichtern.

Beim Skizzieren von Landschaften arbeite ich mit zarten, lockeren Strichen und deute die Formen nur an, ohne zu sehr ins Detail zu gehen. Details sind wichtig, aber gerade Einsteiger neigen dazu, sich zu früh in ihnen zu verlieren. Denke bei diesem Motiv zuerst über das Bild als Ganzes nach und lege fest, wo und wie die Linien im Verhältnis zueinander stehen, wo sich vergleichbare Winkel in den Landschaftsmerkmalen finden, wo die Horizontlinie liegt und welche anderen kompositorischen Merkmale das Bild aufweist.

ÜBUNG 1: VIER EINFACHE LANDSCHAFTEN

Zeichne mit Bleistift anhand der Fotos und Zeichnungen vier einfache Landschaftsskizzen.

- Flachland mit einer Flussbiegung
- Wolken über Bergen
- Küstenszene
- Straße zwischen Bäumen

Achte beim Zeichnen besonders auf Folgendes:

- Umrisse und Positionen der wichtigsten Kompositionselemente
- Auswirkung der Perspektive auf Elemente in größerer Entfernung
- Auswirkung von Schatten auf die Form und die plastische Wirkung
- Wie die Zeichnung durch einfache Formelemente vereinfacht werden kann und wie sich diese beim späteren Malen nutzen lassen

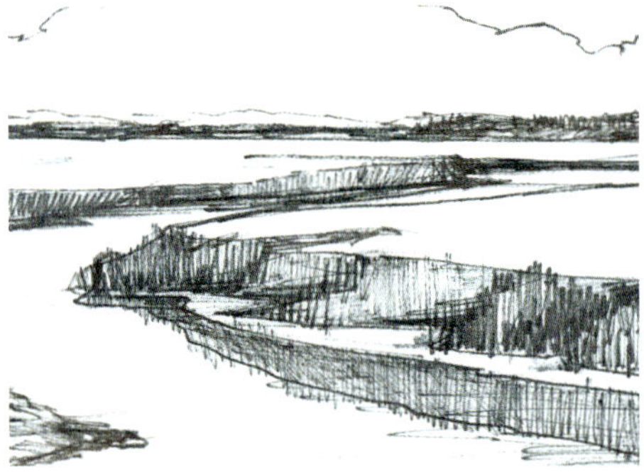
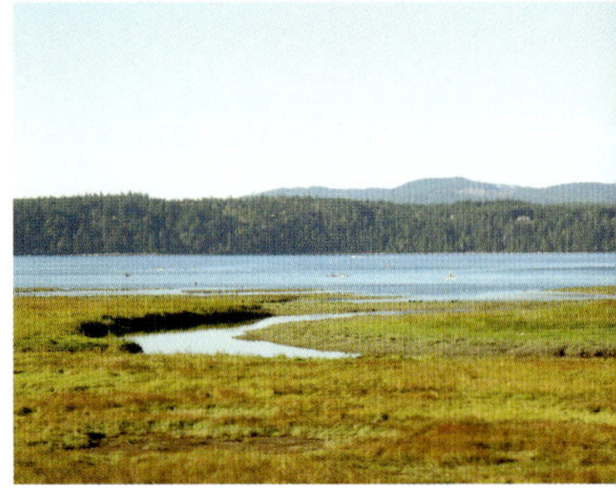
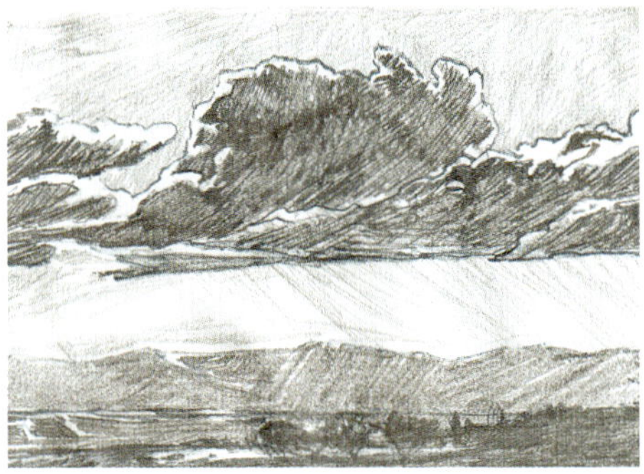
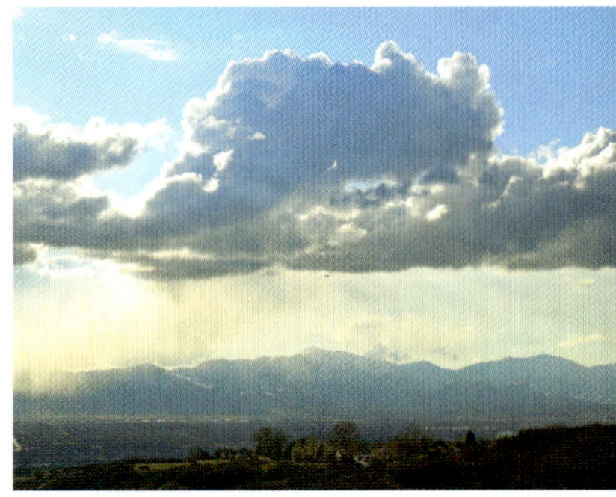
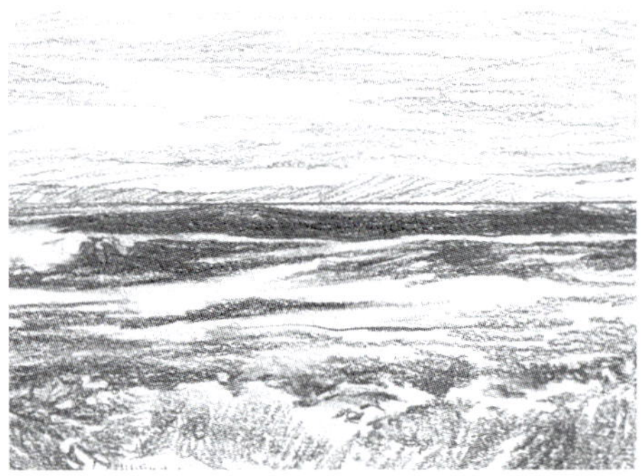
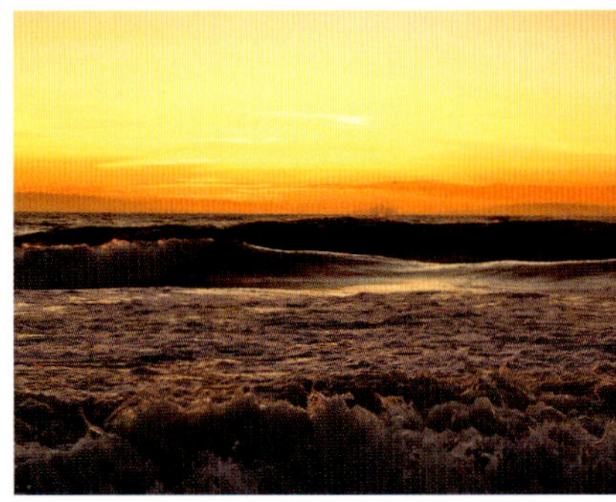
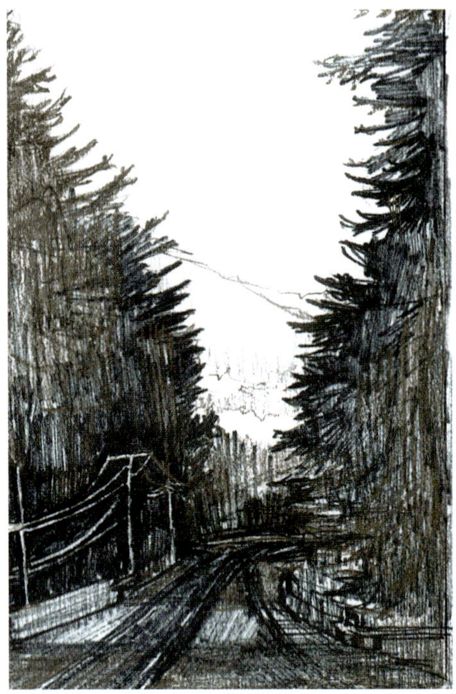
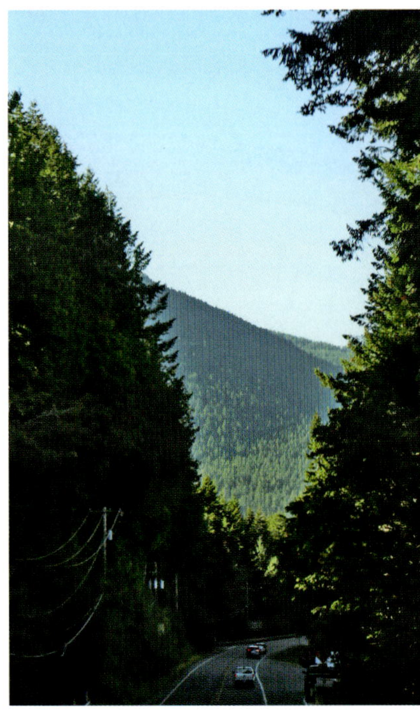

ÜBUNG 2: SECHS MINIATURLANDSCHAFTEN

1. Auf sechs Quadraten (je 5 x 7,5 cm) sollen winzige Landschaften gezeichnet werden. Die Übung ähnelt dem Zeichnen von Thumbnails (kleine Grobskizzen mit allenfalls minimalen Korrekturen). Schatten und Details können eingefügt werden. Stelle dir zur Übung einen Timer auf 10 Minuten und konzentriere dich hauptsächlich auf die Grundformen und die Komposition. Es ist interessant, was man in so wenig Zeit zustande bringen kann!

Ein Zeitlimit ist hilfreich, um sich nicht zu verzetteln, unnötige Details zu zeichnen und den Druck des Perfektionismus abzulegen.

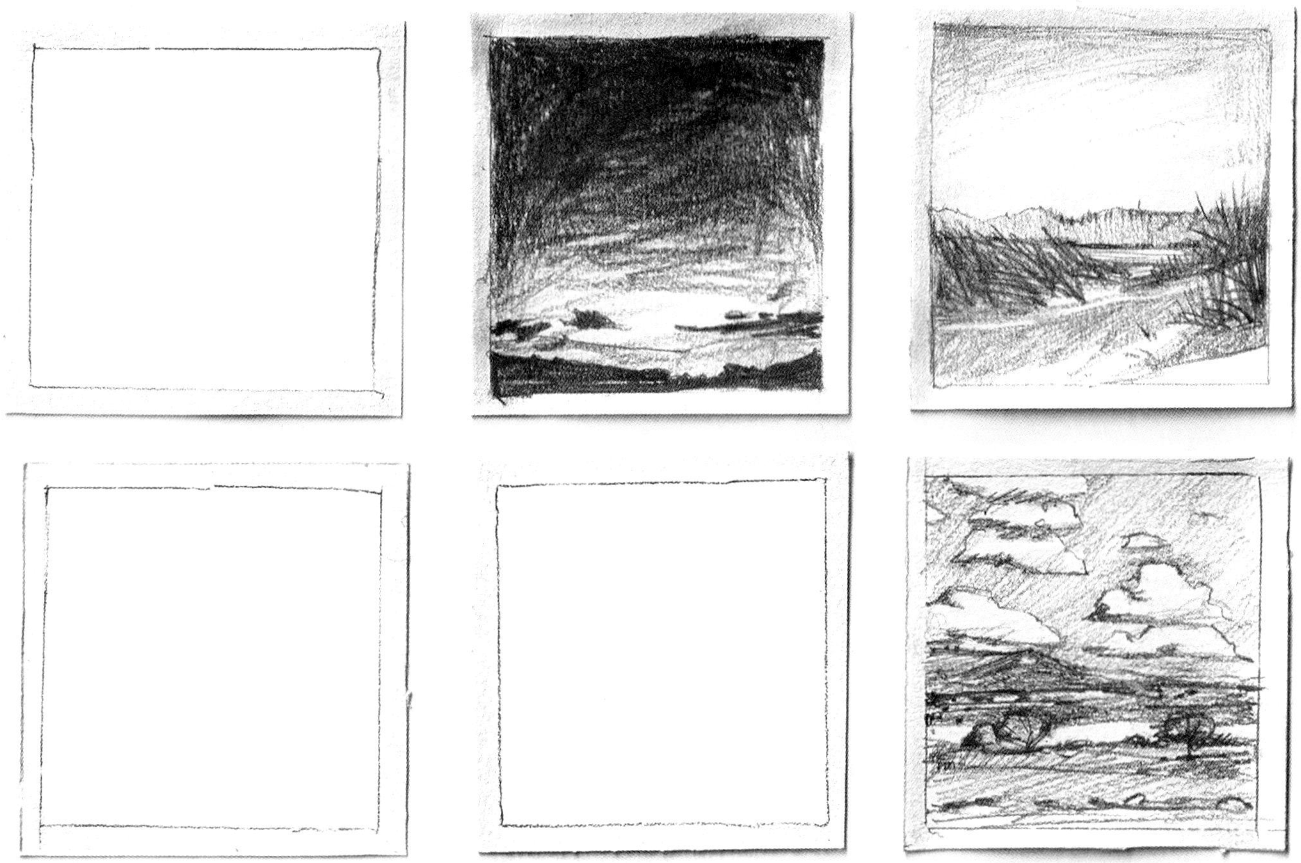

Lektion 5:

FLUSSLANDSCHAFT – ZEICHNEN UND MALEN

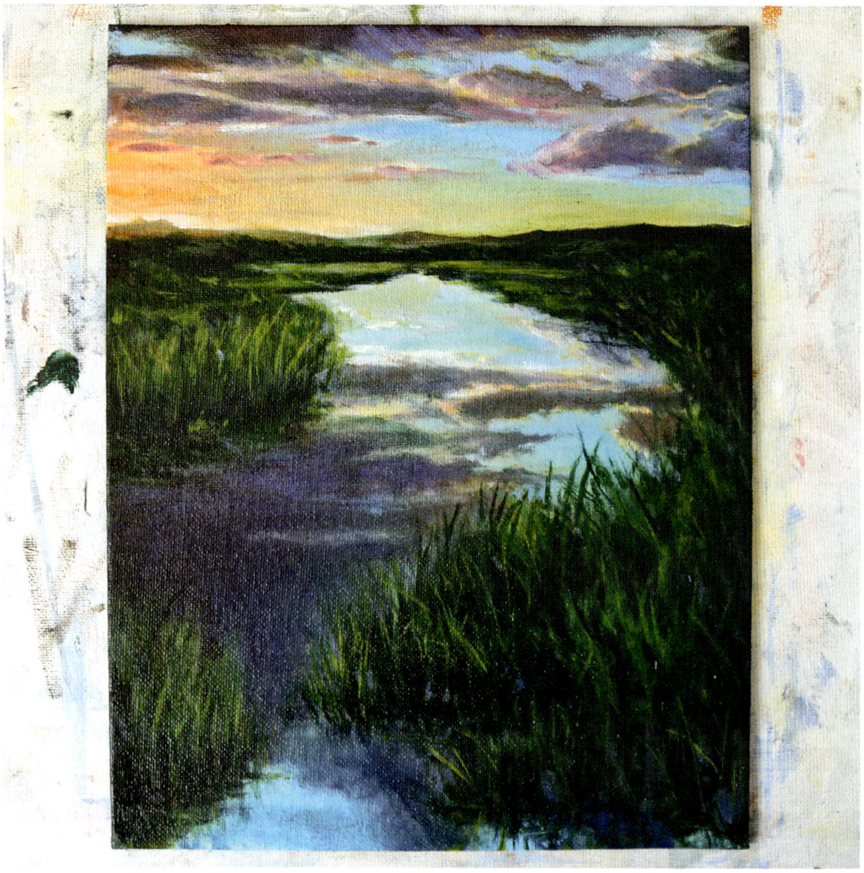

In diesem Bild entsteht die perspektivische Wirkung durch den Fluss, der sich durch die Landschaft schlängelt. An solchen Motiven erkläre ich gern, wie auf dem zweidimensionalen Malgrund eine dreidimensionale Wirkung entsteht. Das Grundmotiv der Flusslandschaft lässt sich leicht verändern und reproduzieren. Für diese Lektion habe ich eins meiner eigenen Bilder als Vorlage verwendet. Das finde ich ziemlich aufregend, also fangen wir an.

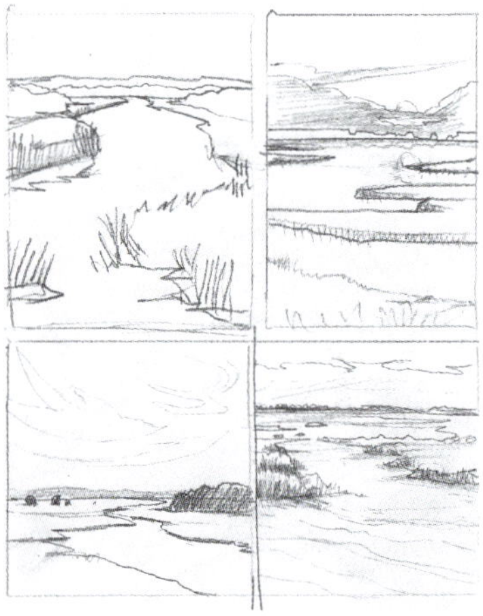

AUFWÄRMÜBUNG

Schau dir zuerst die vier Miniaturen an. Oben links ist eine vereinfachte Version der Bildkomposition zu sehen, und die anderen drei sind ähnlich einfache Darstellungen von Flusslandschaften. Zeichne vier eigene Flusslandschaften, um dich auf das endgültige Motiv einzustimmen. Behalte dabei diese Tipps im Blick:

- Die Höhe der Horizontlinie schätzen oder mit dem Bleistift abmessen
- Berge, Baumreihen oder Objekte in der Ferne klein, komprimiert und mit wenigen Details zeichnen
- Um die Flussufer zu definieren, einfach das Grasland auf beiden

Seiten andeuten. Mit zunehmender Entfernung wird der Fluss schmaler und seine Windungen werden enger. Im Vordergrund ist er breiter und seine Windungen sind großzügiger.

- Eventuell Wolkenformen und ihre Spiegelungen im Wasser einzeichnen.

VORBEREITUNG ZUM MALEN

1. Ich habe mit Filzstiften eine einfache Skizze gezeichnet und später aus freier Hand auf den Malgrund übertragen. Für dieses Projekt habe ich einen Malkarton (20,5 x 25,5 cm) verwendet. Die grünen Linien in der farbigen Zeichnung stellen die Landstrukturen dar, die gelben Linien zeigen den Himmel und die Reflexionen auf dem Wasser.

2. Meine fertige Zeichnung habe ich vom Papier auf den Malkarton übertragen. Entscheide selbst, wie du dein Bild vorbereiten willst.

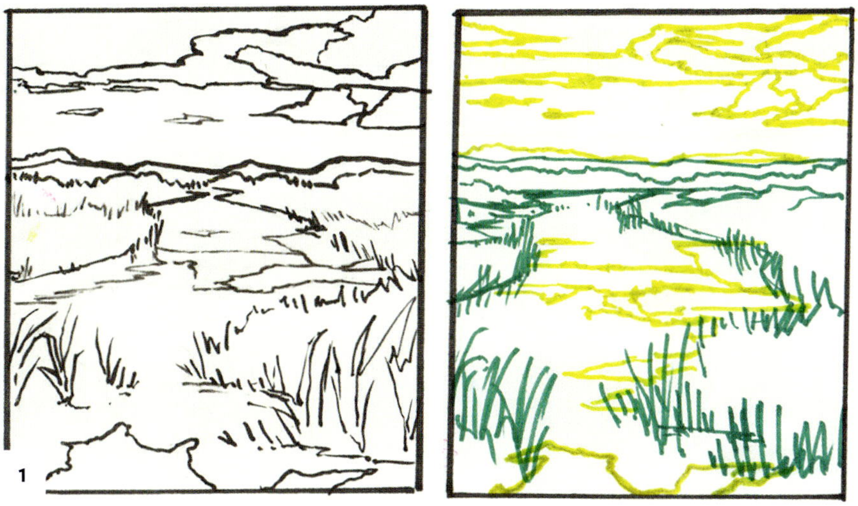

1

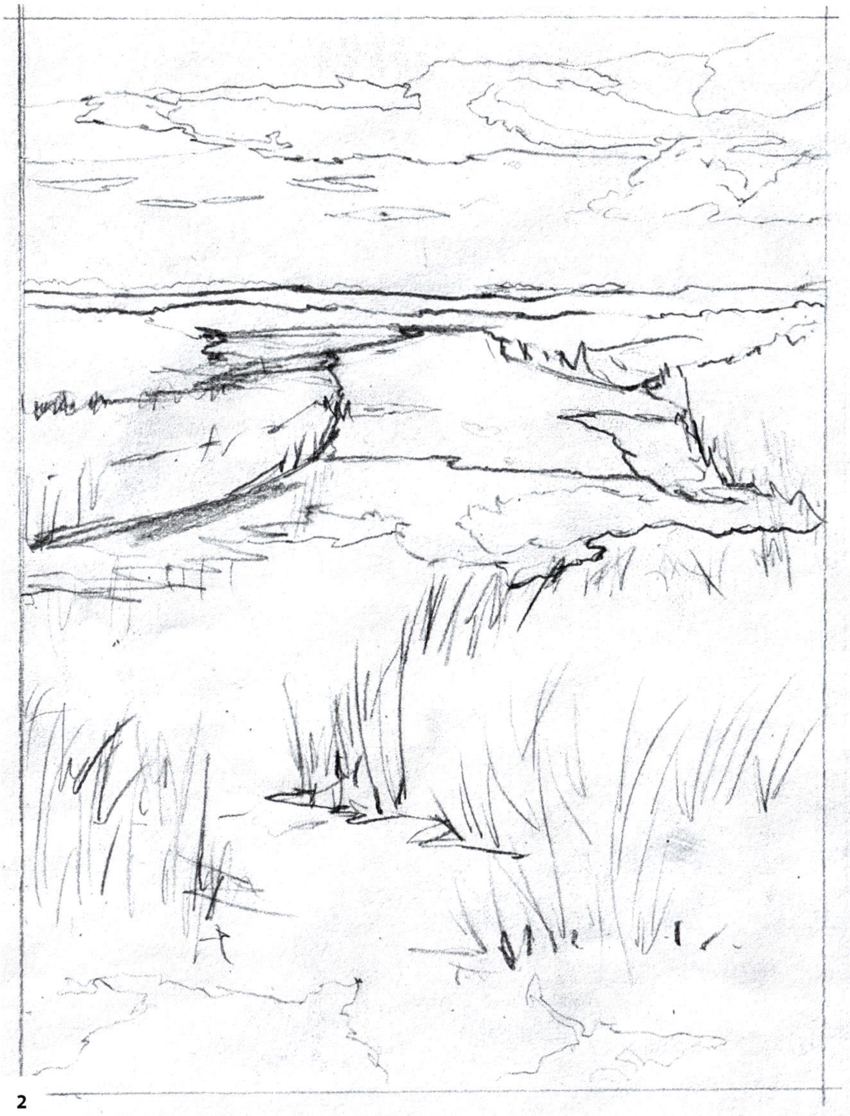

2

DAS BILD MALEN

1. Wegen der guten Vorarbeit geht dieser Schritt schnell. Ich habe weiße und gelbe Acrylfarbe gemischt und den Malkarton damit grundiert. Nach dem Trocknen habe ich das Motiv im Transferverfahren mit einem braunen Prismacolor NuPastel®-Stift übertragen.

2. Zuerst wird mit verschiedenen abgetönten, gebrochenen und gedämpften Blautönen gearbeitet. Die hellsten Bereiche stellen den blassblauen Himmel und seine Spiegelung im Wasser dar. Sie werden mit einer Mischung aus Weiß und Ultramarinblau gemalt. Für die Spiegelungen der Wolken ein dunkleres Blau verwenden, das ebenfalls aus Weiß und Ultramarinblau gemischt wird. Die dunkelsten Blautöne bestimmen die Form der Wiese und verleihen ihr räumliche Tiefe. Dafür Französisch Ultramarin mit etwas Orange mischen. Falls nötig, können einzelne Mischungen mit Weiß aufgehellt werden. Gibt man etwas Magenta zu den Mischungen, verschiebt sich ihr Farbton in Richtung Violett.

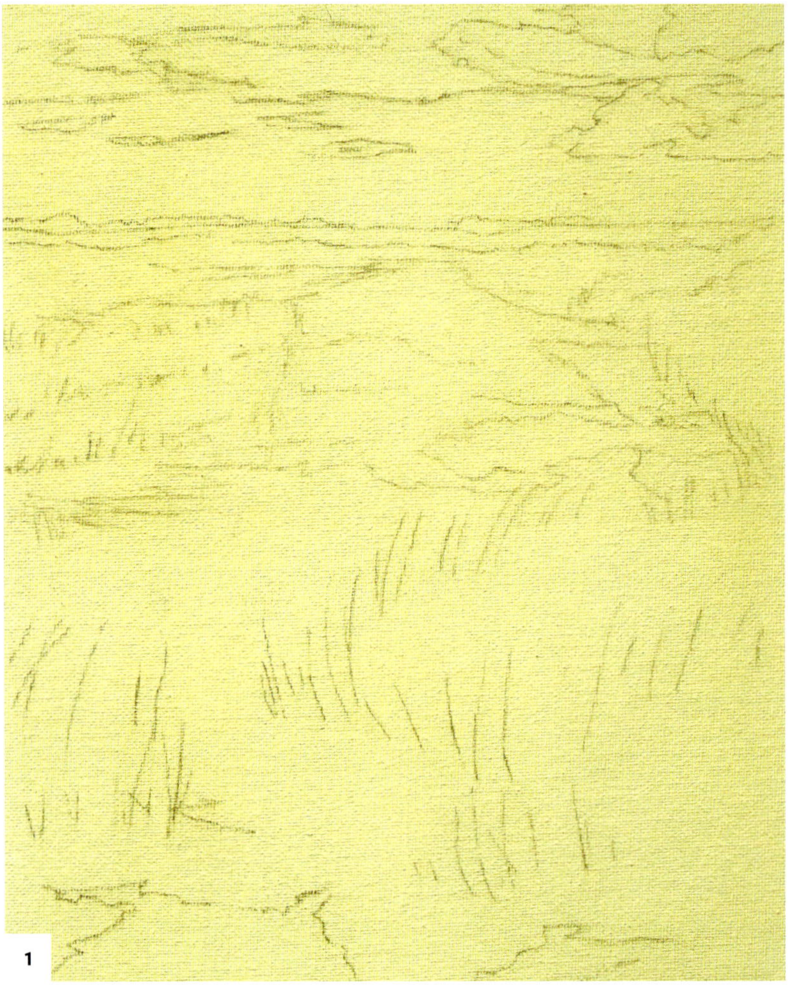

1

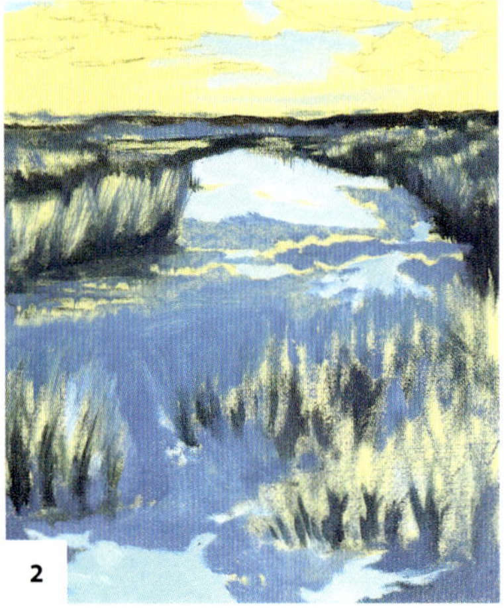

2

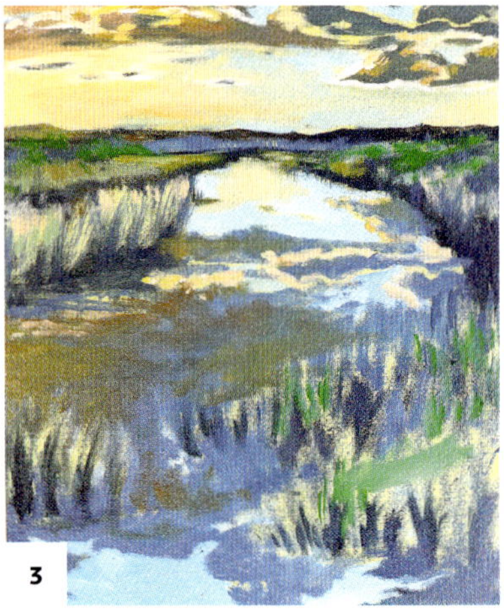

3

3. Nun folgen braune und hellgelbe Farbtöne. Sie entstehen durch die Lichtquelle, die sich auf der linken Seite befindet und einen warmen Schein auf die Szene wirft. Ein helles Pfirsichgelb füllt die untere linke Seite des Horizonts aus und geht auf der rechten Seite in helles Blau über. Eine

Mischung aus Orange, Ultramarinblau und Weiß erzeugt ein warmes orangefarbenes Licht, das in die graublauen Wolken am Himmel und die Spiegelung übergeht. Für weitere warme Pfirsichtöne für die Wolken können die Farbmischungen mit Gelb und Magenta abgetönt werden.

4. Weiter geht es mit dem grünen Gras. Saftgrün ist ein ausgezeichneter Grundton. Diese Farbe wird später noch für Lasuren verwendet, aber jetzt wird sie für verschiedene Grüntöne mit unterschiedlichen Mengen Weiß und Magenta gemischt. Für das hohe Gras werden die Grüntöne mit lockeren senkrechten und überlappenden Pinselstrichen aufgetragen.

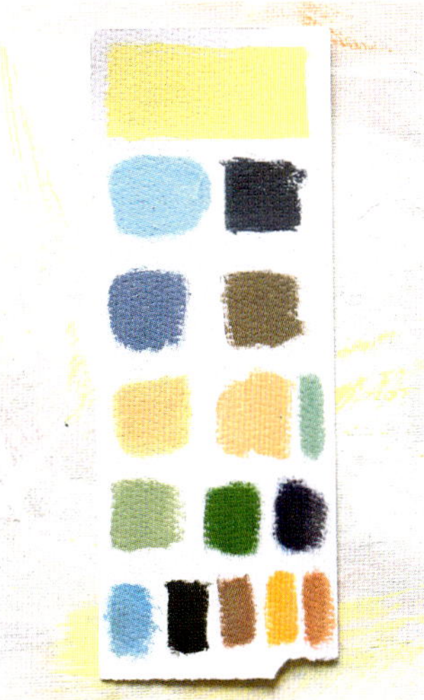

Die Farbpalette

Hier sind die Farben zu sehen, die ich zum Malen – vor den letzten Lasuren – verwendet habe.

Ich habe sie in der abgebildeten Reihenfolge benutzt, beginnend mit Gelb (der Hintergrundfarbe), dann abwärts bis zu den Farben für letzte Anpassungen des Lichts und der Details.

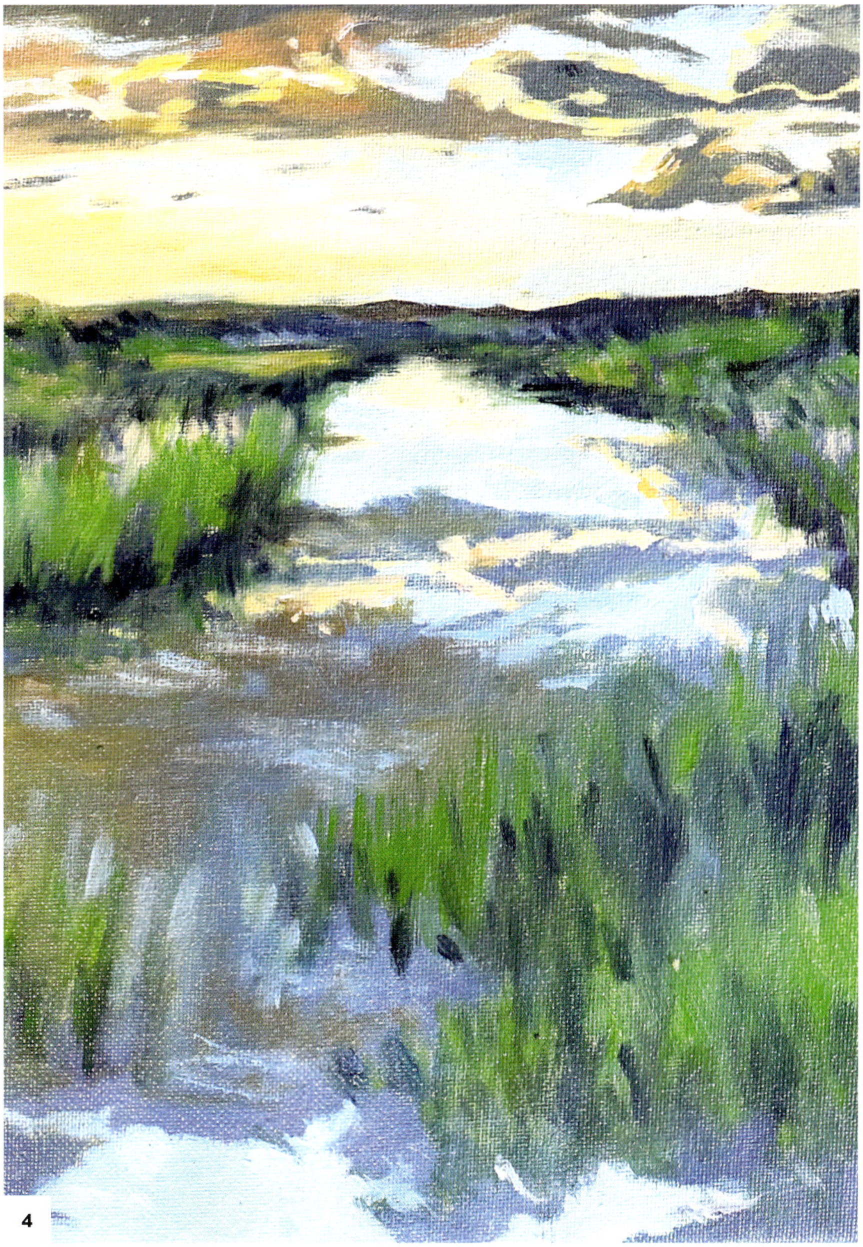

4

TIPP In der Abenddämmerung und bei Sonnenuntergang scheint die Landschaft mit farbigem Licht überzogen zu sein. Stell dir diesen Lichteffekt vor, während du Lasuren in warmen Tönen auf Gras und Wolken aufträgst.

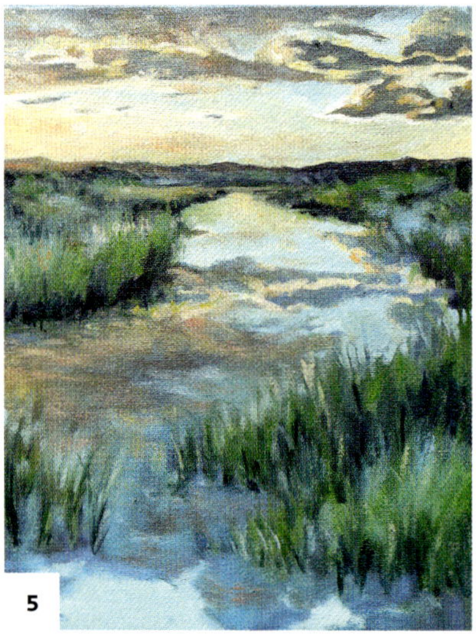

5

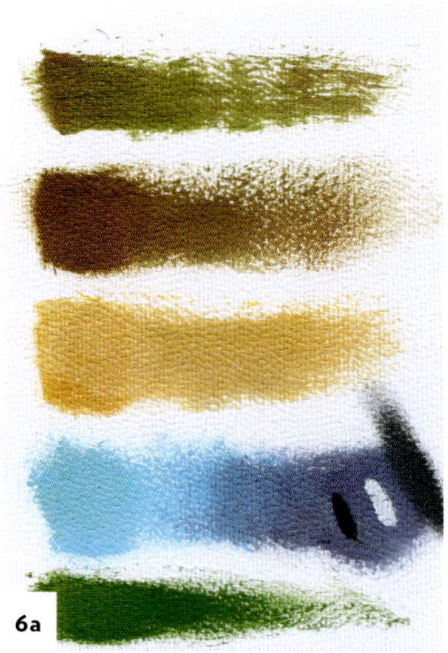

6a

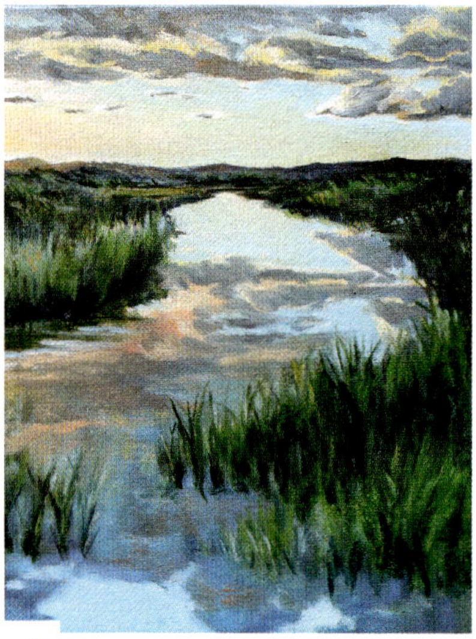

6b

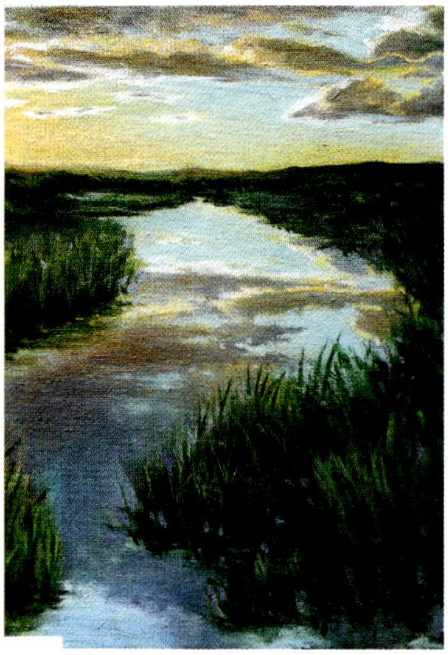

6c

5. Statt einzelne Grashalme zu malen, wird mit wiederholten, langen, aufwärts gerichteten Pinselstrichen der Bewuchs nur grob angedeutet. Dabei die Höhe der Grasbüschel und ihre Farbe variieren und zum Vordergrund hin die Konturschärfe verstärken. Ein mittleres Blau aus Weiß und Phthaloblau mischen und damit die leuchtenden Blautöne in Gras und Wolken einfügen.

6. Abbildung 6b zeigt mein Gemälde vor der Ausarbeitung der Details, der Lichter und Schatten und dem Lasieren. In 6a sind die Farben abgebildet, die ich für die Lasuren verwendet habe. Der bräunliche Grüntön ist hauptsächlich aus Saftgrün mit Siena gebrannt gemischt; das Gold ist eine hellgelbe Mischung aus Weiß, Gelb und Siena gebrannt, und die Blautöne sind eine Mischung aus Weiß, Ultramarinblau und etwas Phthaloblau.

Für transparente Lasuren werden Ölfarben mit Malmittel gemischt. Man verwendet sie, wenn eine Anpassung des Farbtons gewünscht ist, ohne dass dabei Details verloren gehen. Ich habe mit grünen Lasuren das Gras noch einmal überarbeitet. Gelbe Lasuren verstärken das Licht im linken Bereich des Himmels. Für die dunkelsten Schatten in den Wolkenreflexionen und im dichten Gras habe ich vereinzelt dünne Lasuren aus Ultramarinblau und Magenta aufgetragen.

Lektion 6:

BAUM-SILHOUETTEN IM SONNEN-UNTERGANG

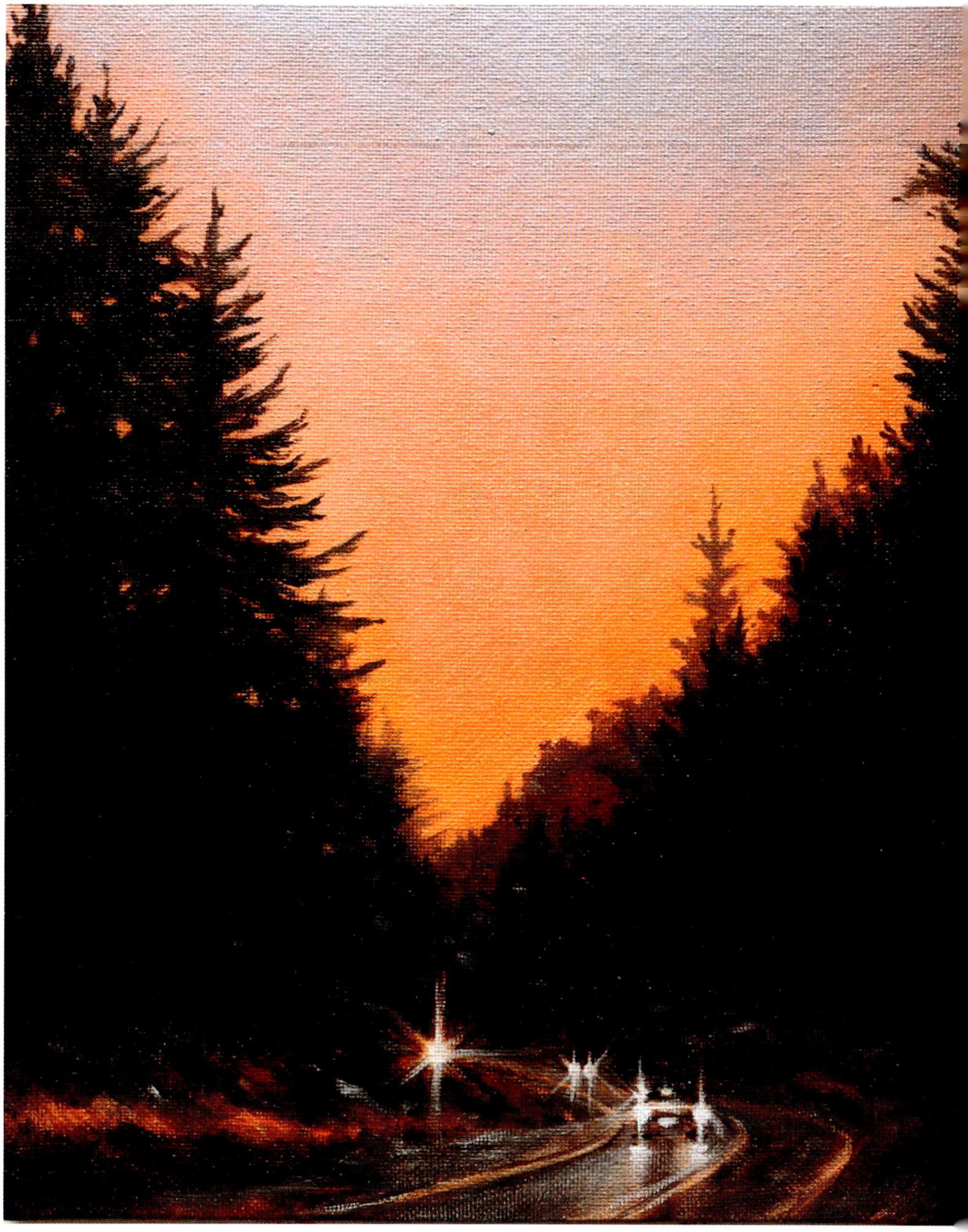

In der vorigen Lektion haben wir gesehen, dass sich die Perspektive prima durch geschwungene Landschaftselemente darstellen lässt. Nun kommen Elemente hinzu, die mir besonders gut gefallen: ein dramatischer Himmel, vor dem sich zarte Silhouetten abzeichnen (siehe Vorlagefoto auf Seite 123). Los geht's.

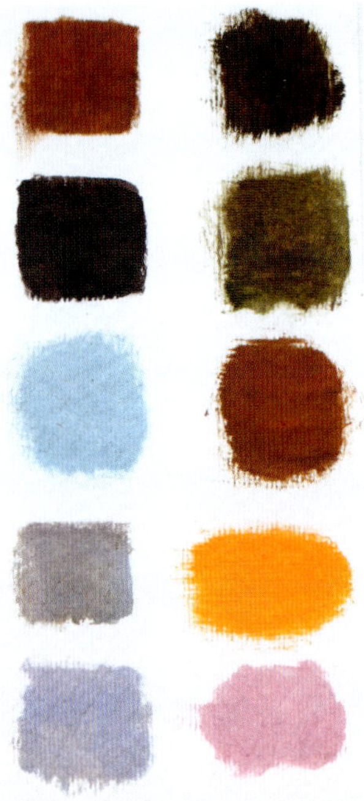

Die Farbpalette

Hier sind die Farben zu sehen, mit denen dieses Bild gemalt wurde.

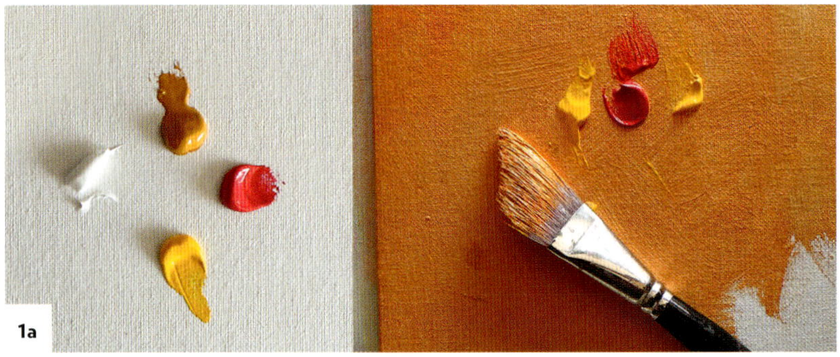

1a

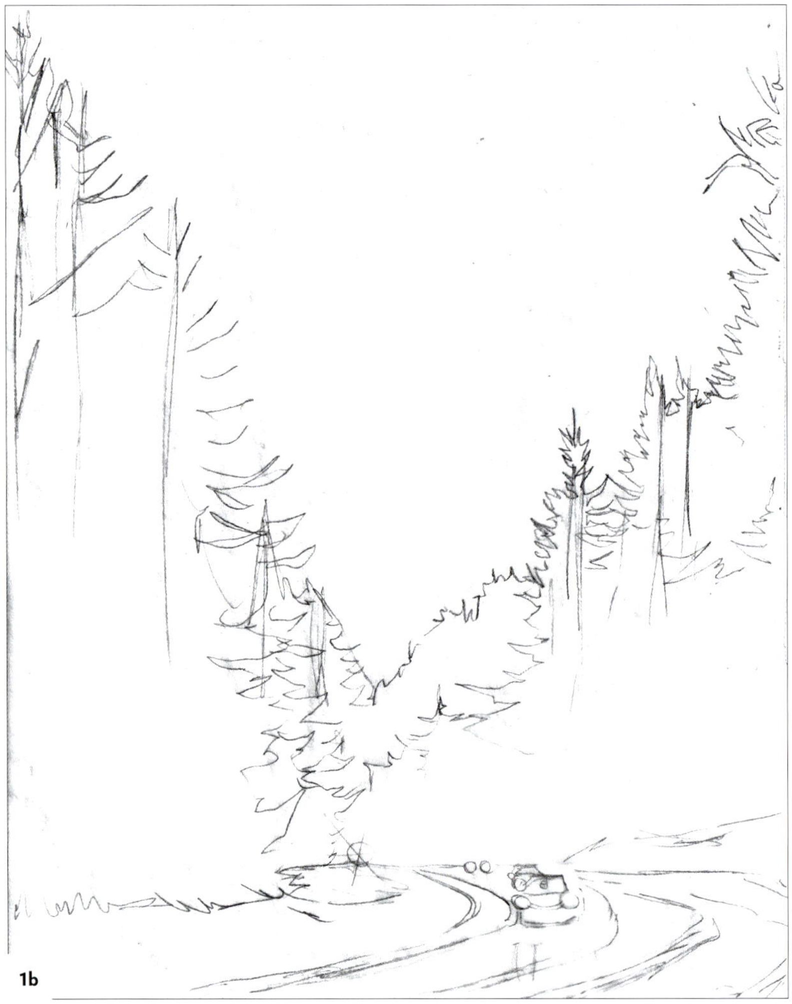

1b

1. Überlege zuerst, wie du dein Bild vorbereiten willst. Ich habe aus Acrylfarben in Weiß, Ockergelb, Kadmiumgelb und Rosa eine Grundierung gemischt und ganzflächig aufgetragen. Dann habe ich meine Zeichnung im Transferverfahren mit einem braunen Prismacolor NuPastel®-Stift übertragen. (Weitere Informationen zum Transferverfahren auf Seite 38)

2. Zuerst werden die Baumsilhouetten mit verschiedenen bräunlichen Orangetönen gemalt. Mit den kleineren, weiter entfernten Bäumen in der Mitte beginnen. Für das Rostbraun Kadmiumorange, Umbra gebrannt und Siena gebrannt mischen. Ich habe mit einem kleinen Flachpinsel gearbeitet. Beim Malen ist es wichtig, sich der Baumformen bewusst zu sein. Die Nadelbaumsilhouetten haben in der Mitte einen schlanken Stamm, und ihre spitz auslaufenden Äste streben schräg aufwärts.

3. Achte besonders auf Form und Größe des Pinsels, den du zum Malen der Äste auf dem negativen Raum des Himmels benutzt. Ich habe einen kleinen Flachpinsel gewählt. Die atmosphärische Perspektive bewirkt, dass die kleinen Bäume in der Ferne kleiner, blasser und leicht verschwommen wirken. Für die größeren Bäume im Vordergrund wird das Rostorange aus Schritt 2 mit Saftgrün abgedunkelt.

Beim Malen ist es wichtig, sich der Formen stets bewusst zu sein. Stell dir deine Striche als Äste vor, die nach außen und oben gerichtet sind. Schau dir ruhig auch verschiedene Fotos an, um die Merkmale der jeweiligen Baumart naturgetreu darzustellen. Erhöhe die Deckkraft der Farbe und trage sie mit bewusst geführten Pinselstrichen auf, die den geschwungenen Bögen der dicken Äste und den kurzen Nadeln entsprechen. Mit einer ähnlichen Pinselführung werden die grasbewachsenen Straßenränder am Fuß der Bäume mit Rot und dunklen Brauntönen angedeutet.

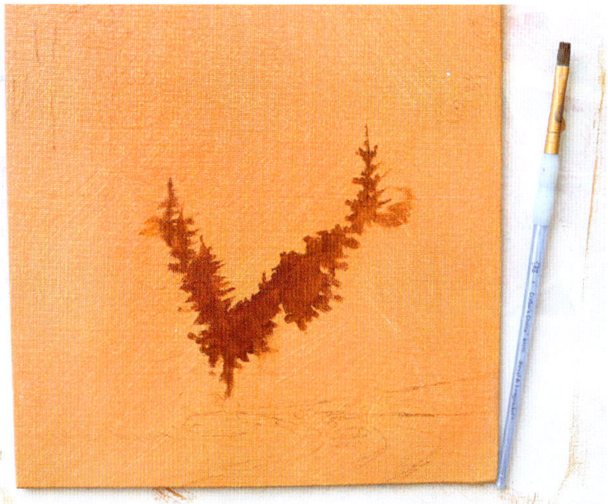

2

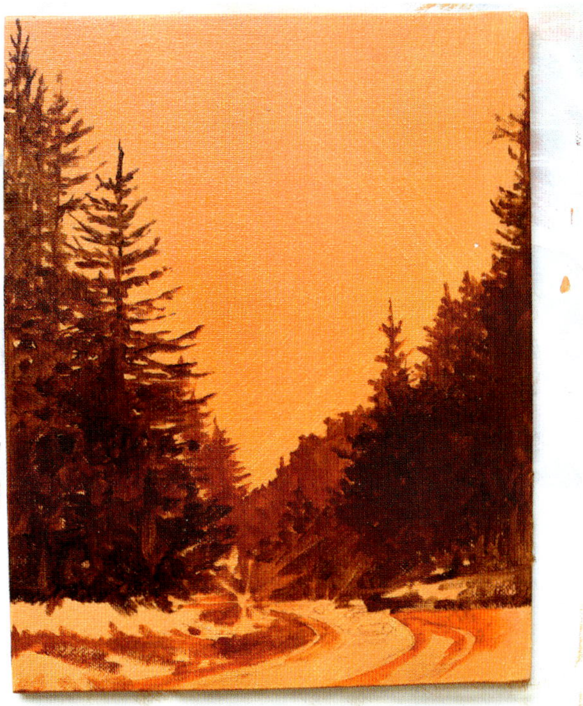

3a

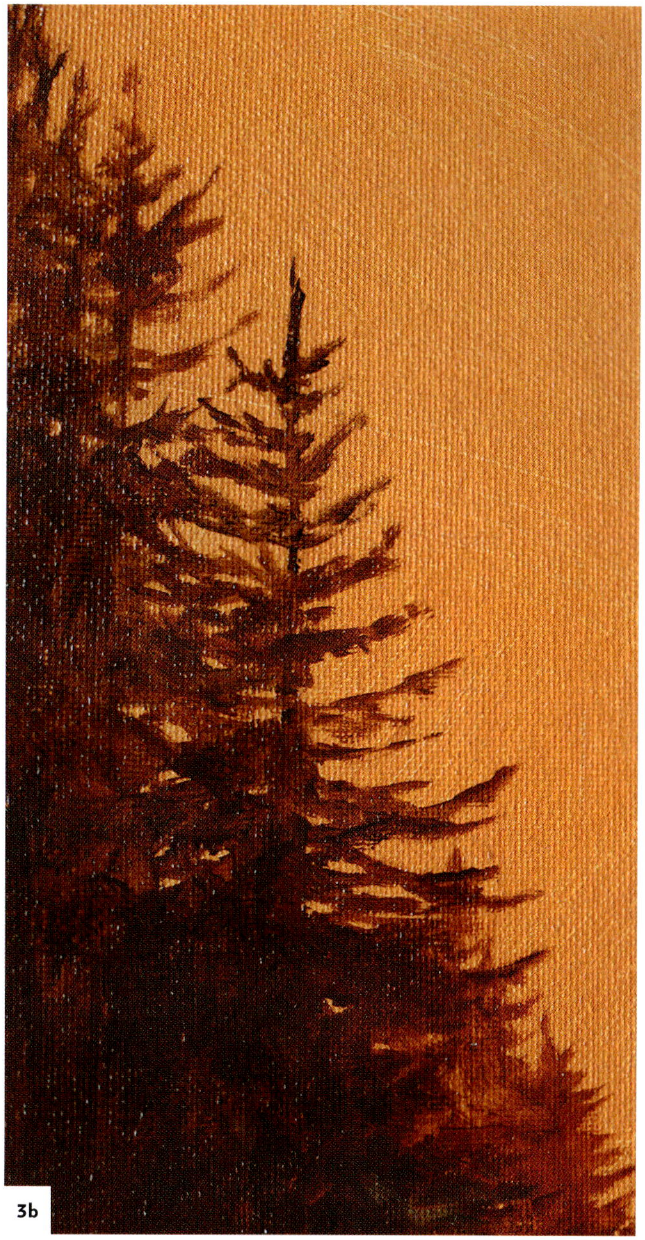

3b

4. Für die Grautöne der Straße Weiß und Schwarz mischen. Helles Grau für die Reflexe der Scheinwerfer in der Mitte der Straße verwenden, dunkleres Grau für den Vordergrund und die Straßenränder. So entsteht der Eindruck von regennassem Glanz auf dem Asphalt. Um den Kontrast der Straße zu erhöhen, in diesem und im nächsten Schritt kleine Mengen Magenta, Violett und/oder Blau zum Grau (4b) hinzufügen, denn im nächsten Schritt wird der Himmel noch leicht lila eingetönt, und diese Farbe spiegelt sich schließlich auf der nassen Straße.

5. Den Himmel mit einem Farbverlauf überziehen, der von einem sonnigen Gelb am Horizont zu einem hellen Lilablau im oberen Bereich übergeht. Wenn die Farbe der hinteren Bäume trocken ist, wird die Himmelsfarbe auch auf den Grenzbereich zwischen Himmel und Bäumen aufgetragen, um eine fließende Farbwirkung zu erhalten. Die Äste werden später mit dunklen Schatten neu definiert. Als ich dieses Foto in Oregon aufgenommen habe, war der Himmel tatsächlich durch Waldbrände orange getönt. Ich habe mir aber die künstlerische Freiheit genommen, weitere Farbnuancen hinzuzufügen. Mit verschiedenen Pastelltönen habe ich einen Farbverlauf von Orange zu Violett erzeugt: ein Pfirsichgelb aus Weiß, Gelb und Orange; Rosa aus Weiß und Magenta; ein Hellblau aus Weiß und Ultramarinblau und ein Fliederton aus Weiß und Violett. Alle Farben habe ich mit Malmittel verdünnt und nach dem Auftragen gleichmäßig verwischt.

Jetzt am Horizont ein warm leuchtendes Sonnengelb einfügen. Darüber Rosa, Flieder und zuletzt im oberen mittleren Bereich des Himmels helles Blau auftragen. Diese Himmelsfarben

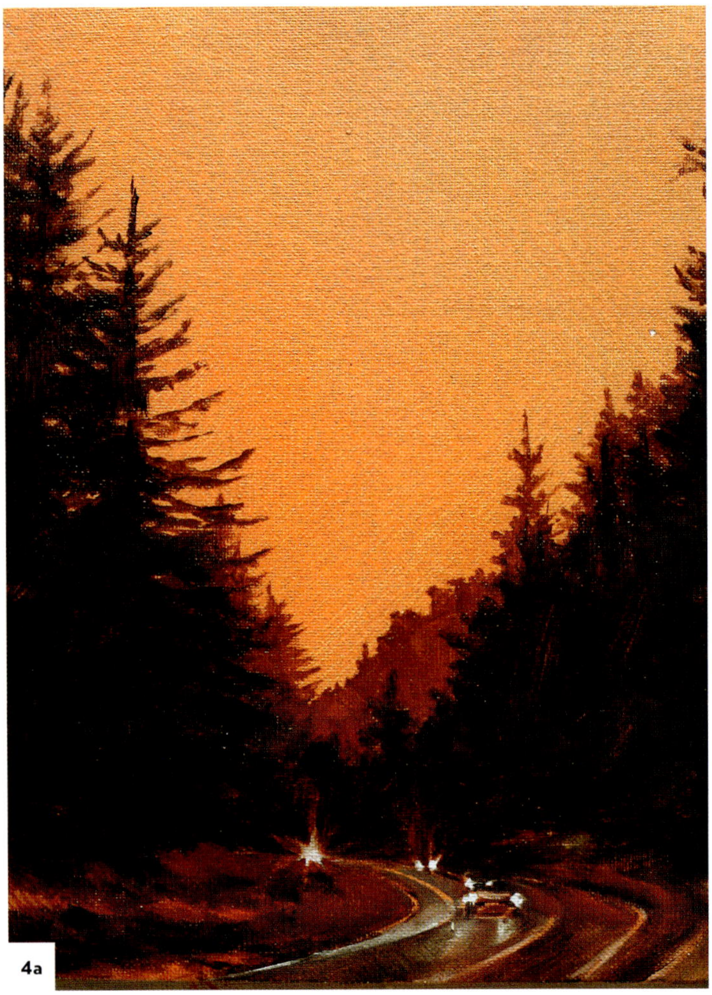

4a

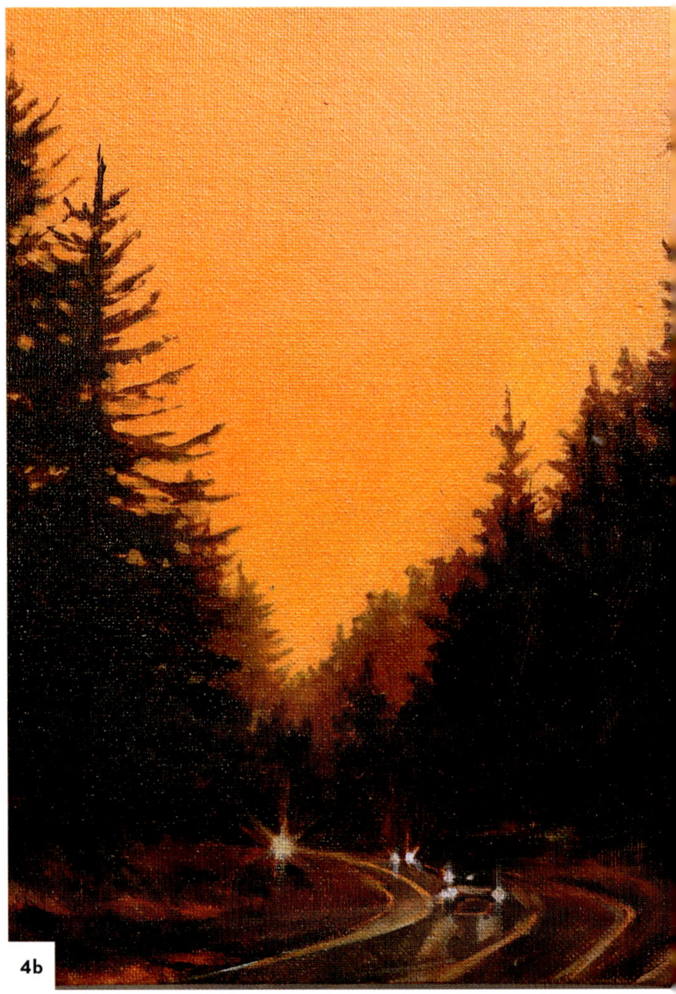

4b

bringen Licht in den Vordergrund und in die Mitteldistanz. Mit einem kleinen Flachpinsel Details wie das Licht der Scheinwerfer und die reflektierten Farben ausarbeiten, dabei auch auf das Licht achten, das in die Umgebung abstrahlt.

Die Lichtstrahlen der Autos verdichten sich um die Scheinwerfer herum zu Sternen. Das Scheinwerferlicht und das Abendrot werden leicht von den Nadelbäumen am Straßenrand reflektiert.

6. Nun werden die Details mit verschiedenen Farbmischungen ausgearbeitet. Arbeite die Silhouetten, die durch die Himmelsfarben gedämpft wurden, wieder deutlicher heraus. Die Schatten vertiefen und die Lichtreflexe stellenweise aufhellen, um den Kontrast zu verstärken. Im Wald einige sehr dunkle Schatten einfügen. Durch solche Details kannst du dem Bild deine persönliche Note verleihen und es zum Leben erwachen lassen (fertiges Bild siehe Seite 77).

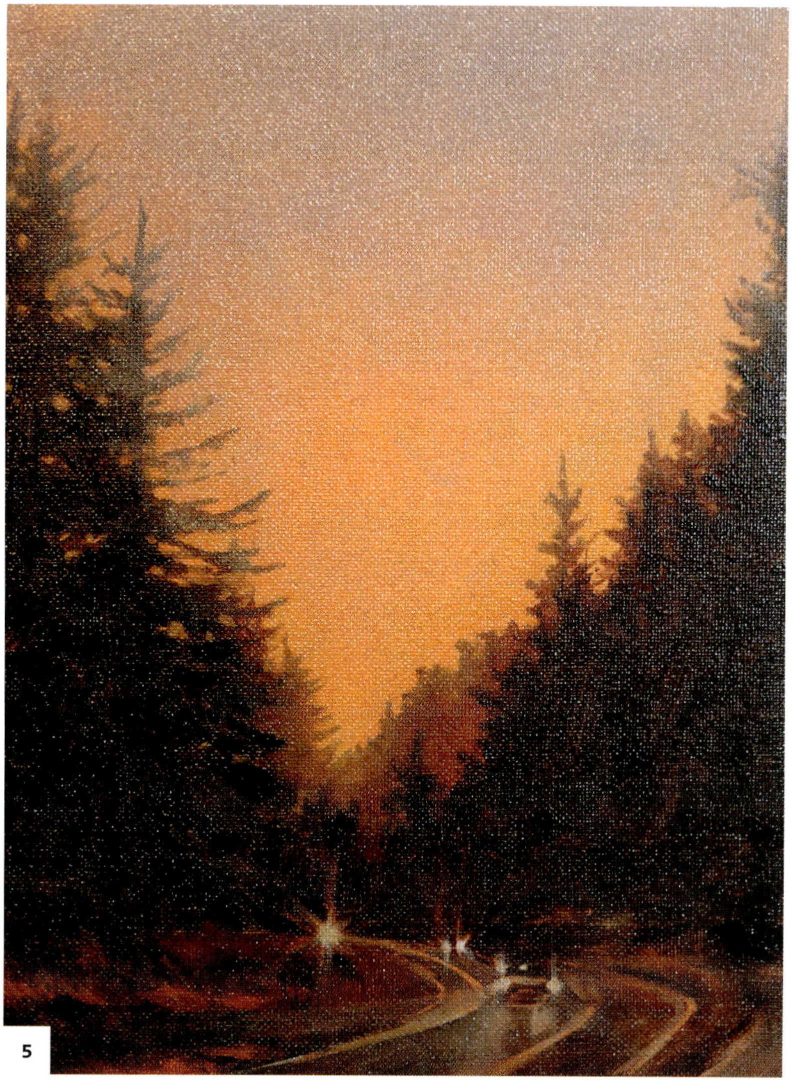

5

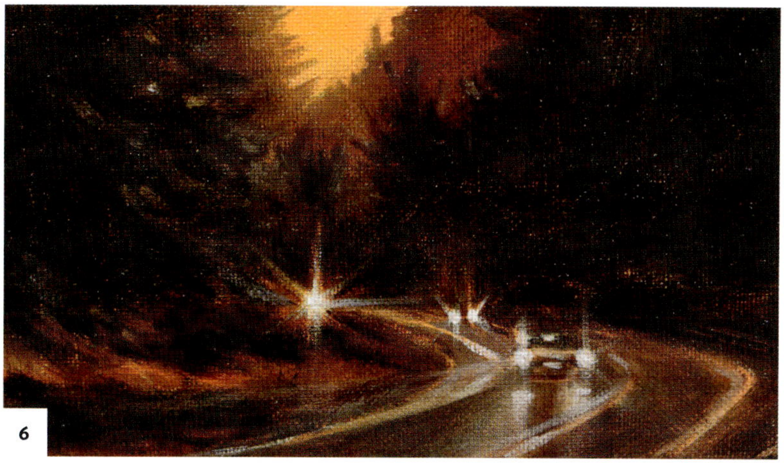

6

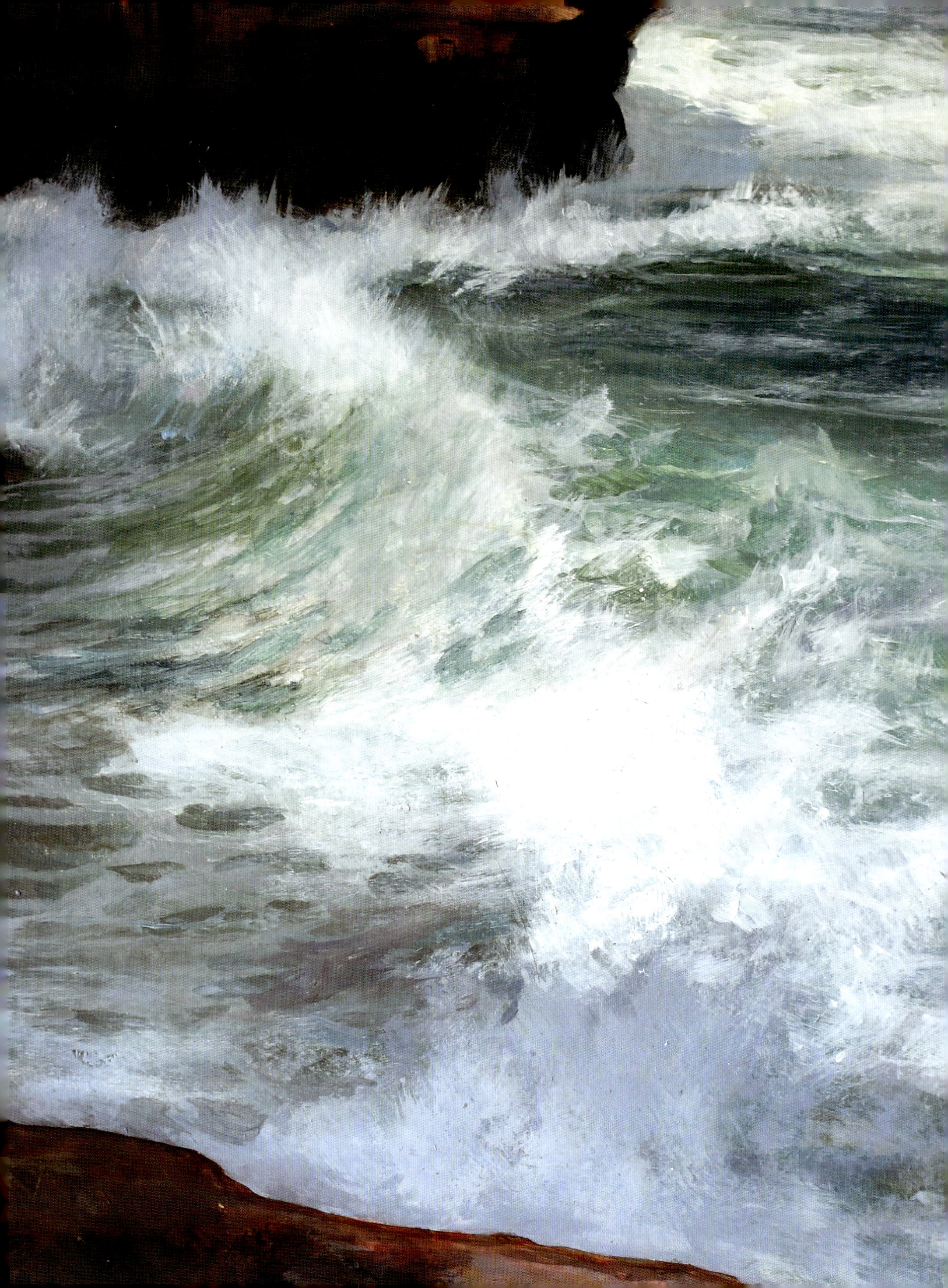

5

Motive aufwerten

Atmosphärische Perspektive, Komposition und feine Details sind Kunstgriffe, mit denen sich jedes Motiv aufwerten lässt.

Jeder Künstler kommt im Lauf des Lernprozesses irgendwann an einen Punkt, an dem zwar eine große Etappe des Wegs geschafft ist, aber in der Ferne noch vielversprechende Ziele liegen. Das ist der richtige Moment, um einmal innezuhalten, tief durchzuatmen und Dankbarkeit zu spüren. Im folgenden Kapitel geht es dann um Feinheiten, die jedem Bild einen Hauch von Raffinesse verleihen. Aufbauend auf den Kenntnissen aus den vorherigen Lektionen geht es nun auf zur nächsten Etappe der künstlerischen Reise, den eigenen Stil und die künstlerische Präsenz. Gekonnt gesetzte Lichtakzente, mit Bedacht gewählte Farben und sorgsam gemalte Details sind es, die Wasser glänzen, Felder leuchten und Laub üppig erscheinen lassen.

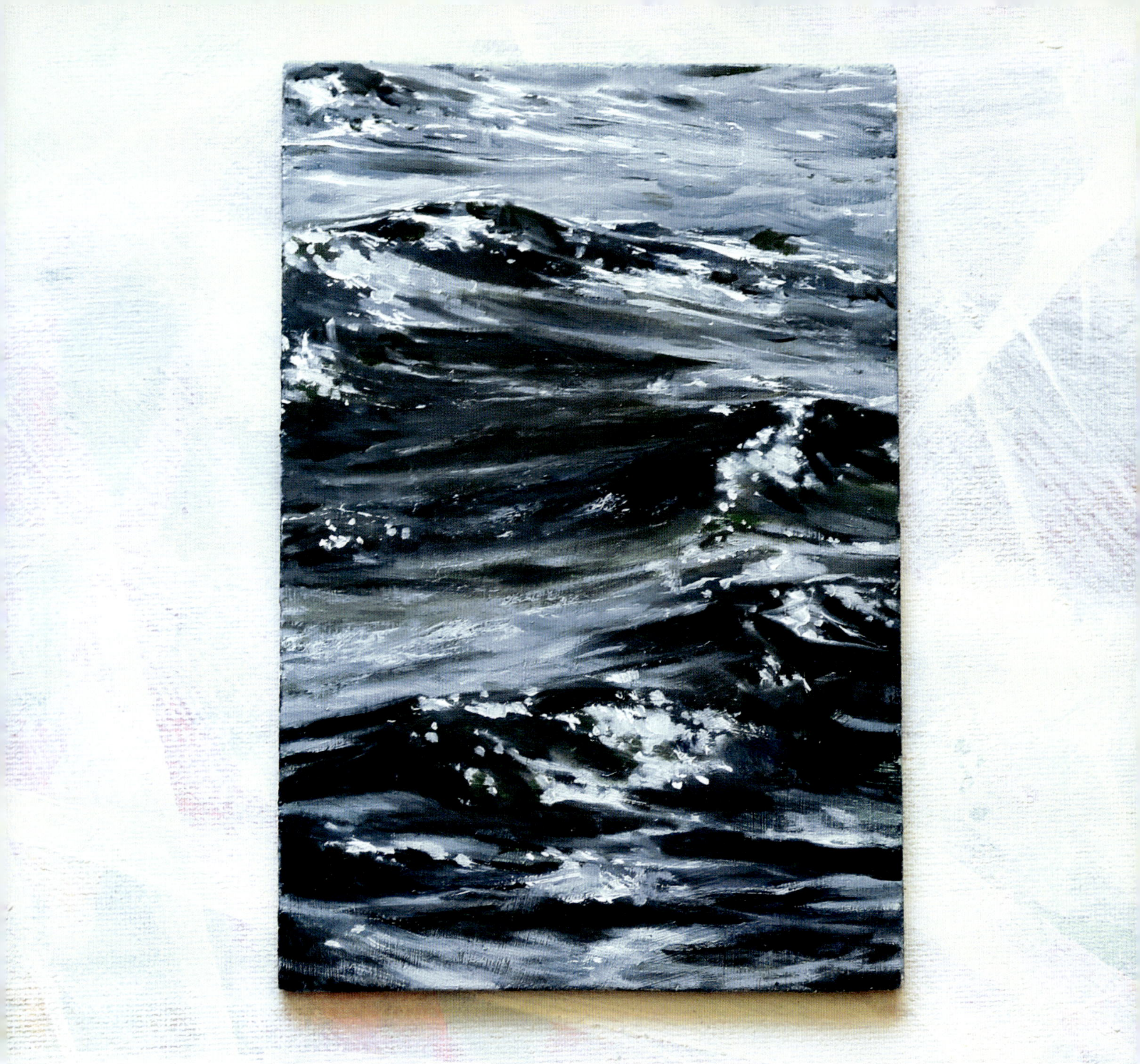

Lektion 7:

REALISTISCHE WELLEN MALEN

In dieser Lektion malen wir anhand eines Vorlagenfotos naturgetreue Wellen. Dabei geht es nicht nur um das Schätzen und Messen der Entfernungen und Winkel in der Komposition, sondern auch um das Zusammenstellen von Farben für eine realistische Darstellung.

DIE WELLEN ZEICHNEN

1. Einen kleinen Malgrund (10 x 15 cm) vorbereiten. Ich habe MDF-Platte mit drei Schichten Gesso grundiert und jede Schicht nach dem Trocknen mit feinem Schleifpapier geschliffen, das keine sichtbaren Kratzer in der Oberfläche hinterlässt.

2. Das Foto neben den Malgrund legen und die Höhen wichtiger Wellenkämme mit einem Lineal übertragen. (Mein Vorlagefoto ist auf Seite 89 zu sehen.)

3. Mit einem Lineal die Höhen und Breiten der Wellen messen. Dafür den Abstand vom Rand des Fotos bis zum Wellenkamm messen und das Ergebnis auf die Zeichnung übertragen.

4. Während des Messens oder danach die Markierungen auf dem Malgrund verbinden, um die Wellentäler und -berge zu erhalten.

5. Mit derselben Methode nun auch die Positionen der wichtigsten glänzenden Bereiche auf dem Wasser vom Foto übertragen. Das ist hilfreich, um später die hellsten Farbtöne korrekt zu platzieren.

1

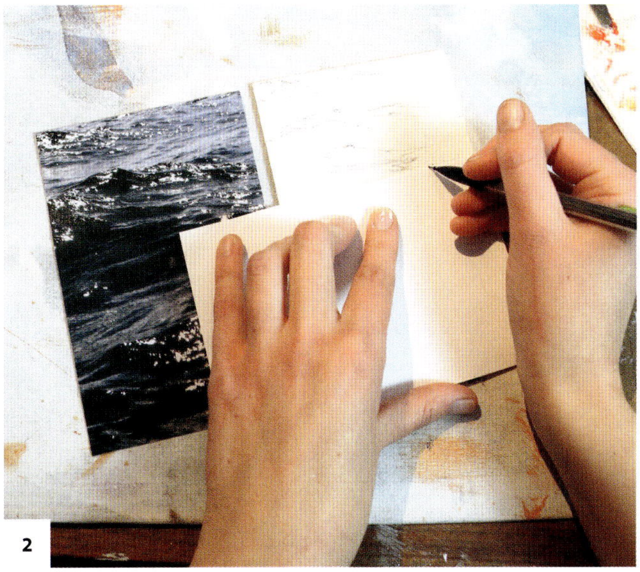

2

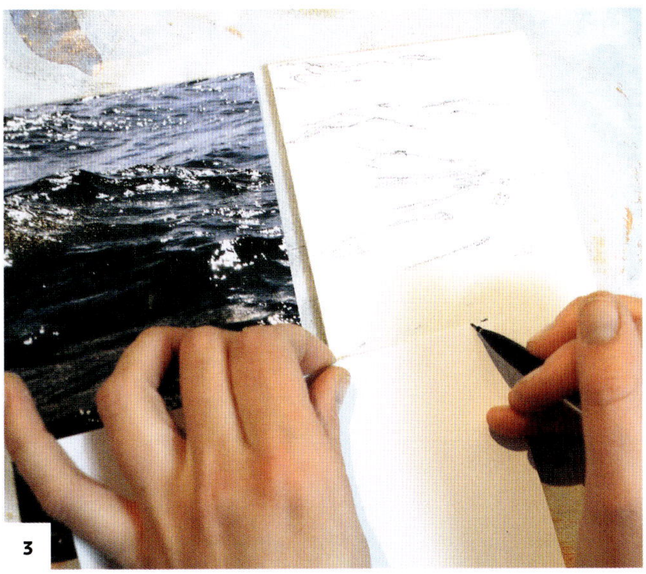

3

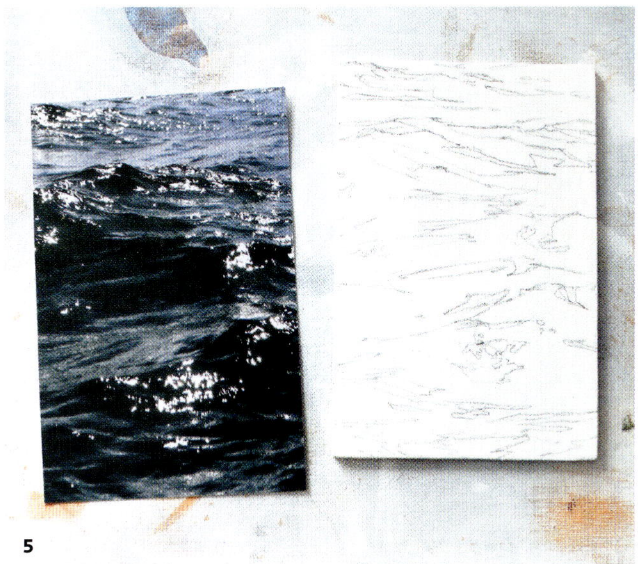

5

DIE WELLEN MALEN

1. Für die Untermalung eine halbtransparente grünblaue Lasur mischen. Sie legt die farbliche Ausrichtung fest und dient als Basis für die Entwicklung der endgültigen Farbgebung. Für die Lasur Ultramarinblau, Saftgrün und Chinacridonmagenta verwenden (diese Mischung wird auch in späteren Schritten verwendet). Etwas Liquin hinzugeben, um die Deckkraft der Farbe zu verringern. Probiere aus, wie das Verhältnis von Liquin und Farbe sein muss, bis die Farbe sich dünn

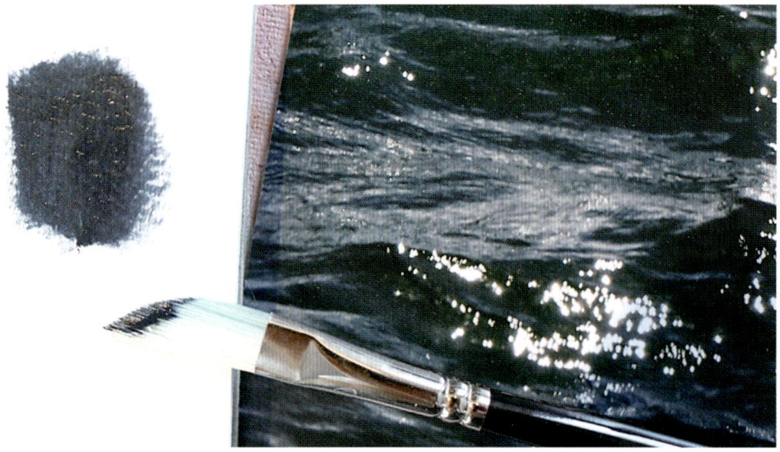

1a

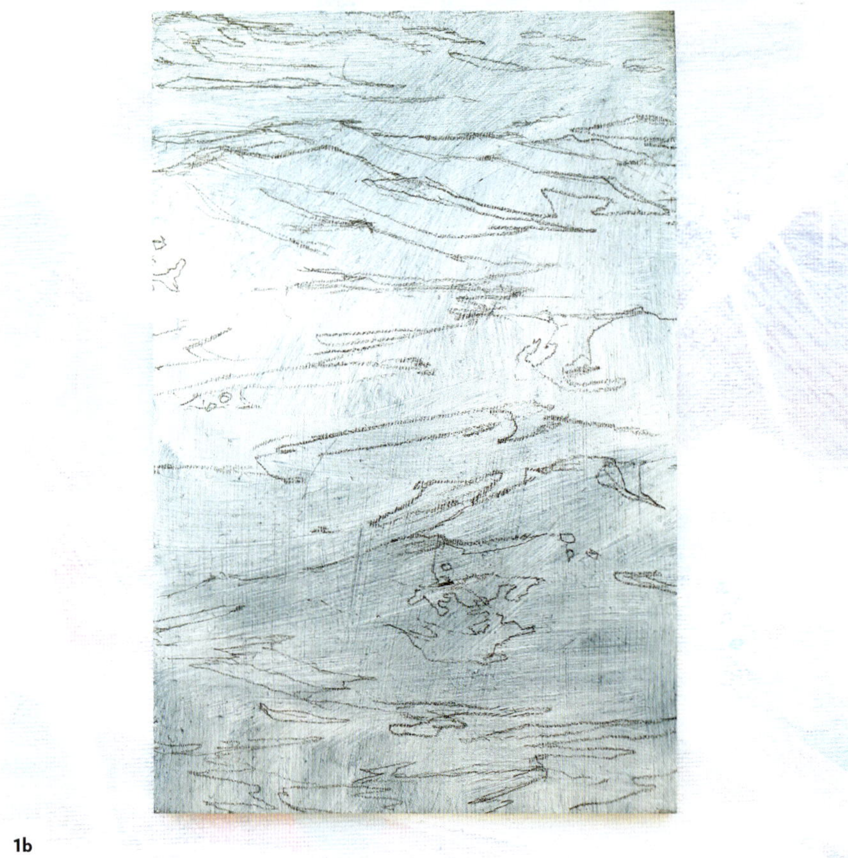

1b

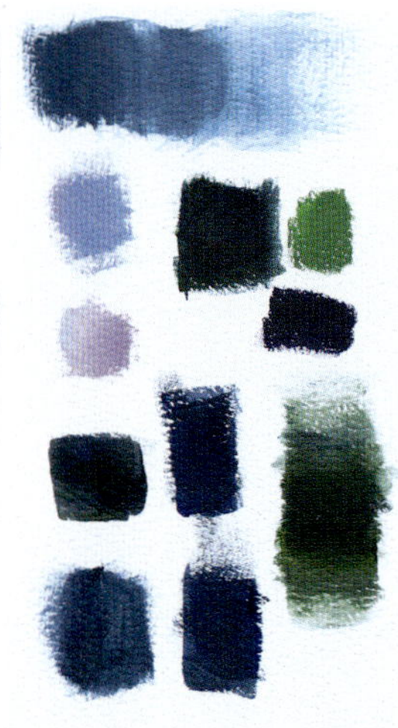

HINWEIS *Die Abbildung zeigt die Farbtöne, die für dieses Motiv gemischt werden müssen. Damit ein realistisches Gemälde entsteht, müssen diese Farben schrittweise in mehreren Schichten aufgetragen werden.*

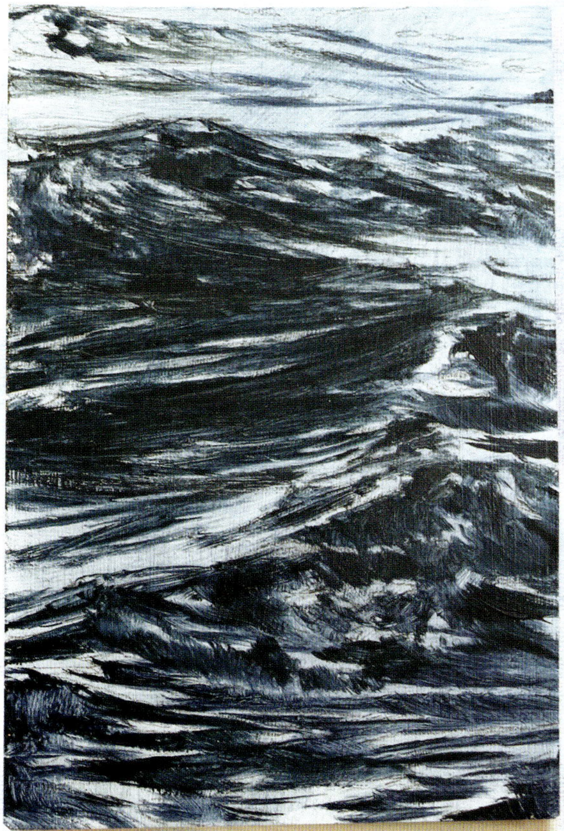

2

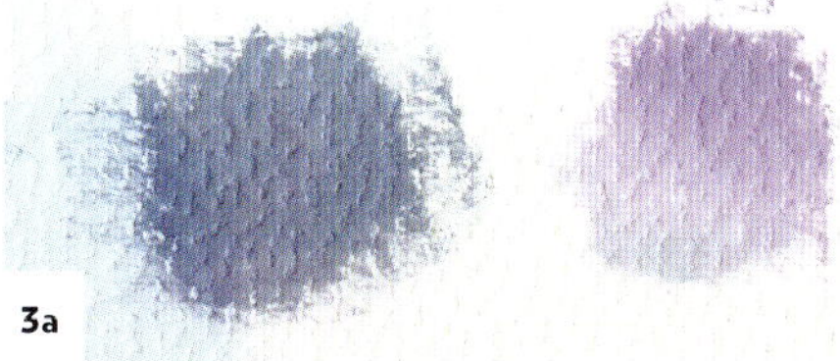

3a

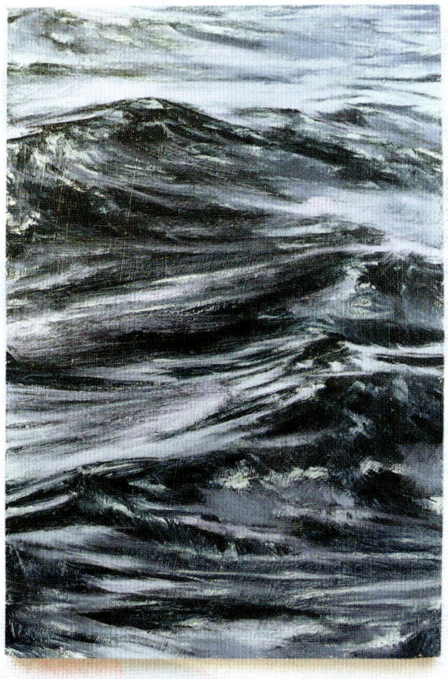

3b

und transparent verteilen lässt. Zum Auftragen einen breiten Pinsel verwenden, mit dem sich die Fläche zügig bedecken lässt.

2. Zuerst die dunkelsten Bereiche der Welle malen. Dafür die bereits hergestellte Mischung verwenden, jedoch mit weniger Liquin. Etwas Malmittel kann hilfreich sein, um das Fließverhalten der Farbe optimal einzustellen. Die Deckkraft der Farbe darf aber nicht zu stark reduziert werden.

3. Die hellen Bereiche und die Mitteltöne einfügen, um die Struktur des Bilds festzulegen. Ich habe Flieder (gemischt aus Violett und Weiß) für den negativen Raum zwischen den dunkleren Bereichen verwendet, und Hellblau (gemischt aus Ultramarinblau, Violett und Weiß) als Mittelton für Übergänge und um Bereiche reflektierten Lichts anzudeuten.

4. Um den Kontrast zu verstärken, die Schatten mit Grün und Blau abdunkeln, dann weiße Lichtreflexe hinzufügen. Diese Details gehen in Schritt 5 zwar teilweise verloren, werden aber in Schritt 6 wieder zum Vorschein gebracht. Verwende eine Mischung aus Saftgrün und Ultramarinblau (selektiv abgedunkelt mit Magenta) für die Schatten und reines Weiß für die Lichter.

TIPP *Ich beginne mit dünnen (mageren) Farbschichten und erhöhe die Stärke allmählich, weil dicke Farbschichten leicht verschmieren und ich keine Farbe verschwenden möchte.*

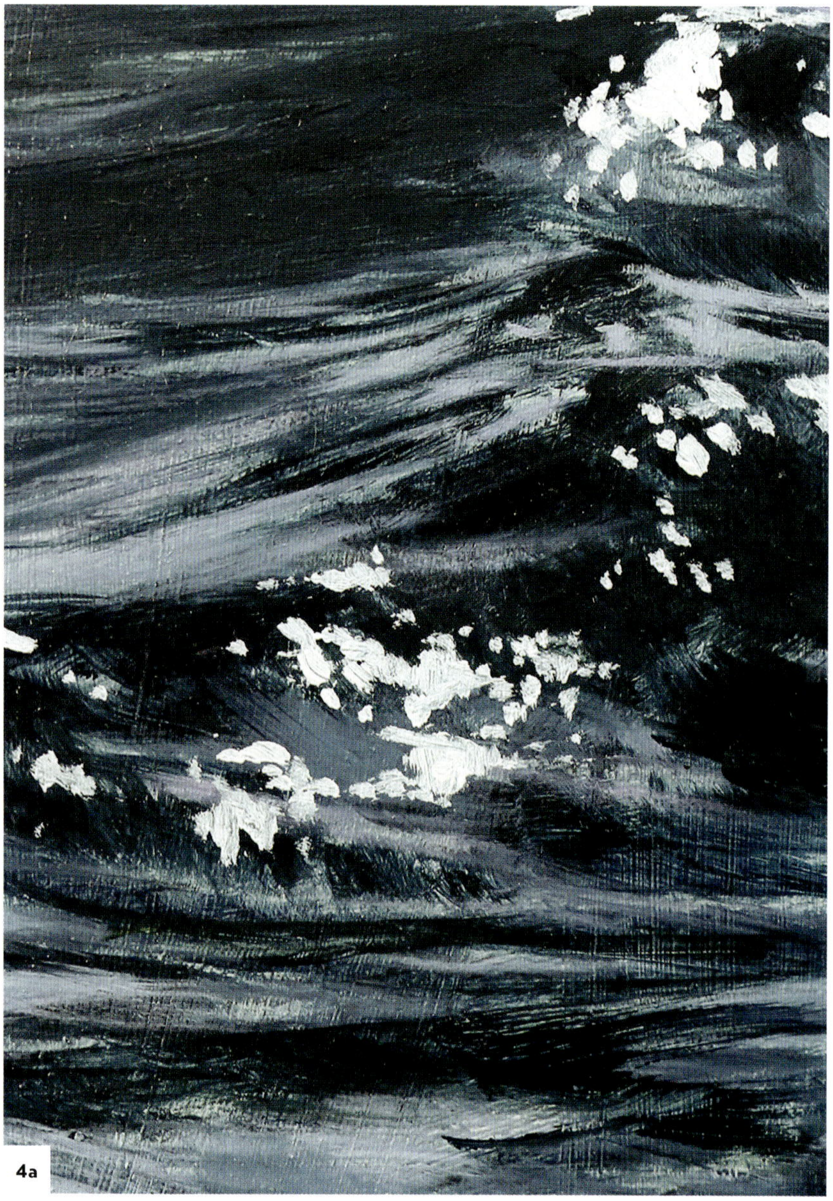

4a

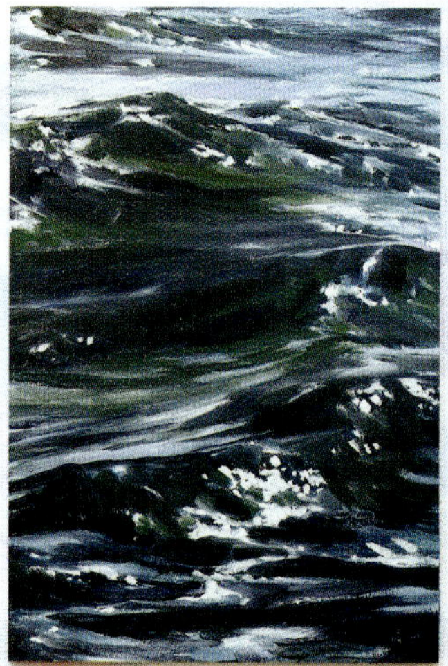

4b

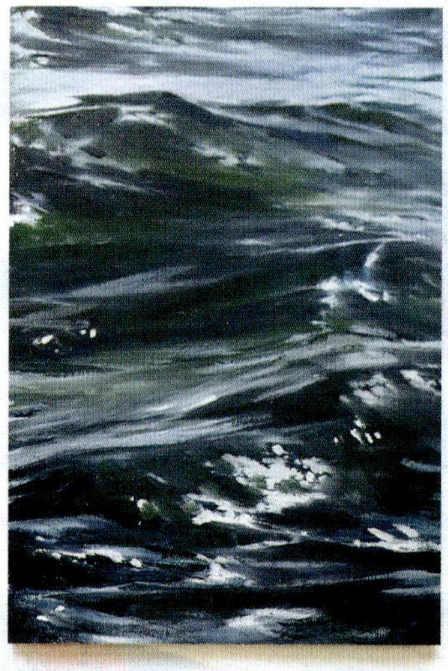

5

5. Mit einem sauberen, trockenen, weichen Flachpinsel über die gesamte Bildoberfläche streichen, um alle Striche leicht zu verwischen. Die Richtung der Pinselstriche folgt dabei immer dem waagerechten Verlauf der Wellen. Dieser Schritt mag zunächst etwas Überwindung kosten, weil dabei auch Farben ineinander verwischt werden, aber diese Technik ist ausgesprochen nützlich, um weiche Farbübergänge und Verläufe zu erhalten.

6. Nun die Details und Kontraste wieder nacharbeiten und verstärken. Ich bin dabei ähnlich vorgegangen wie in Schritt 4: Schatten abdunkeln und weitere schneeweiße Glanzlichter setzen. Verstreute weiße Punkte und gröbere, mit ganz leichter Hand geführte Striche oder Tupfen (siehe Seite 30) deuten das glitzernde Licht an. Die Tupfen habe ich vor allem in den Mitteltönen eingesetzt, um den Schimmer des Lichts auf der Wasseroberfläche darzustellen (fertiges Bild auf Seite 84).

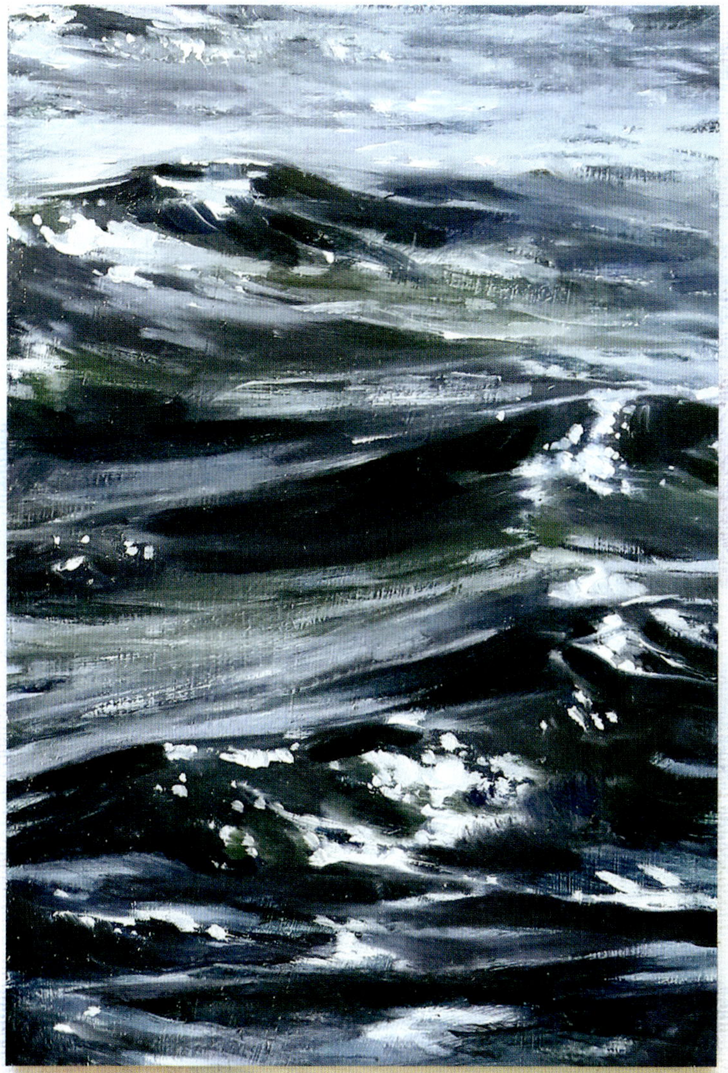

6

Mein Vorlagefoto:

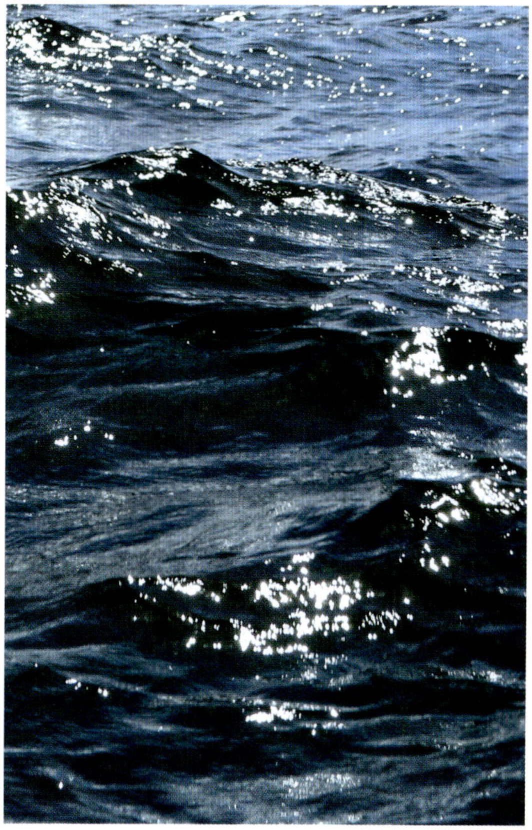

Farbliche Einheit

Verunreinigungen der Farben lassen sich vermeiden, indem man Ordnung auf der Palette hält und die Pinsel bei jedem Farbwechsel auswäscht. Manchmal können »Kreuzkontaminationen« gemischter Farben allerdings auch erwünscht sein. Beim Mischen der Farben für ein Gemälde kannst du entweder Teile der bereits auf der Palette vorhandenen Mischfarben oder die im Pinsel verbliebenen Farbreste in neue Farben integrieren. Dadurch werden die Farbübergänge geschmeidiger.

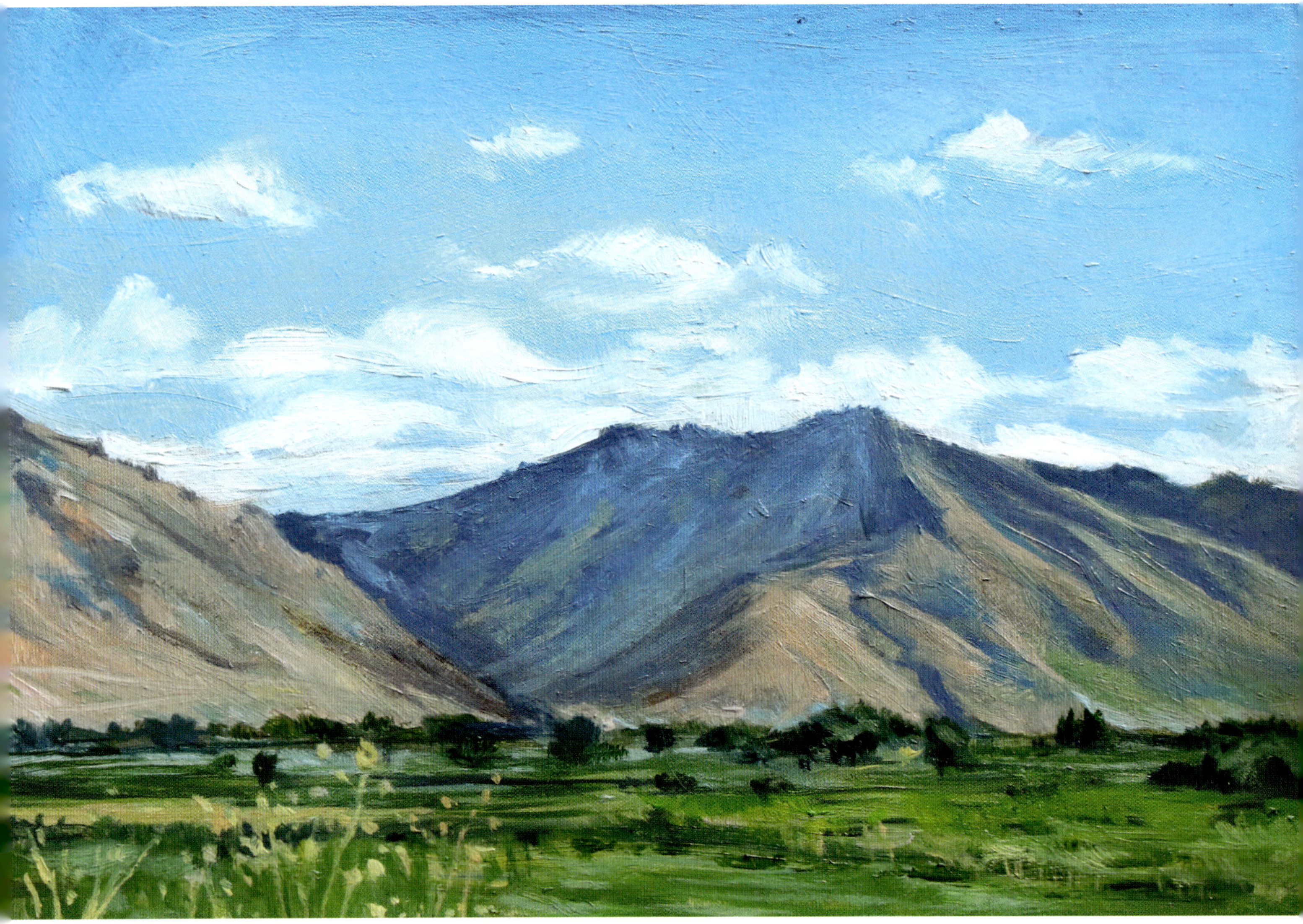

Lektion 8:

GEBIRGSLANDSCHAFT MIT GRÜNER WIESE MALEN

Dieses Landschaftsgemälde startet mit einer schnellen, einfachen Skizze (Vorlagefoto siehe Seite 124).

1. Auf grundiertem Ölpapier ein Rechteck von 10 x 15 cm abkleben (ich habe im Skizzenbuch gemalt). Das Motiv nach dem Foto grob skizzieren, dabei auf die Proportionen achten. Auf wichtige Kompositionslinien achten, z. B. Unterkanten der Wolken, obere Kontur der Berge, Grenze zwischen Grasflächen und Bäumen. Alle Formen großzügig vereinfachen. Die Horizontlinie liegt beim unteren Viertel der Bildhöhe. Sträucher als Kreise skizzieren, die Baumwipfel in der Ferne als wellige Linie. Zwischendurch mithilfe des Bleistifts auf Wiese, Horizont und Bergen Linien und Winkel ausmessen, die für die Konstruktion wichtig sind.

2. Für den Himmel kleine Mengen Weiß und Phthaloblau mischen. Die Farbe so auftragen, dass sie an den Bergen blasser ist als am oberen Bildrand. Die Positionen der Wolken vorerst weiß lassen.

3. Für die Schatten auf den Berghängen zur Himmelsfarbmischung etwas Französisch Ultramarin und Orange geben. Dadurch wird die blaue Mischung abgedunkelt und gedämpft. Bei Bedarf etwas Liquin zugeben und die Schatten malen.

4. Nun aus Siena gebrannt, Orange, Saftgrün, Weiß und Ultramarinblau (siehe Farbbeispiele) gedämpfte Töne für die im Sonnenlicht liegenden Teile der Berge mischen: kühles Hellbeige, warmes Hellbraun, blasses Aqua und Flieder. Für diese Farbtöne werden unterschiedliche Mengen Weiß, Ultramarinblau, Saftgrün und Siena gebrannt verwendet. Durch die gedämpften Farben entsteht die atmosphärische Perspektive: Elemente im Hintergrund erscheinen verschwommener als Bereiche im Vordergrund. Die kräftigsten Farben nur für den Vordergrund verwenden.

5. Für die dunkelgrünen Baumsilhouetten am Fuß der Berge eine unregelmäßige, bucklige Linie mit einer Mischung aus Saftgrün und

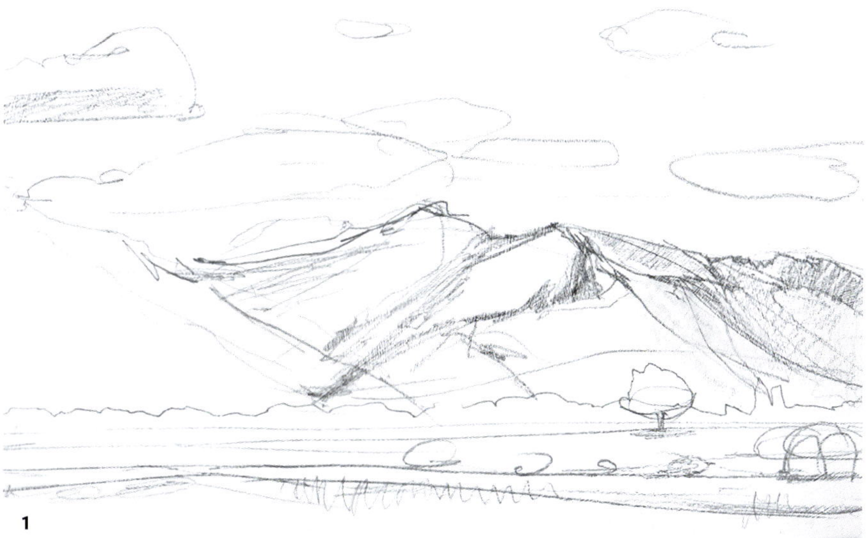

1

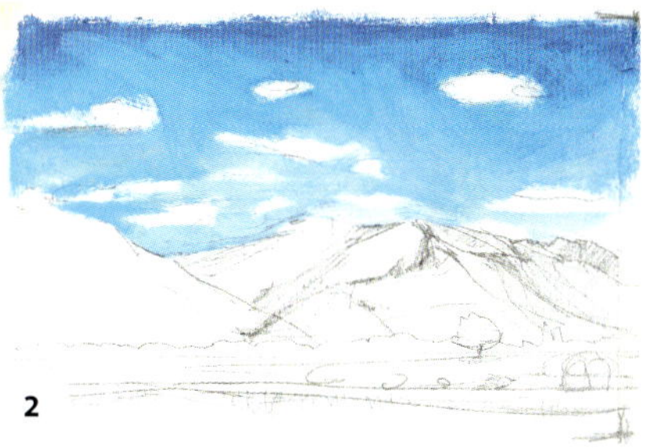

2

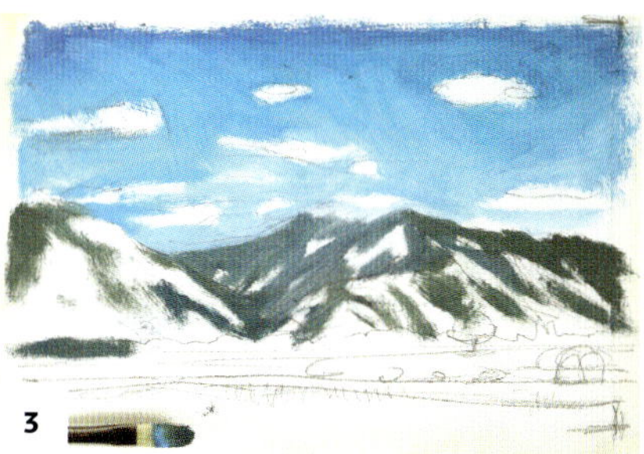

3

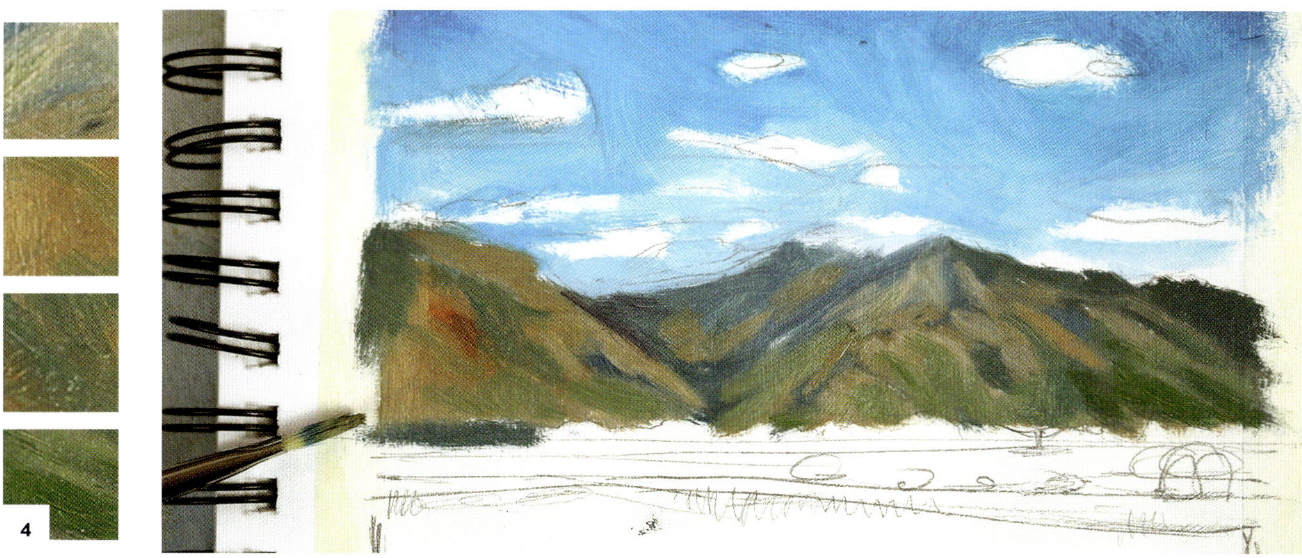

4

Französisch Ultramarin auftragen und tupfen. Für die Wiesen in der Mitteldistanz und im Vordergrund stärker gesättigte Grüntöne verwenden, darunter auch Phthalogrün gelblich. Objekte im Vordergrund erscheinen generell farbintensiver und kontrastreicher als Bildelemente in größerer Entfernung.

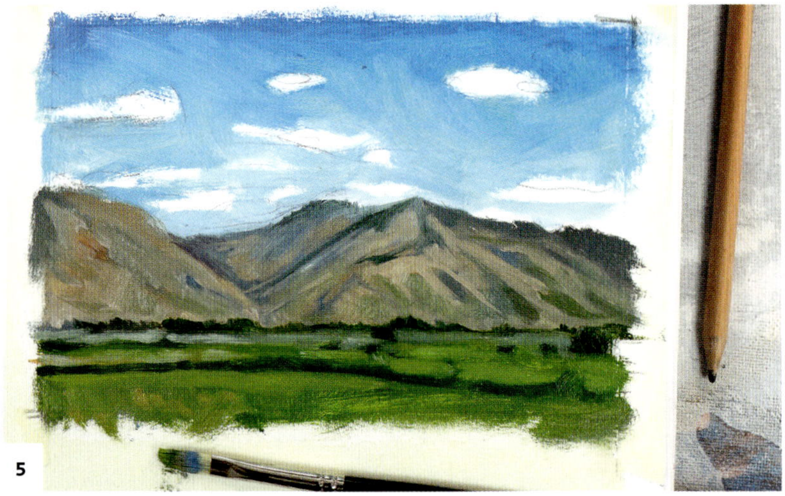

5

6. Das Klebeband – falls verwendet – vorsichtig ablösen, dabei die trocknende Farbe nicht verwischen. Falls nötig, die Farben überarbeiten und letzte Details einfügen. Meine letzten Verbesserungen sind in der folgenden Liste aufgeführt.

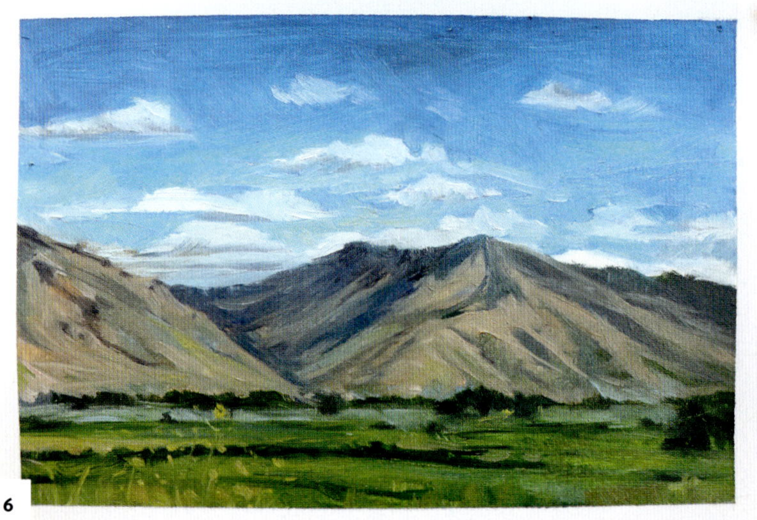

6

TIPPS FÜR DIE FERTIGSTELLUNG

- Die Wolkenformen und die Farbe des Himmels überarbeiten. Die Wolkenränder bereinigen und Bereiche übermalen, in denen noch dünne Farbe mit sichtbaren Pinselspuren und/oder Hintergrundpapier zu erkennen sind. Die letzte, noch feuchte Farbschicht bei Bedarf mit einem sauberen, trockenen Pinsel verwischen.

- Die Schattenseiten der Berge mit kühlen Blautönen abdunkeln, um den Kontrast zwischen den schattigen und den sonnenbeschienenen Bereichen zu verstärken. Die nach rechts abfallenden Berghänge liegen im Sonnenlicht, die nach links abfallenden im Schatten.

- Detailgenauigkeit, Farbintensität und Kontrast im Vordergrund verstärken, denn der Betrachter sieht Objekte in seiner direkten Nähe deutlicher. Die Details von Baumstämmen, Gras und Blumen im Vordergrund mit feinen Pinselstrichen und klaren Farben herausarbeiten.

Lektion 9:

BLÜHENDE FEUCHTWIESE MALEN

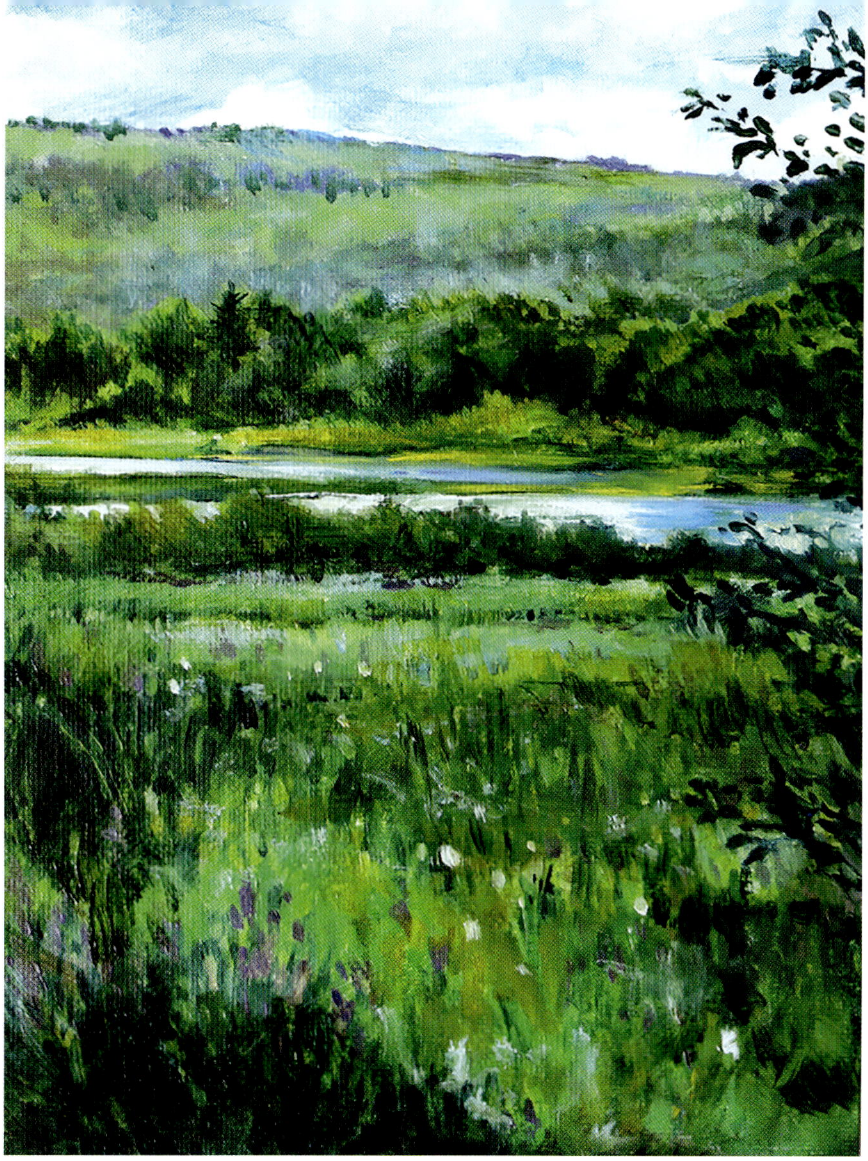

In diesem schönen Motiv finden alle Kenntnisse Anwendung, die du bisher in diesem Buch gelernt hast: die atmosphärische Perspektive, das Überlagern von Grüntönen für lebendiges Blattwerk, das Andeuten von Details und das Lasieren mit durchscheinenden Farben. All das dient dazu, die Schönheit der Natur künstlerisch darzustellen. Diese bezaubernde Szenerie male ich nun schon zum dritten Mal.

Bevor du beginnst, schau dir das Vorlagefoto genau an (siehe Seite 125). Von oben nach unten, von den am weitesten entfernten Elementen zu den nächstgelegenen, beginnt die Komposition mit einem blauen Himmel über einem in leichtem Dunst gelegenen, entfernten Hügel mit Baumbewuchs. An diesen Hintergrund schließt sich in der Mitteldistanz ein Streifen mit sonnenbeschienenen Bäumen in warmen Grüntönen an. Diese Bäume liegen eingebettet in Sträucher und Grasland am Rande des glitzernden blauen Wassers.

Die beiden waagerechten Wasserstreifen werden von einer schmalen Landbrücke geteilt. Auch entlang des vorderen Ufers befindet sich ein Streifen aus Buschwerk. In der unteren Bildhälfte wachsen Gräser und Wildblumen, und im Vordergrund sind weiße Samenstände und violette Blüten zu erkennen. Im Vordergrund gibt es tiefe Laubschatten und rechts im Bild Zweige eines im Schatten stehenden Baums.

Denke beim Malen daran, dass Farbsättigung, Kontrast und Schärfe mit zunehmender Entfernung abnehmen. Intensive Farben und feine Details werden nur im Vordergrund benötigt.

1. Hier sind die Striche meiner Transferzeichnung weniger deutlich als bei anderen Projekten. Ich habe einen helleren Prismacolor NuPastel®-Stift gewählt und nach dem Übertragen des Bildes überschüssige Kreide weggepustet. Nach dem Fixieren mit Haarspray entschied ich, dass die Linien deutlich genug sind, um damit zu arbeiten. Wenn du verschiedene Materialien für die Transfertechnik ausprobierst, wirst du gelegentlich ähnliche Ergebnisse erzielen.

2. Zuerst die leuchtend blauen Bereiche des Himmels mit einer Mischung aus Weiß und Phthaloblau malen. Für die violetten Wolkenschatten etwas Ultramarinblau zu der Mischung geben. Hellblau findet sich nicht nur im Himmel, sondern auch auf dem Wasser und stellenweise in den helleren Bereichen des Graslands.

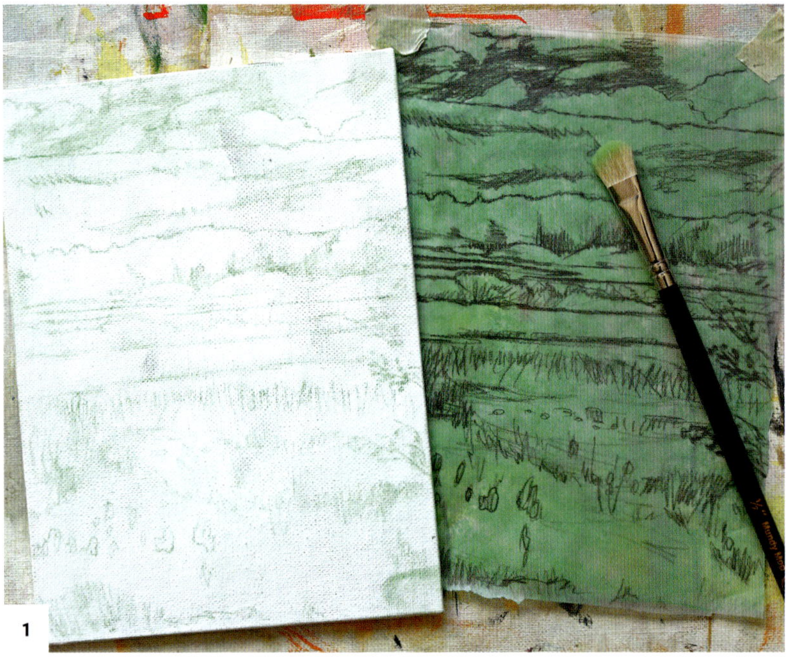

1

2a

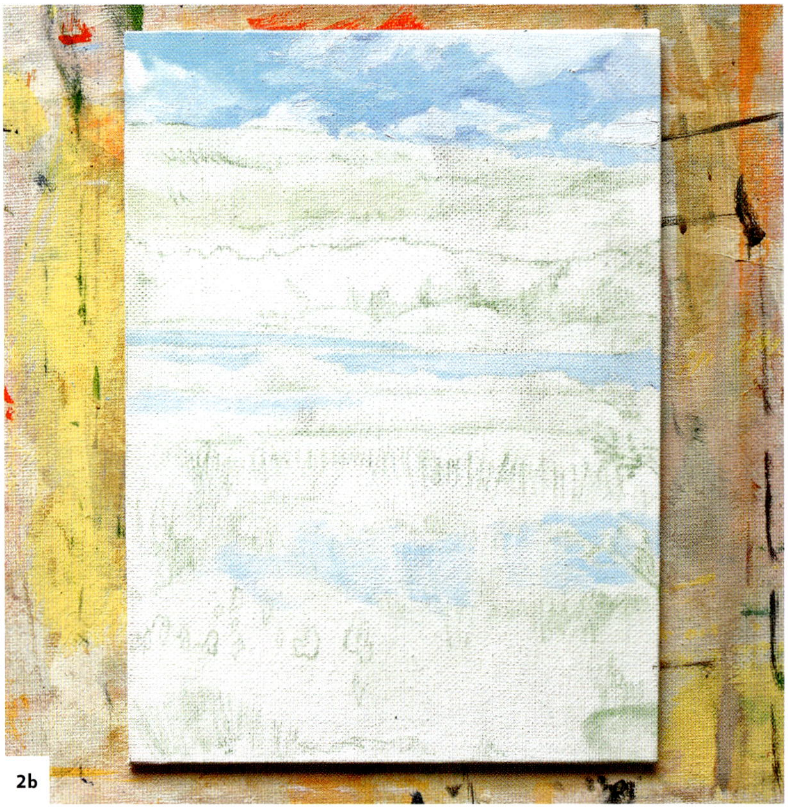

2b

3. Jetzt von oben nach unten, also vom Hintergrund Richtung Vordergrund, die größeren Farbflächen ausfüllen (siehe auch mehrfarbige Untermalung, Seite 42). Die bewaldeten Hügel in der Ferne werden mit einem hellen Minzgrün aus Weiß, Phthalogrün gelblich, Blau und Magenta (zum Dämpfen) gemalt, die Schatten mit einer Mischung aus Weiß, Blau und Magenta. Die Bäume in der Ferne werden nur mit kurzen Strichen mit einem kleinen Flachpinsel angedeutet.

4. Nun folgen die hellsten Lichter und die harten Schatten der Bäume und des Graslands. Saftgrün für das leuchtende Grün verwenden, Phthalogrün gelblich für die hellen, im Sonnenlicht liegenden Bereiche und gedämpftes Ultramarinblau, Weiß und Grün für die Mitteltöne. Falls nötig, können die Farben für die Mitteltöne am Ufer und in der Baumreihe mit geringen Mengen Magenta oder Orange gedämpft werden.

5. Weiter von oben nach unten arbeiten. Mit den grünen Mischungen die Grasstreifen im Vordergrund stricheln, dabei den Pinsel mit kurzen, energischen Bewegungen von unten nach oben führen. Für die violetten Blüten eine Mischung aus Weiß, Ultramarinblau und Magenta verwenden und nach Bedarf mit etwas Gelb abtönen.

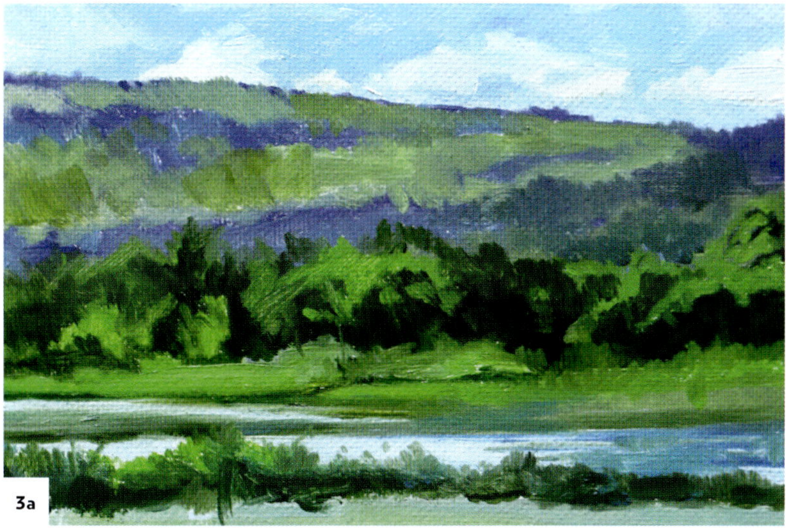
3a

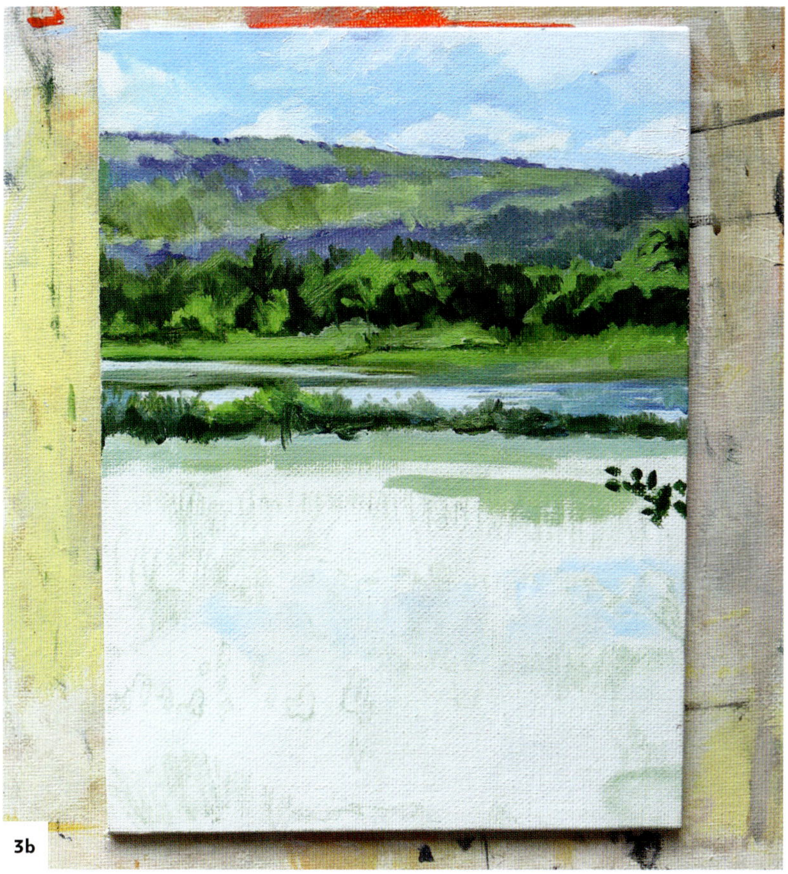
3b

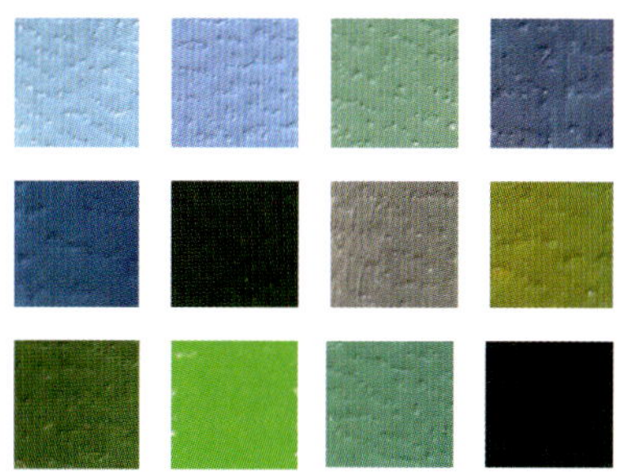

HINWEIS *Die Abbildung zeigt die wichtigsten Farben, die für das Bild verwendet wurden.*

6. Nachdem die ersten Farben aufgetragen sind, wird die gesamte Komposition mit dicken Farbstrichen überarbeitet. Dabei werden Kontrast, Schatten, Detailschärfe und Deckkraft der Farben verstärkt. Das Aufbauen der Farbschichten in dieser Phase ist für mich ein wichtiger Schritt, um die vielschichtigen Formen der Blätter und Halme darzustellen. Dazu gehören auch die dunkelsmaragdgrünen Blätter am rechten Bildrand. Beim Malen solcher Blätter ist es wichtig, den Druck des Pinsels zu variieren. Für Blattspitzen und dünne Grashalme den Pinsel am Ende mit einer weichen Bewegung vom Malgrund abheben.

7. Die folgende Technik ist nicht schwierig. Nimm einen sauberen, weichen Flachpinsel in mittlerer Größe und streiche damit in den grünen Bereichen des Bilds leicht von unten nach oben. Dadurch werden die Farben ineinander verwischt, und gleichzeitig bleibt die Wuchsrichtung der Gräser erkennbar. Die waagerecht aufgeteilte Komposition und die senkrechten Striche des Bewuchses bilden einen sehr subtilen Kontrast. Wo Lücken in der Farbgebung zu schließen sind, drücke mit dem Pinsel etwas kräftiger auf. Das gesamte Bild sieht jetzt weicher aus und wirkt, als würde es leuchten. Es ist bereit für die letzten Feinarbeiten.

8. Die Techniken aus Schritt 6 noch einmal wiederholen, jetzt aber Formen und Details stärker herausarbeiten. Lass die angedeuteten Details durch dunkle Schatten klarer hervortreten. Die weißen und violetten Blütenstände, die gelben Lichter auf dem grünen Buschwerk sowie bläuliche

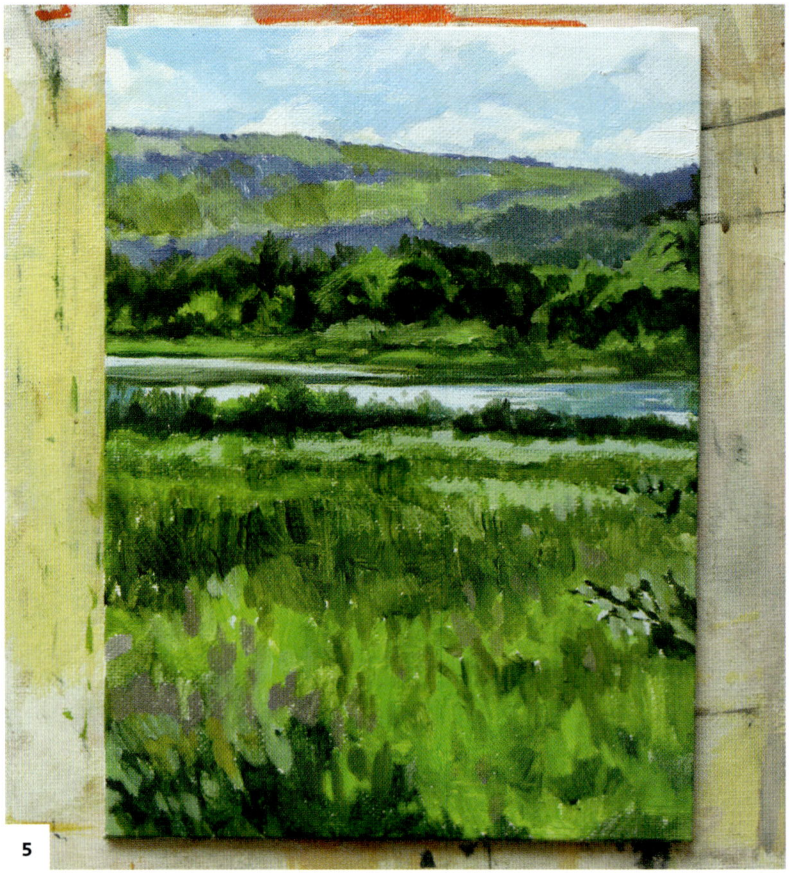

5

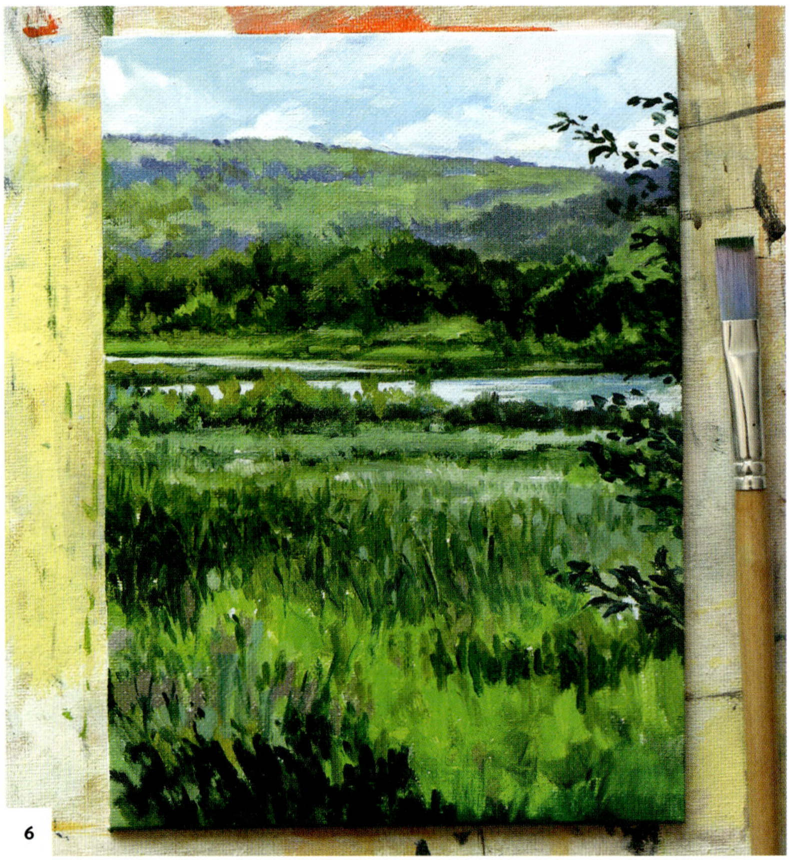

6

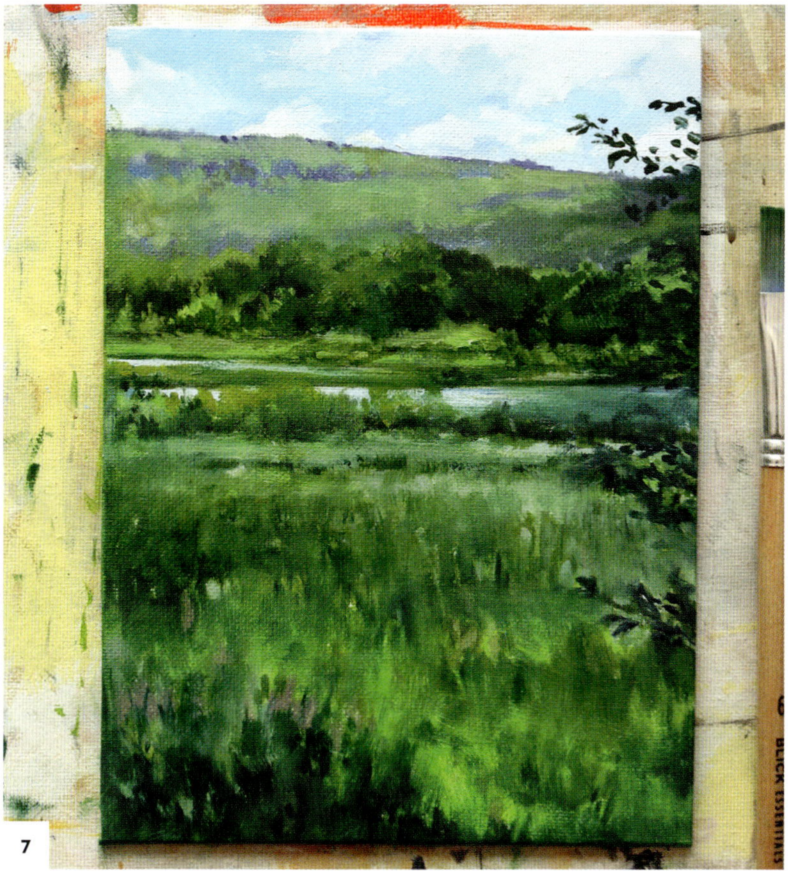

7

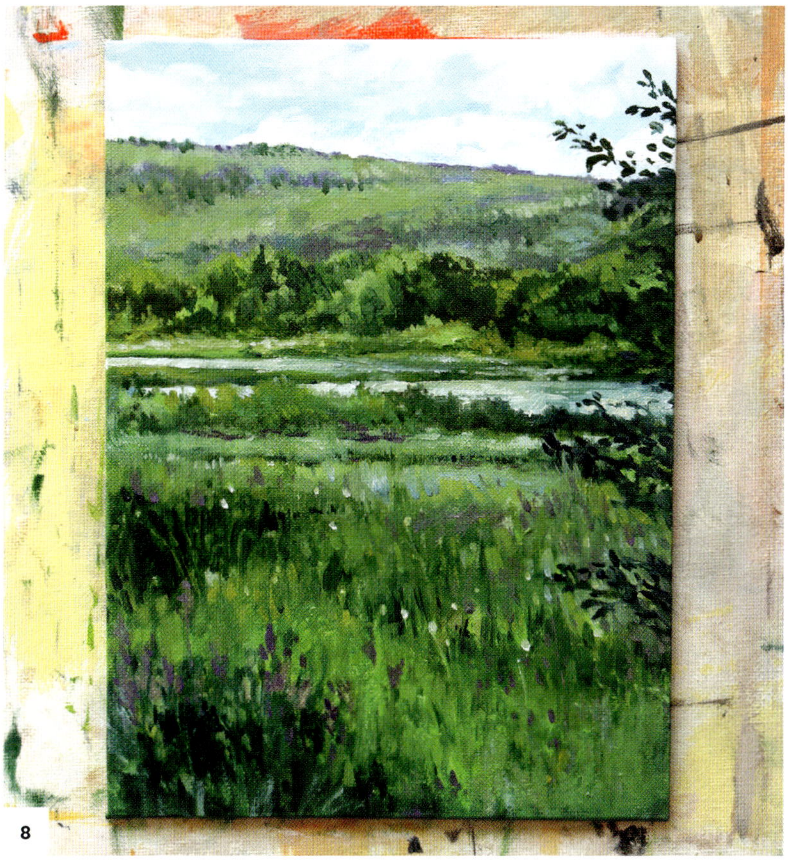

8

Akzente im Gras und auf den fernen Hügeln einfügen. Um deutlich zu machen, dass das Licht von oben links einfällt, einige Lichtreflexe in warmem Gelb und kontrastierende Schatten hinzufügen.

9. Im letzten Schritt wird über der Baumreihe am Fuß der Berge ganz zart ein blasses Blau aufgetupft (siehe Seite 30), das wie ein Dunstschleier wirkt, die atmosphärische Perspektive verstärkt und die Berge noch weiter in den Hintergrund treten lässt. Dadurch fällt auch der Kontrast in der Farbsättigung zwischen den mittleren und hinteren Baumreihen stärker auf.

Der Kontrast in den dunkelgrünen Schatten wird mit transparenten Lasuren verstärkt. Um das Licht darzustellen, das auf Sträucher und Gras fällt, habe ich hellere, warme Töne verwendet. Mit Weiß und Hellblau habe ich den negativen Raum um das Ufer und die Bäume verdeutlicht, um das spiegelnde Wasser und seine Ränder hervorzuheben. Dadurch fallen die Reflexionen ins Auge. Es lohnt sich unbedingt, sich bei diesen letzten Feinheiten reichlich Zeit zu lassen (fertiges Bild siehe Seite 93).

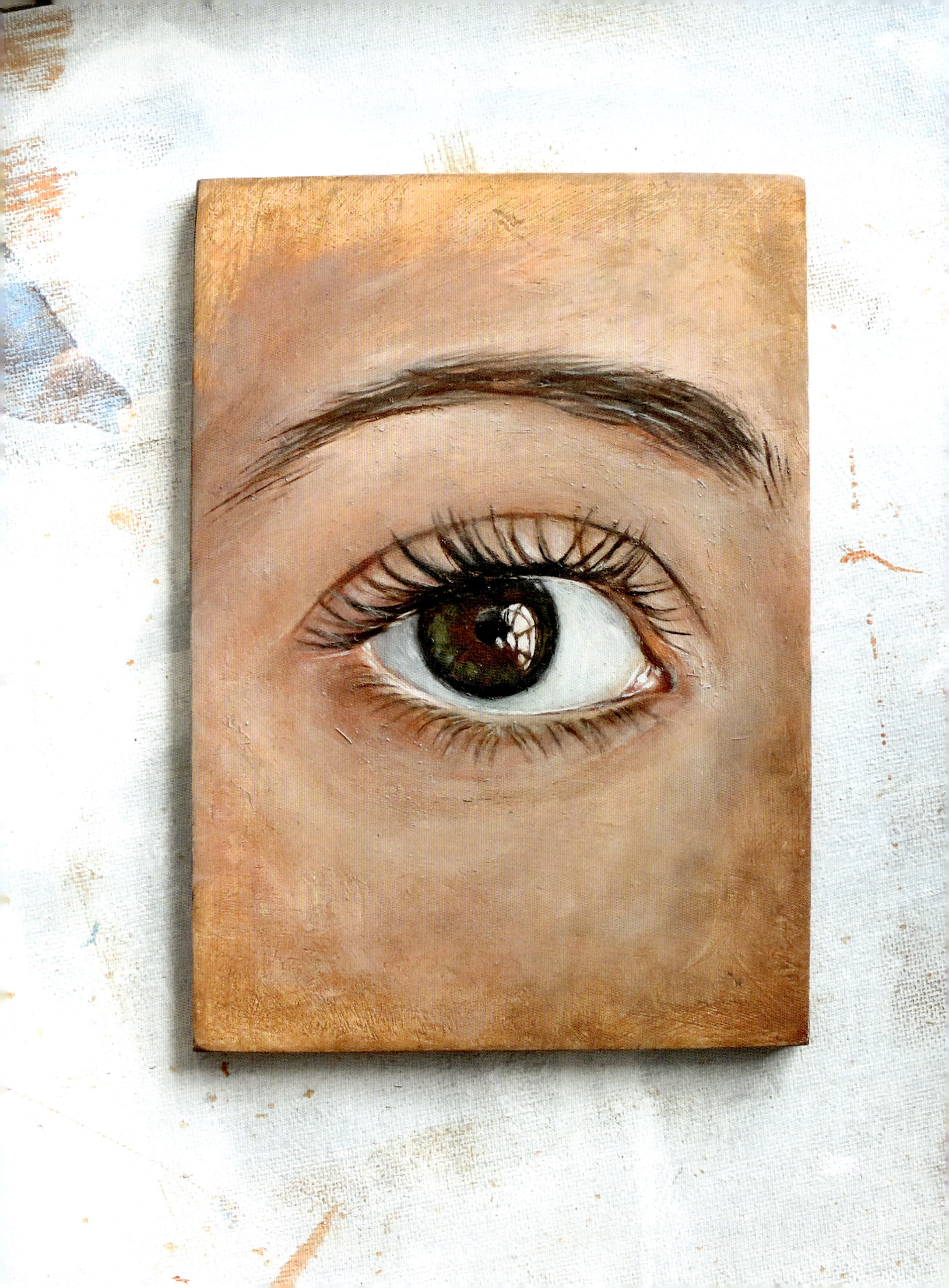

6

Genau hinsehen: Details ausarbeiten

In diesem Kapitel geht es um Elemente, die in vielen Werken vorkommen können: Wolken, Wellen und Augen.

Inzwischen hast du eine Reihe verschiedener Motive gemalt und bist bereit, dich genauer mit den Feinheiten zu beschäftigen.

In der Malerei hat man es manchmal mit Kompositionen zu tun, in denen die Szene oder das Motiv aus der Ferne zu sehen ist. In solchen Fällen genügt es normalerweise, Details nur anzudeuten. Was aber, wenn das Motiv aus der Nähe gezeigt wird und Andeutungen nicht ausreichen? In diesem Kapitel geht es um das Verständnis von Textur, Licht, Farbe und Form – und um die Techniken, all das in Gemälden jeden Formats überzeugend darzustellen.

Die Lektionen in diesem Kapitel werden dich künstlerisch voranbringen und dir bei vielen anderen Motiven helfen, aber das Malen von Wolken, Wellen und Augen – ohne weiteres Beiwerk – ist auch verdammt cool. Hier lernst du einige Tricks und Kniffe, die jeden Betrachter beeindrucken werden.

Lektion 10:

WOLKEN MALEN

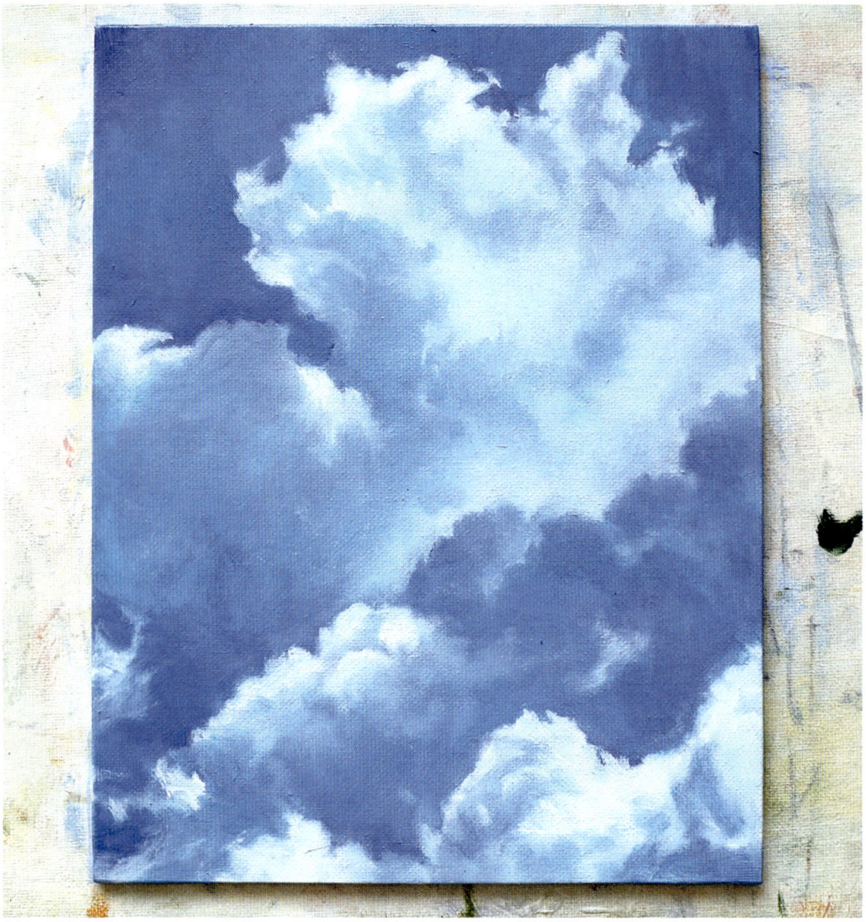

HINWEIS *Ich habe hier auf einer 20,5 x 25,5 cm großen Leinwandplatte gemalt.*

Wolken unterscheiden sich von den meisten anderen Motiven in diesem Buch. Die Farbpalette ist begrenzt, und die Formen werden durch schichtweisen Farbaufbau entwickelt, aber Textur und Licht stellen eine echte Herausforderung dar. Wolken sind absolut einzigartig, kein Wolkengebilde wird sich jemals so wiederholen. In dieser Lektion lernst du zuerst, die Grundstruktur einer Wolke zu entwickeln. Dann kannst du ihre organischen Formen und Texturen weiter ausarbeiten. Verwende mein Vorlagefoto (siehe Seite 125) oder ein eigenes, um die Schritte dieser Lektion nachzuvollziehen.

1. Je einen Klecks Weiß, Phthaloblau, Ultramarinblau und Magenta auf die Palette geben. Zuerst ein helles Blau mischen. Für die erste Farbschicht habe ich Weiß und kleine Mengen beider Blautöne verwendet, um meinen Wunschton zu finden.

2. Dieses Motiv habe ich nicht vorgezeichnet. Ich war sicher, dass ich meine Komposition einfach und schnell festlegen konnte, indem ich die Szene nur mit Farbe ausfüllte. Versuche es selbst: Male den Himmel mit einem mittelgroßen Pinsel und

2

3

HINWEIS *Dies sind die Farben, die ich für das Bild verwendet habe.*

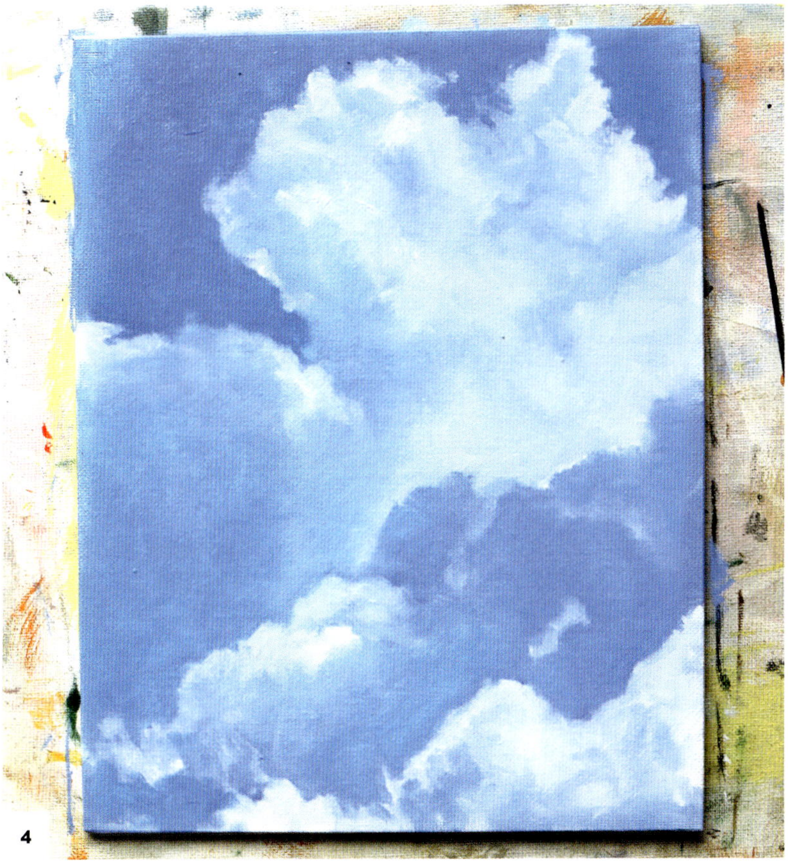

4

lass den negativen Raum der Wolken einfach frei. Trag die blaue Farbe in einer dünnen Schicht auf und mach dir noch keine Gedanken über den Aufbau von Texturen. Die äußeren Bereiche der Wolken sind leicht und hauchdünn, die mittleren Bereiche sind dichter. Darum muss für den wolkenfreien Himmel und die schattigen Wolkenbereiche in der Mitte mehr deckende Farbe aufgetragen werden. Für die durchscheinenden Wolkenränder wird das Blau mit einem Malmittel wie Liquid verdünnt.

3. Jetzt mit weißer Farbe die von der Sonne angestrahlten Wolkenränder malen, ebenso Bereiche, die das Licht reflektieren, beispielsweise im oberen Teil der Wolkenformation.

4. Die Farbe teilweise dick und pastos auftragen, teilweise ganz dünn in die freien Flächen der Leinwandplatte hinein verwischen. Weiß und Phthaloblau für die helleren, leuchtenden Bereiche verwenden, Ultramarinblau für die dunklen, leicht ins Violett tendierenden Schatten. Damit auf der Leinwandplatte weiche Übergänge entstehen, die Farbe abwechselnd mit einem Pinsel auftragen und mit einem anderen, sauberen und trockenen Pinsel verwischen.

TIPP *Wer gern Wolkenmotive malt, sollte sie viel öfter genau beobachten. Vielleicht offenbaren sich dabei sogar die Geheimnisse des Universums.*

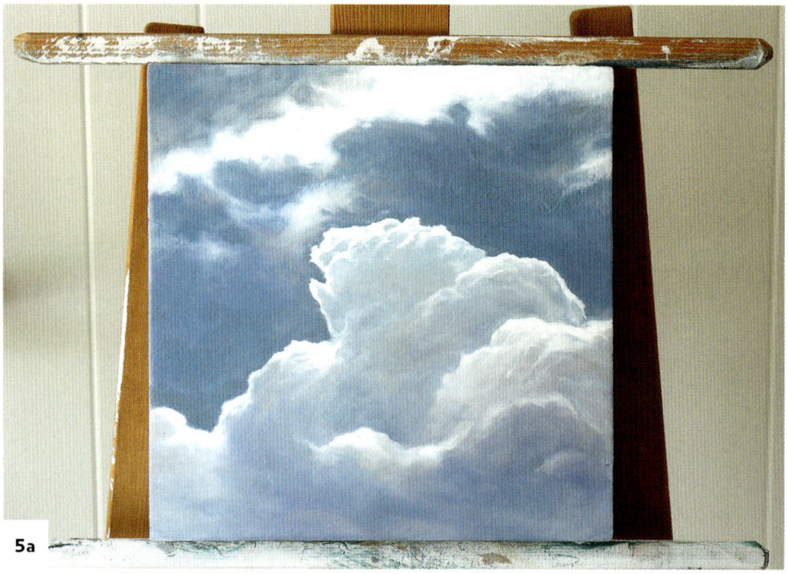

5a

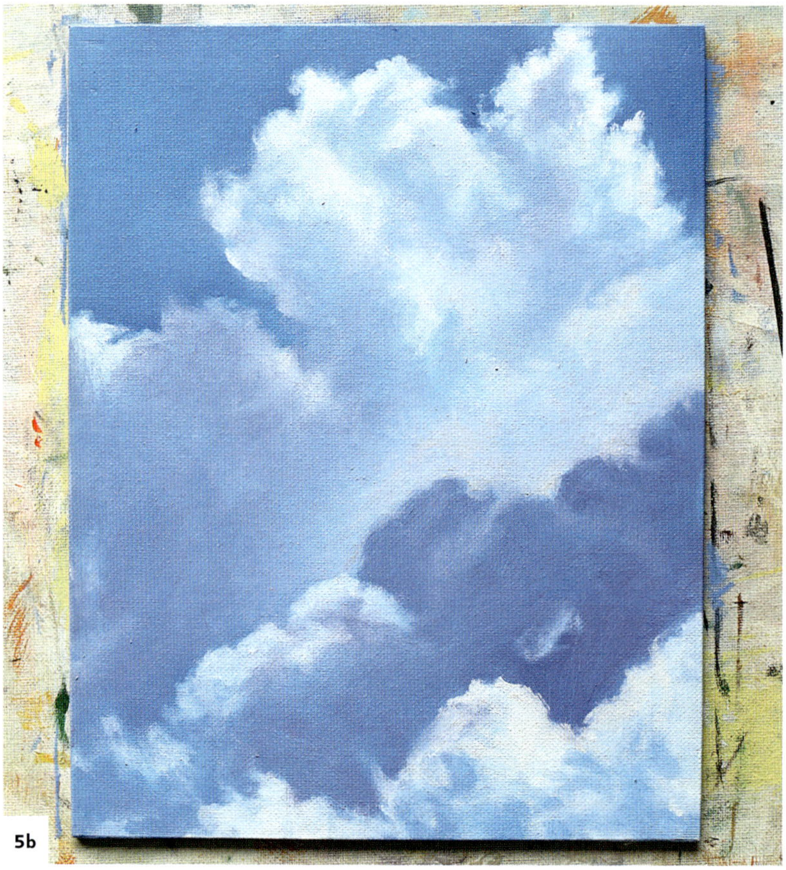

5b

5. Nachdem die bisher noch recht dünnen Farbschichten über Nacht getrocknet waren, konnte ich mich den zarten Violett- und Beigerosatönen zuwenden. Dabei habe ich mich an einem früheren von mir gemalten Wolkenbild orientiert. Dieses enthält die üblichen Blau- und Weißtöne, aber auch Nuancen von Rosa, die im Sonnenlicht zu schimmern scheinen und viel zur Atmosphäre des Motivs beitragen.

Ein gedämpftes Violett aus Weiß, Ultramarinblau und Magenta mischen (siehe Farbproben auf Seite 101). Das Beigerosa aus Weiß und Magenta wird mit kleinen Mengen Blau und Kadmiumrot gedämpft, damit der Ton nicht zu rosig wird. Mit diesen Mischungen die Schatten abdunkeln und die sonnenbeschienenen Bereiche »erwärmen«.

6. Um die Dramatik zu verstärken, werden jetzt dunklere Blautöne in die Schatten einander überlappender Wolken gemalt und so verwischt, dass sich blauviolette Mitteltöne ergeben.

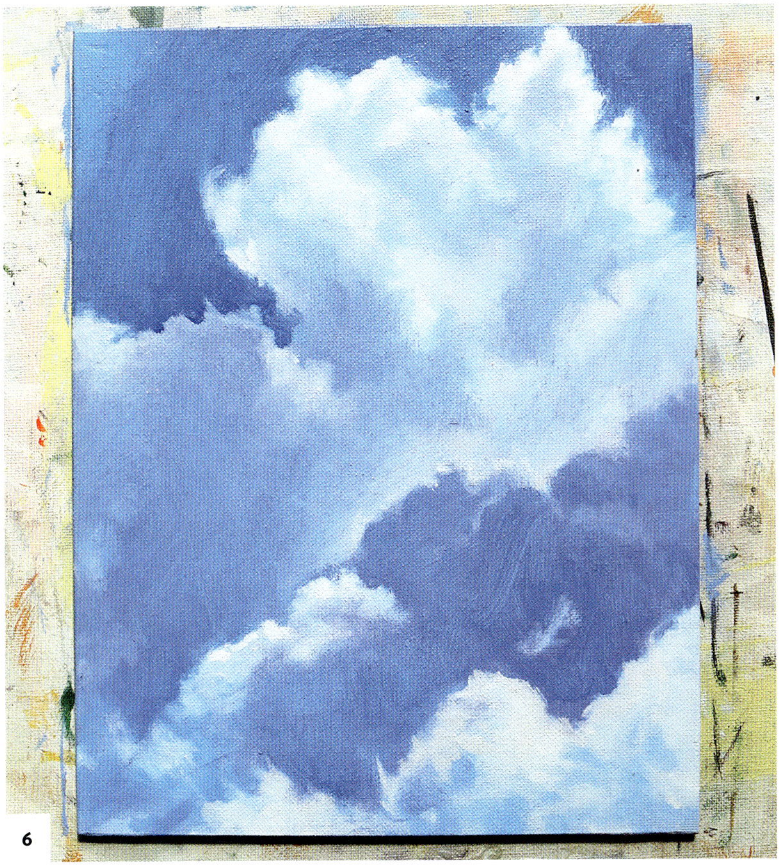

6

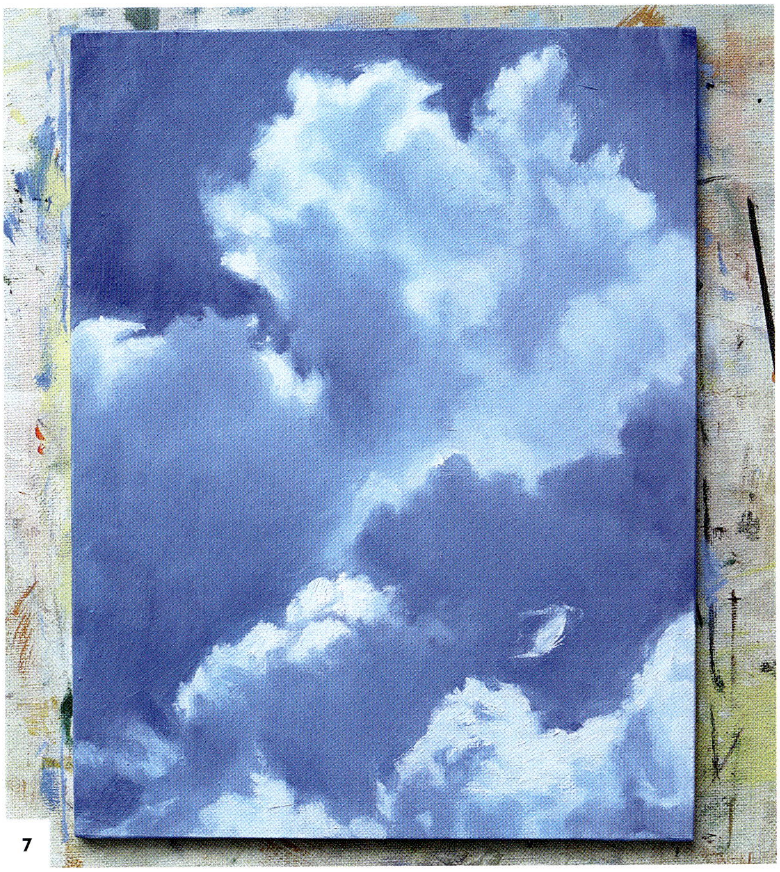

7

Dabei geht es hauptsächlich um die Kontraste. Details sind erst im nächsten Schritt an der Reihe.

7. Die sonnenbeschienenen Wolkenränder mit reinem Weiß hervorheben. Dabei auf ein ausgewogenes Verhältnis zwischen den unterschiedlichen Wolkenkonturen achten. Stellenweise sind sie schneeweiß und sehr klar, in anderen Bereichen wirken sie vielschichtig und scheinen zum Inneren der Wolke hin zu verschwimmen.

8. Tritt nun zurück und betrachte das Bild aus etwas Abstand, um Farben, Kontraste und Komposition kritisch zu beurteilen.

Um das Licht, das hinter der mittleren Wolke hervorscheint, zu betonen und die Komposition auszubalancieren, habe ich im unteren linken Bildbereich einen kleinen Wolkenfetzen eingefügt. Er hilft auch, den Blick des Betrachters zur Bildmitte zu führen (fertiges Bild auf Seite 100). Ohne diesen Wolkenfetzen könnte der Blick durch die angedeuteten Linien und Winkel des Motivs leicht aus der Bildfläche wandern. Meine Mutter hat mir immer eingeschärft, wie wichtig es ist, dass sich der Blick kreisförmig durch die Bildfläche bewegt. Dieser Ratschlag ging mir bei der Fertigstellung meines Wolkenbilds durch den Kopf. Danke, Mama.

Lektion 11:

WELLEN MALEN

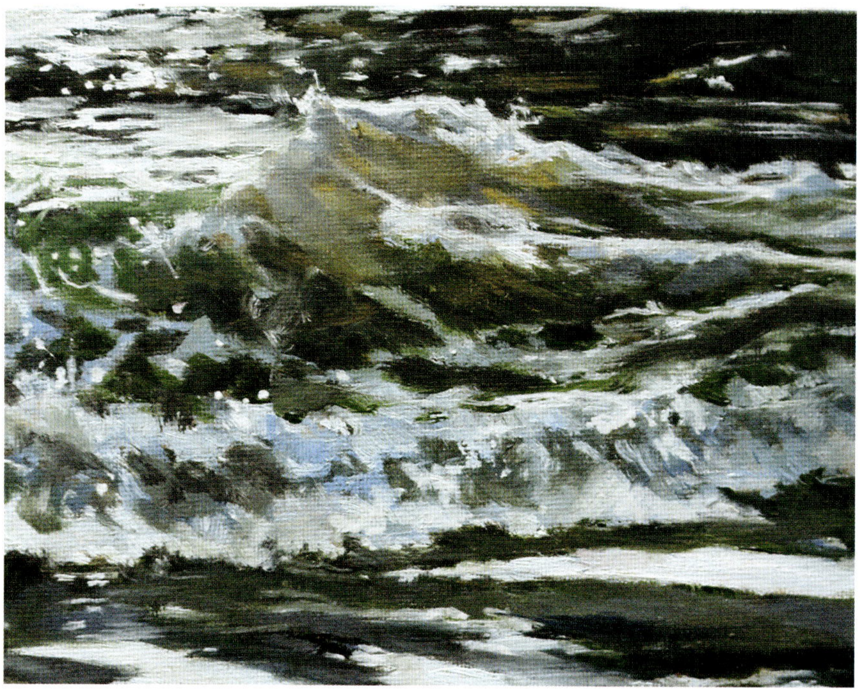

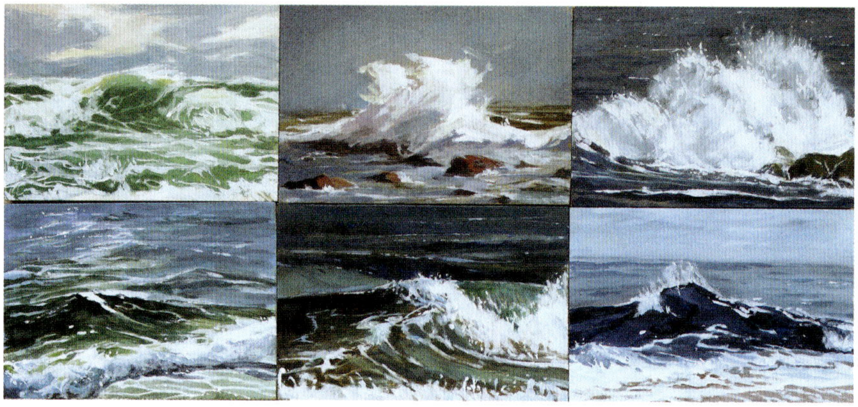

HINWEIS *Das Bild wurde auf einer 13 x 18 cm großen Leinwandplatte gemalt.*

Wir hatten doch schon ein Wellenmotiv, denkst du jetzt. Was also ist hier anders? Im ersten Fall ging es um eine möglichst realistische Darstellung. Jetzt nehmen wir die optische Präzision nicht so wichtig und streben an, ein lockeres, aber charaktervolles Bild zu malen. Die exakte Übereinstimmung mit der Vorlage ist hier sekundär, der visuelle Gesamteindruck zählt (Vorlagefoto siehe Seite 124).

Schau dir diese sechs kleinen Studien oben an. Alle zeigen einen fast schon impressionistischen Malstil. Versuche, beim Malen nicht zu viel zu denken, und verlass dich auf die Kenntnisse, die du dir bereits angeeignet hat. Folge der Anleitung, aber nicht sklavisch. Entscheide selbst, ob es ein lockeres Gemälde werden soll, oder ob du anschließend noch Feinheiten ausarbeiten und Farben verwischen willst.

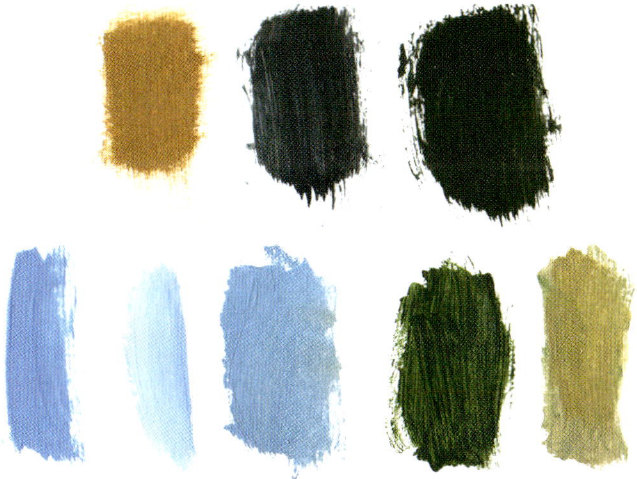

1a

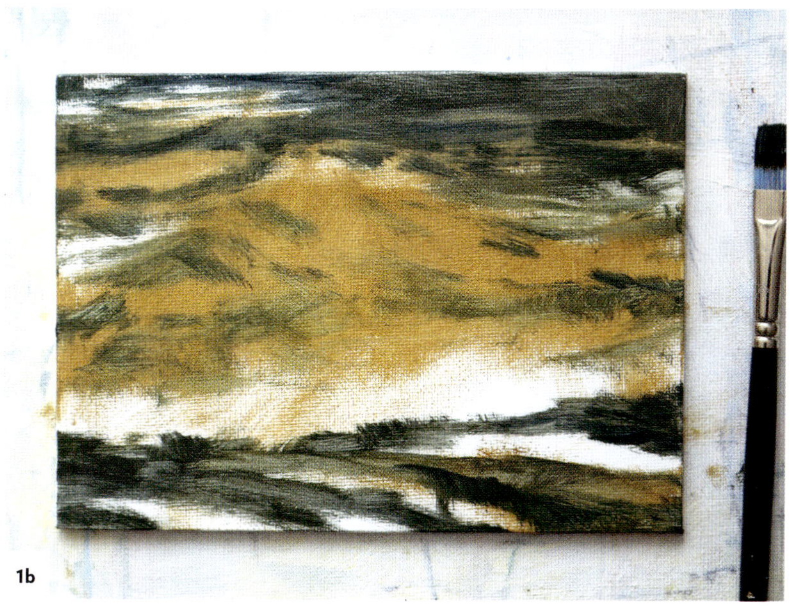

1b

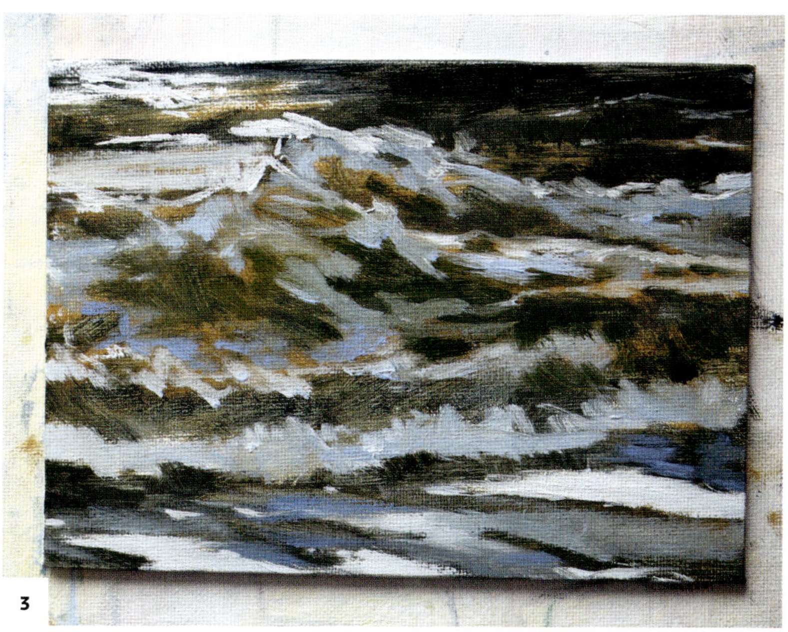

3

1. Ein Ockergelb aus Gelb und Siena gebrannt mischen, mit Liquid verdünnen und selektiv mit großzügigen Strichen dünn auf dem Malgrund verteilen. Dabei bereits die größeren Formen festlegen, beispielsweise in der Mitte der Komposition und im unteren Bereich. Wo später weiße Gischt gemalt werden soll, bleibt der Malgrund weiß.

2. Ein dunkles Smaragdgrün aus Saftgrün, Ultramarinblau und etwas Weiß mischen. Damit werden die dunkelsten Teile der Welle gemalt, die sich vorwiegend im oberen und unteren Bildbereich befinden. Mit derselben Mischung mit zarten Strichen kleine Schatten in der Mitte der Welle andeuten.

3. Weiter geht es mit Weiß und Hellblautönen. Weiß mit kleinen Mengen Ultramarinblau mischen und damit den hellen negativen Raum auf dem Malgrund ausfüllen. Prüfe auf dem Vorlagefoto, wo sich die hellsten Tonwerte befinden. Die glänzenden Bereiche im oberen und unteren Teil der Welle sind weißer, weil sie zusätzlich das Licht reflektieren, das auf das Wasser trifft. Die Lichtreflexe im mittleren Teil der Welle sind zwar hell, aber nicht so strahlend.

4. Mit dem bereits gemischten dunklen Grün sowie neutralen Blaugrautönen die Mitteltöne des Bilds entwickeln und dabei Kontrast und Form deutlicher herausarbeiten. Die Mitteltöne werden aus Ultramarinblau, Magenta und wenig Weiß gemischt. Das dunkelste Grün wird benutzt, um das Wasser über und unter der Welle sowie die Schatten auf der sich brechenden Welle abzudunkeln.

5. Mit Weiß und Hellblautönen etwas Gischt um den Wellenkamm herum andeuten, ebenso den Schaum, der sich vor der Welle im Vordergrund des Bilds bildet. Weiß und Hellblau können auch verwendet werden, um mit einem dünneren, spitzen Pinsel Glanzlichter auf dem glatteren Wasser im Vordergrund zu setzen.

6. Mit Saftgrün die dunkleren, grünlichen Bereiche des Wassers ausfüllen. Damit ist das Bild im Wesentlichen fertig, es fehlen nur noch die Feinarbeiten an Details und die Farbsättigung.

7. Letzte Details werden mit reinem Weiß eingefügt (fertiges Bild siehe Seite 104). Es kann mit leichter Hand auf die Spitzen des Schaums getupft werden oder mit etwas Malmittel gemischt werden, um die Farbübergänge der Mitteltöne weicher zu gestalten. Reines, klares Schneeweiß wird ausschließlich für die Gischt und die Reflexionen des Sonnenlichts verwendet. Ihr Glitzern kommt erst durch den Kontrast zu den dunklen Schatten zum Ausdruck.

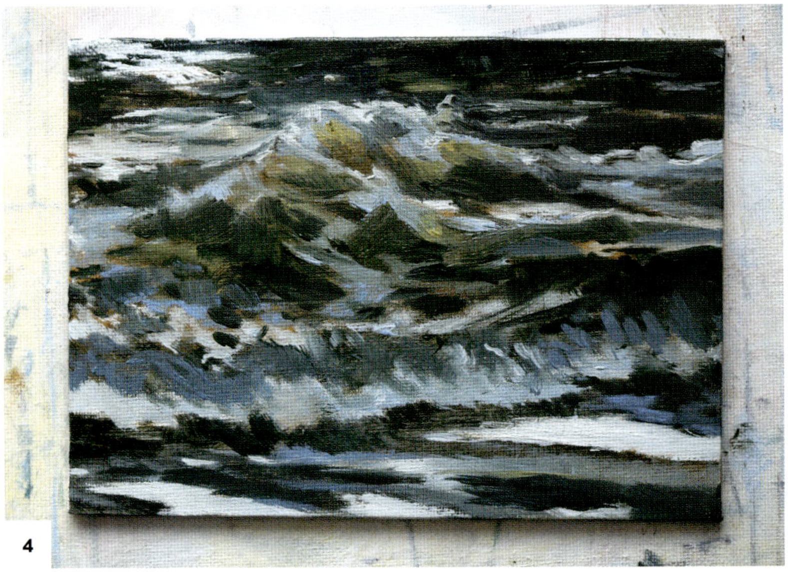

4

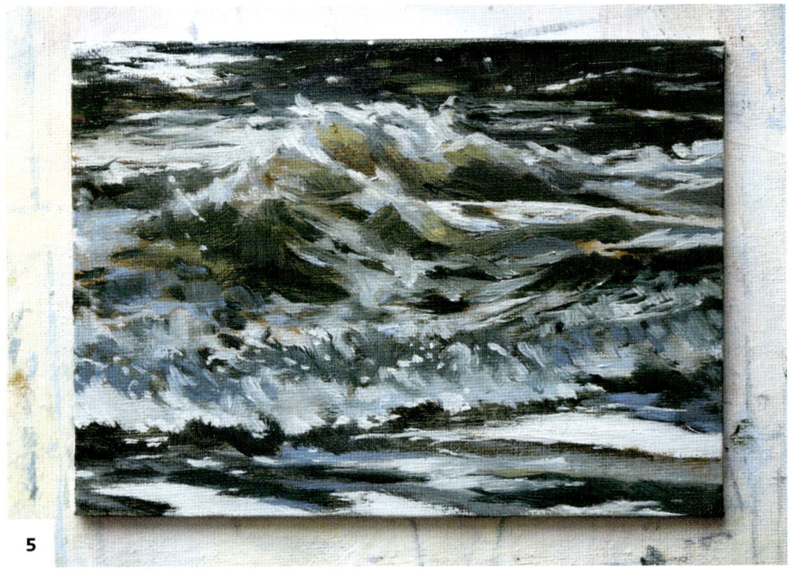

5

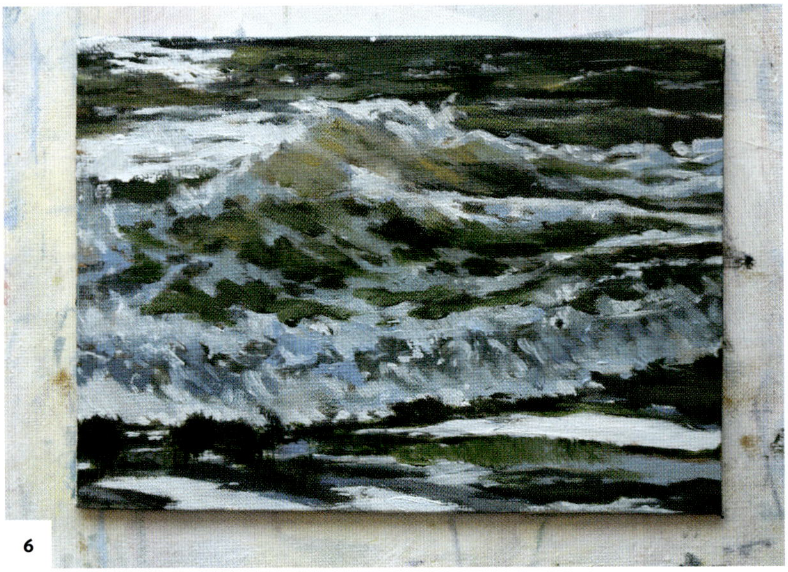

6

Lektion 12:

AUGEN MALEN

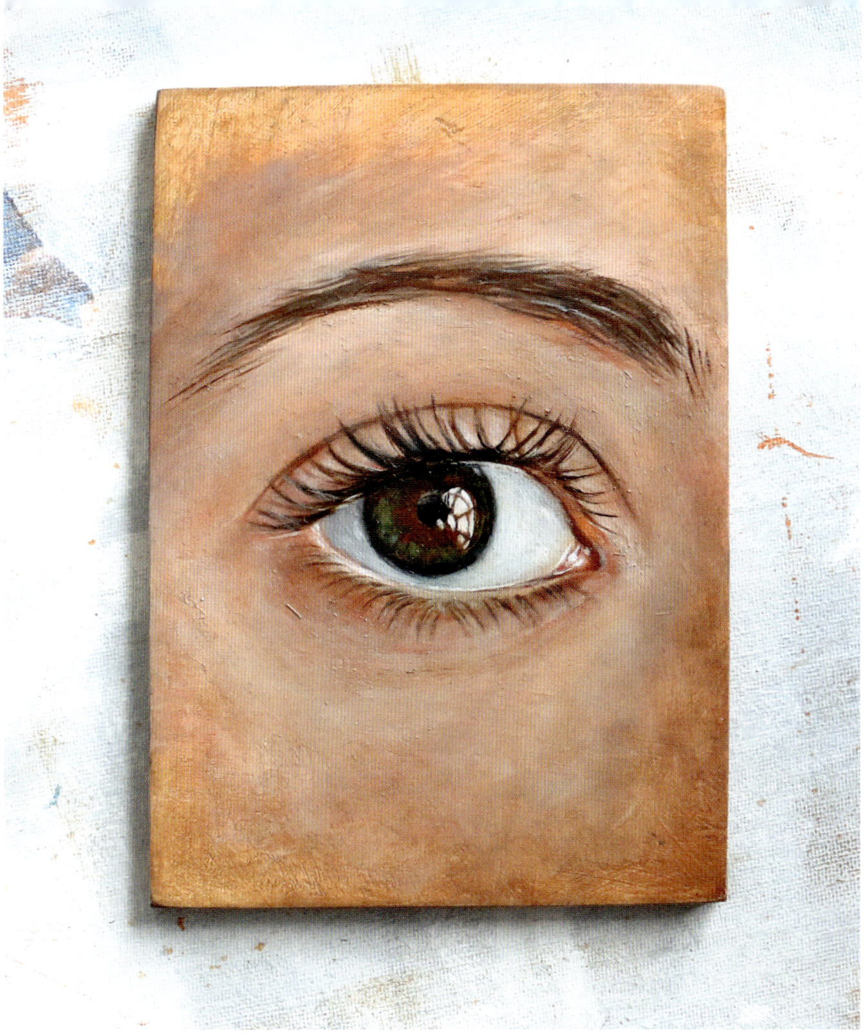

HINWEIS *Als Malgrund dient hier eine 13 x 18 cm große, grundierte MDF-Platte.*

Für diese Lektion kehren wir zur realistischen Malerei zurück. Hier geht es um die detailgenaue Darstellung eines Auges – meines Auges (siehe Vorlagefoto auf Seite 124). Bevor wir uns im nächsten Kapitel der Porträtmalerei zuwenden, wollen wir uns mit den faszinierenden Feinheiten des Auges befassen. Dies ist ein Motiv, mit dem sich schon viele Künstler beschäftigt haben, mich eingeschlossen, denn das Auge wird als Fenster zur Seele bezeichnet.

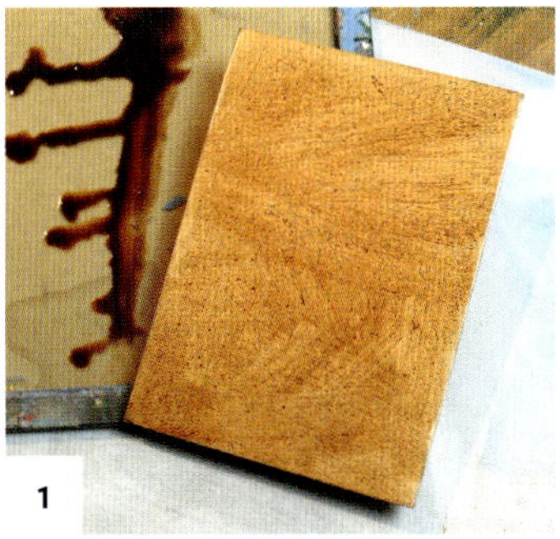

1

1. Zur Vorbereitung Umbra gebrannt etwa im Verhältnis 1:1 mit Verdünner mischen, um ein relativ flüssiges, dunkles, aber transparentes Braun zu erhalten (eine gute Mischung zum Tönen anderer grundierter Oberflächen). Mit dieser Mischung wird der ganze Malgrund dünn bestrichen. Der Farbverdünner verdünnt die Farbe und verkürzt die Trocknungszeit. Bei der Untermalung geht es darum, eine dünne, relativ schnell trocknende, warm getönte Oberfläche zu schaffen, auf der die Farbtöne von Haut und Augen aufgebaut werden. Die grundierte Platte trocknen lassen; eventuell die Trocknung mit einem Föhn beschleunigen.

Zum Übertragen der Zeichnung muss die Grundierung ganz trocken sein. Die fertige Zeichnung mit Haarspray oder Fixativ einsprühen.

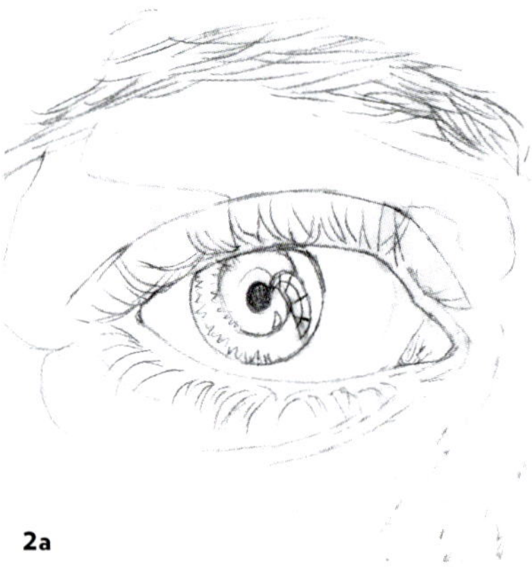

2a

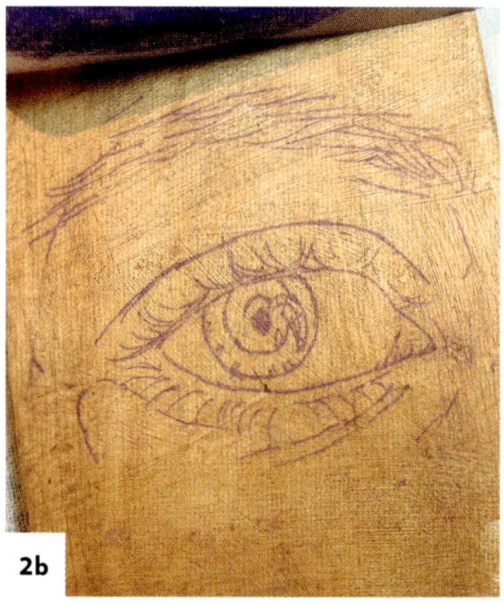

2b

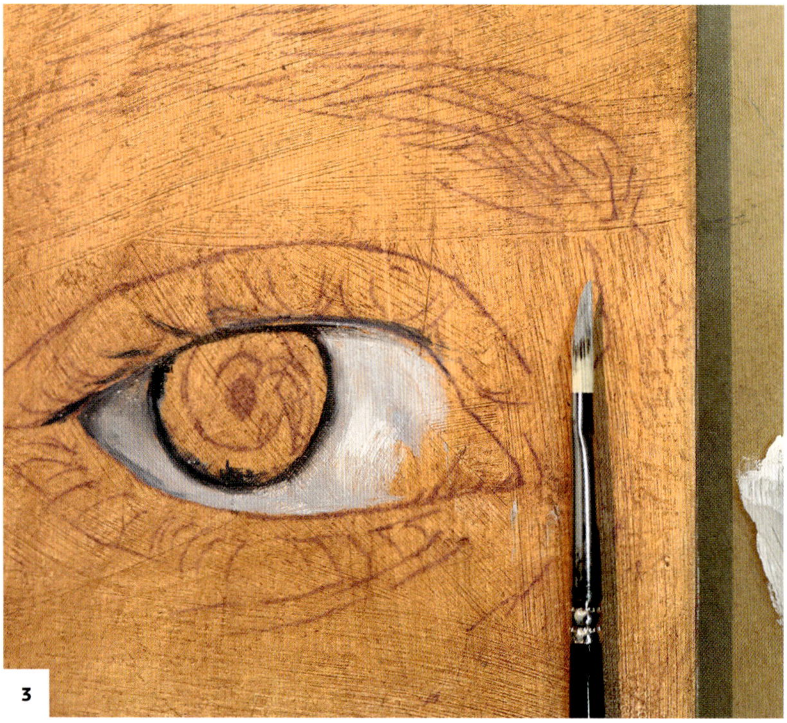

3

2. Die Rückseite des Fotos mit einem Prismacolor NuPastel®-Stift in dunklem Violett schraffieren. Die Umrisse und wichtige Details direkt auf dem Foto nachzeichnen. Bei diesem Beispiel sind es die Härchen der Augenbrauen und Wimpern, die Licht- und Schattenbereiche der Wölbung unter der Augenbraue und auf dem Oberlid, die Lidfalte und der schmale Hautstreifen zwischen Augapfel und unterem Wimpernkranz. Im Inneren des Auges sind es außerdem die farbigen Ringe der Iris, die (schwarze) Pupille, die gekrümmte Spiegelung meines Atelierfensters und das hautfarbene Dreieck im inneren Augenwinkel (Tränenwärzchen). Mach dir beim Zeichnen die Struktur der einzelnen Elemente bewusst. Die Form spielt für die Konstruktion des Auges eine wichtige Rolle.

3. Der weiße Augapfel ist keinesfalls nur weiß. Aus weißer Farbe mit geringen Mengen Ultramarinblau und Schwarz werden verschiedene Farbtöne gemischt, um durch kühle Schatten die Rundung des Augapfels herauszuarbeiten. Oberlid und Wimpern werfen einen Schatten auf den weißen Augapfel, und der äußere Augenwinkel ist von der Lichtquelle abgewandt und darum etwas dunkler als der innere. Das muss beim Malen berücksichtigt werden.

4. Mit Siena gebrannt, Schwarz, Gelb und Orange die Farben der Iris, der Pupille und der umgebenden Schatten der Augenlider mischen. Schau dir dein eigenes Auge genau im Spiegel an. Die Iris besteht aus einem äußeren farbigen Ring, und ihre inneren Farben sind strahlenförmig um die Pupille herum angeordnet. Die Iris ist genau genommen ein Muskel, der die Pupille bei hellem Licht verengt und bei schwachem Licht weitet. Die strahlenförmige Anordnung der Farben und das Glanzlicht auf der feuchten Augenoberfläche wirken realistisch. Für die Mitte der Pupille Schwarz verwenden, für die Iris Braun- und Grüntöne. Die Details und die Spiegelung des Fensters sorgfältig mit einem dünnen Pinsel malen. Über und unter der Pupille kleine Glanzlichter in Hellgrün einfügen.

5. Denke bei der Fertigstellung des weißen Augapfels an die Tipps zum Mischen verschiedener Weißtöne in Schritt 3. Da ein Auge gewölbt ist, fällt mehr Licht auf den mittleren, hervorstehenden Teil. Platziere dein hellstes Weiß in der Nähe der Mitte des Auges und lass es in bläulich getönte Schatten übergehen. Dadurch wird die runde Form gut erkennbar. Erst danach geht es mit der Haut weiter. Mische für die Haut unmittelbar um das Auge einen hellen Pfirsichton aus Weiß, Rot und Siena gebrannt. Für die dunklen, kühlen Schatten, die Lidfalte, die Lidränder und den inneren Augenwinkel wird diese Mischung mit Ultramarinblau und Umbra gebrannt dunkler abgetönt.

6. Die Schatten und Farben der Pupille überarbeiten, dabei Details wie die Wimpern und die Augenbrauenhärchen sowie den Kontrast verstärken. Für die Härchen Umbra gebrannt und Liquid mischen, damit die Farbe flüssiger wird und sich dünner auftragen lässt. Die dichteren Augenbrauenhärchen nahe der Nasenwurzel mit einem hellgrauen Mittelton einfügen.

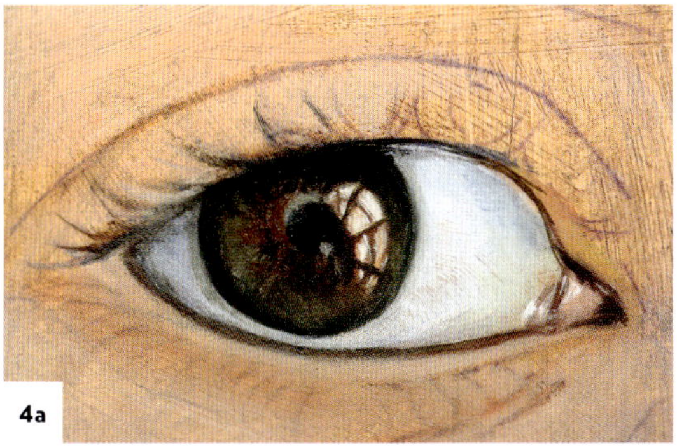
4a

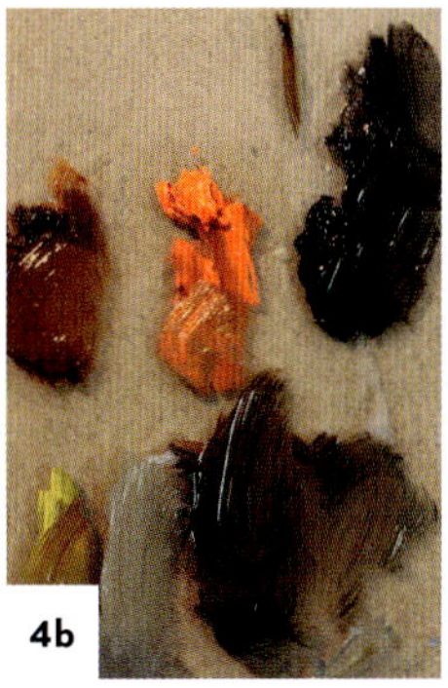
4b

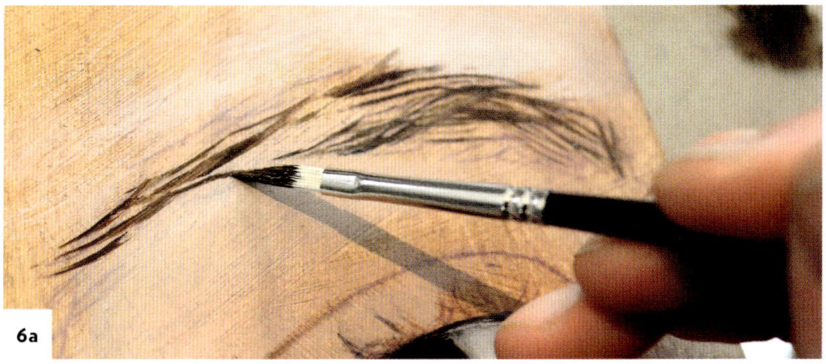
6a

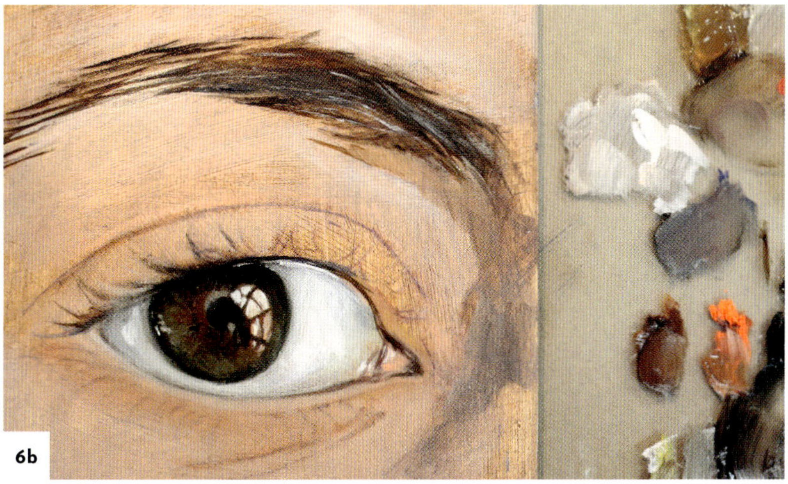
6b

7. Nun Farbtöne und Textur der Haut weiter aufbauen. Mit Weiß oder einem sehr hellen Rosabraun Lichtreflexe unter der Augenbraue andeuten, die Lidfalte mit einem warmen Braun ziehen. Das Unterlid wirkt durch eine helle Linie in Hautfarbe unter dem Auge und direkt darunter mit einem dunkleren Schatten gewölbter. Der rosabräunliche Basishautton wird mit Weiß aufgehellt oder für die Schatten mit Umbra gebrannt und Violett abgedunkelt.

8. Die Wimpern mit Umbra gebrannt und einem dünnen, spitzen Pinsel sehr sorgfältig malen. Anfänger machen oft den Fehler, Wimpern zu dick zu malen – da nehme ich mich nicht aus. Male hauchdünne, gekrümmte Striche mit ganz leichter Hand und hebe den Pinsel am Ende mit einer fließenden Bewegung vom Malgrund, damit die Haarspitze noch feiner wird. Wenn es im ersten Anlauf misslingt, wisch sie ab oder übermale sie mit Hautfarbe und versuch es noch einmal.

9. Jetzt könnte man das Bild für fertig erklären, aber ich habe mich entschieden, die Hauttöne noch weiter auszuarbeiten. Das ist wohl der Perfektionistin in mir geschuldet. Zuerst muss die Farbe allerdings vollständig trocknen.

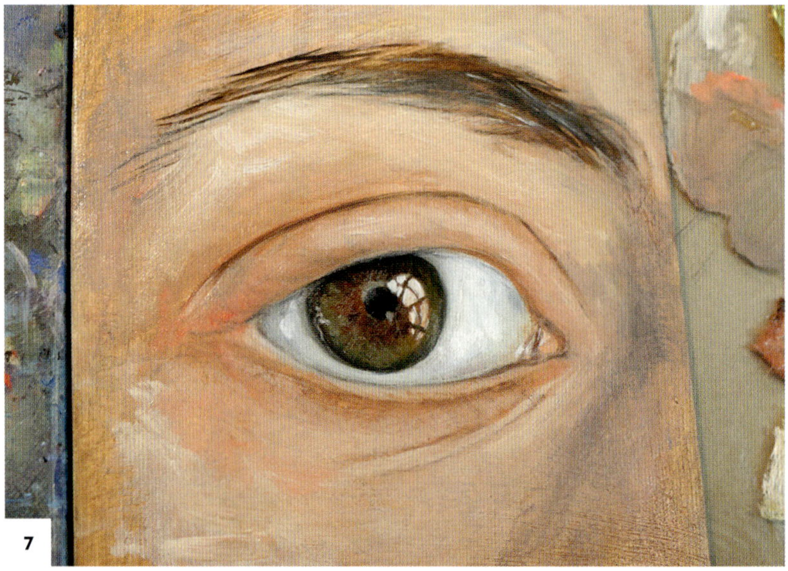

7

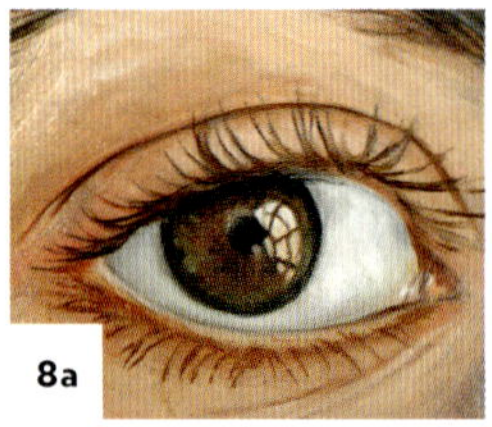

8a

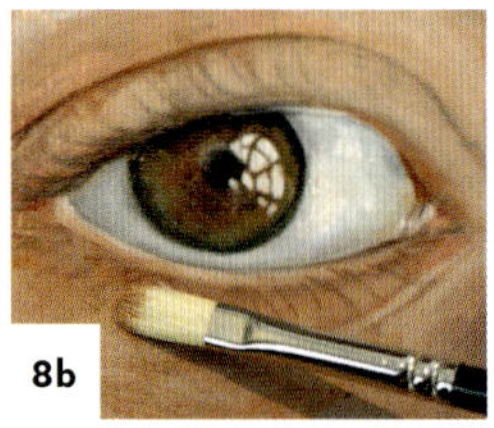

8b

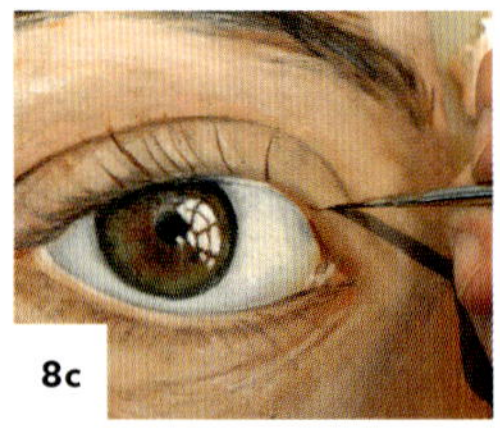

8c

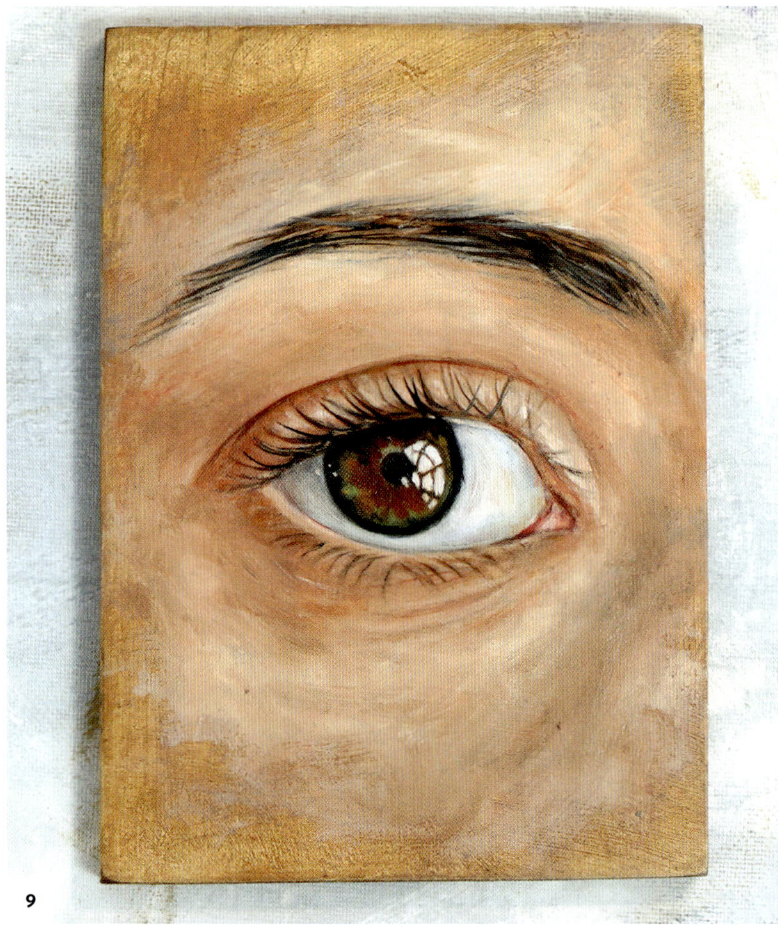

9

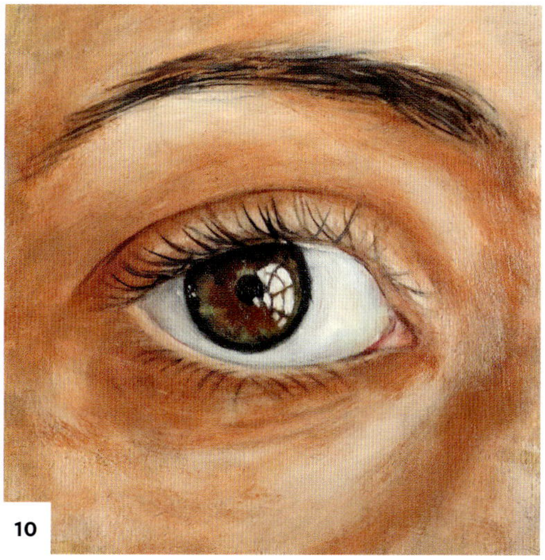
10

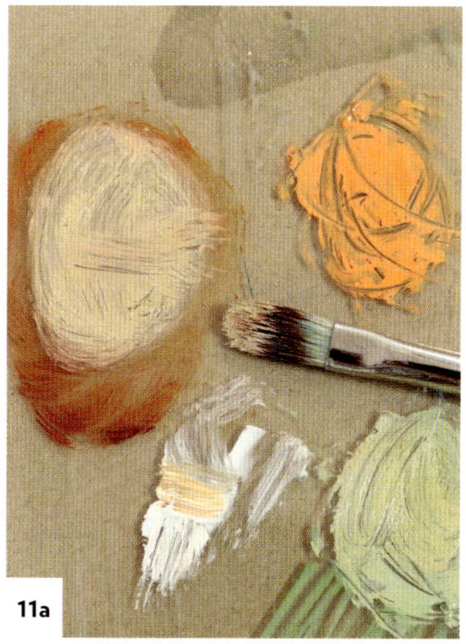
11a

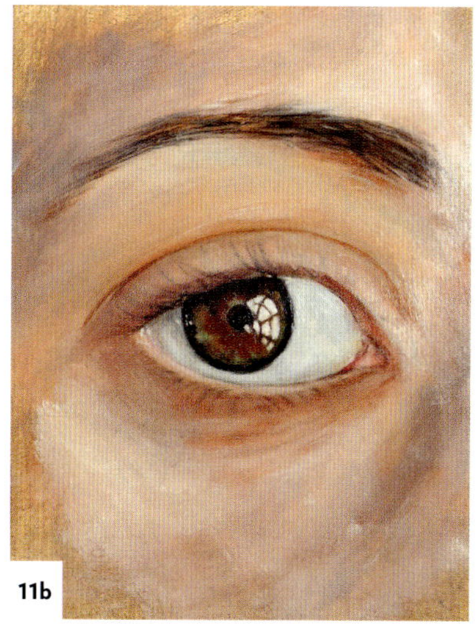
11b

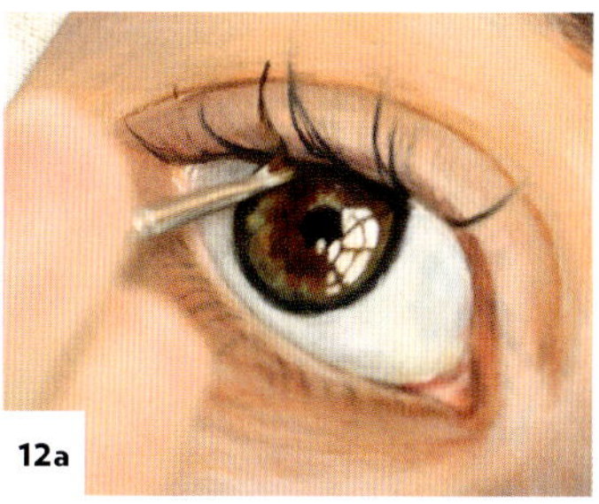
12a

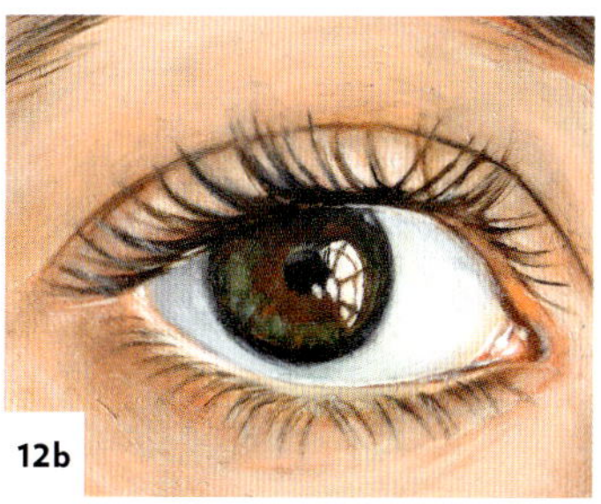
12b

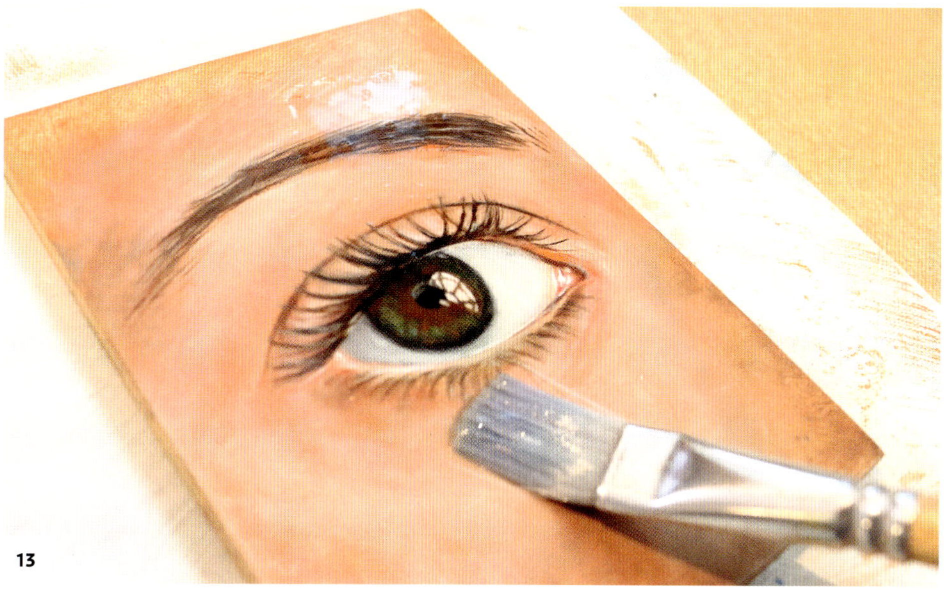
13

10. Die Schattenbereiche mit einer dünnen, transparenten Mischung aus Umbra gebrannt und Malmittel überziehen, damit sie wärmer wirken. Diese Farbe ähnelt einer Lasur, ist aber nicht so flüssig wie die Lasuren, mit denen ich auf größeren Flächen arbeite.

11. Auf der Palette ein helles, bräunliches Orange und ein gedämpftes Phthalogrün gelblich mischen. Mit dem gedämpften Grün die Übergänge zwischen den mittleren und hellen Hauttönen nacharbeiten, sodass diese weich erscheinen. Auch die vorher verwendete Lasur wird dabei besser integriert. Achte auf den Pinseldruck, die Strichrichtung und eventuelle Überlappungen und winkle den Pinsel so ab, dass die Striche den Schädelknochen oder der Wuchsrichtung der Haare folgen. Stell dir vor, du wolltest die Haut, die sich über den Knochen spannt, mit Farbe nachempfinden.

12. Die Wimpern nochmals sehr sorgfältig nacharbeiten. Ich habe aus vorherigen Pannen, die ich wegwischen musste, gelernt und sie mit hauchdünnen, gekrümmten Strichen mit einem dünnen, abgeschrägten Pinsel und verdünnter Umbra gebrannt gemalt.

13. Wenn das Bild vollständig trocken ist, wird es mit glänzendem Firnis versiegelt.

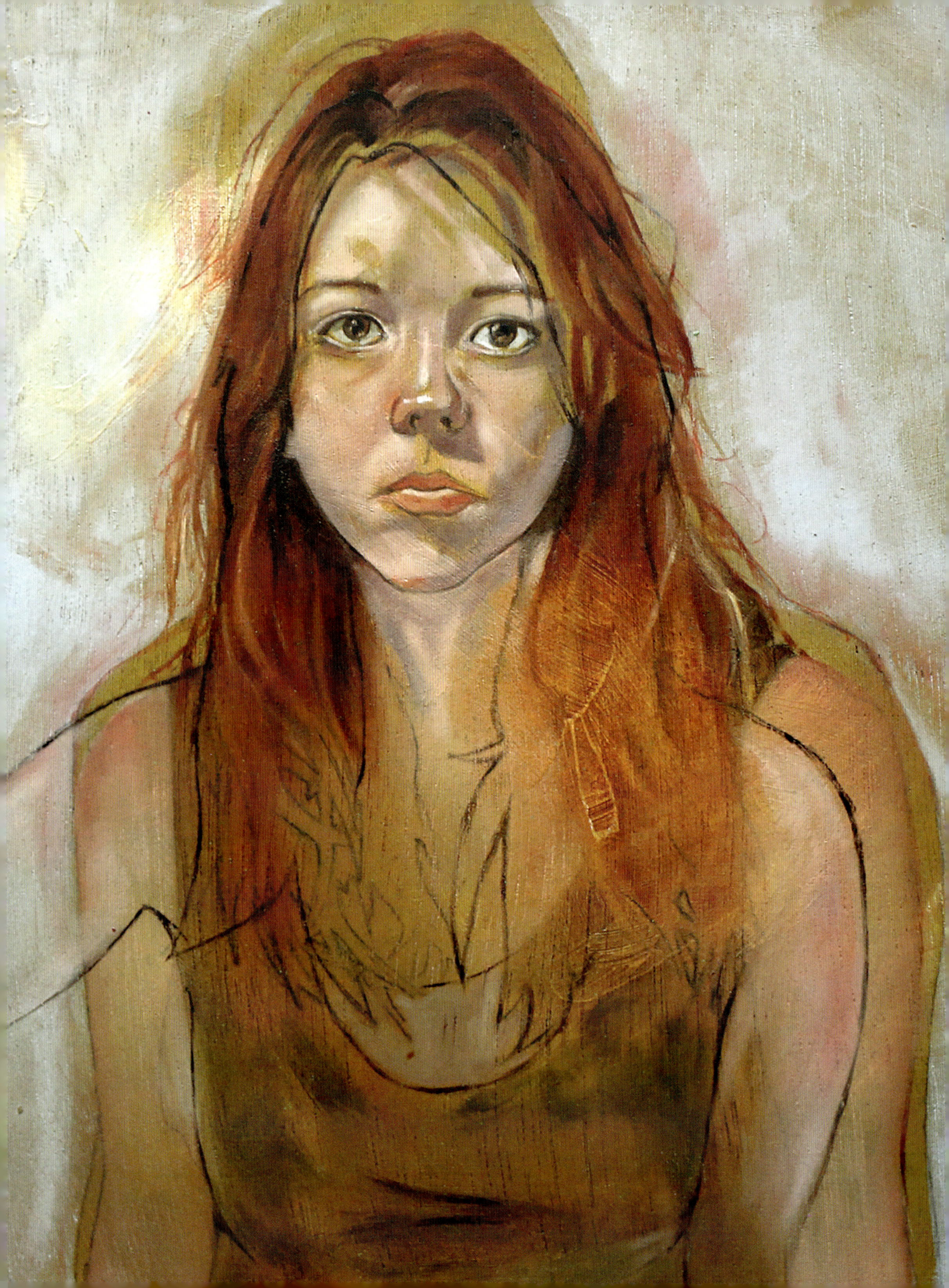

7

Porträtmalerei

Dieses Kapitel enthält Tipps, Tricks und eine ausführliche, umsetzbare Porträtlektion für deinen Einstieg in die figürliche Malerei.

Wow, du hast mit diesem Buch schon beachtliche Fortschritte gemacht! Nun geht es dort weiter, wo ich meine eigene Ausbildung in Ölmalerei begonnen habe: bei figürlichen Motiven. Mein erster Malereischwerpunkt als Kunststudentin an der Universität war die Porträtmalerei, und am Anfang stand das hier gezeigte Selbstporträt von 2011. Nachdem mein Interessensschwerpunkt jahrelang auf anderen Motiven lag, habe ich die Porträtmalerei zuletzt wieder für mich entdeckt. Durch Gesichter und Figuren lässt sich visuell eine Menge aussagen, darum betrachte ich das Porträt als wichtiges künstlerisches Ausdrucksmittel. Prähistorische Funde wie Höhlenmalereien und Steinmetzarbeiten beweisen, dass die menschliche Gestalt schon immer Gegenstand der Kunst war. Die Fähigkeit, den menschlichen Körper darzustellen, hat sich im Lauf der Geschichte immer weiter entwickelt. Sie wird auch deine persönliche Arbeit bereichern.

Meine Beziehung zur figürlichen Malerei entwickelt sich unter dem Einfluss der großartigen Werke anderer Künstler bis heute weiter. In letzter Zeit wurde mein Interesse durch eine Mischung aus klassisch gegenständlicher Malerei und zeitgenössischen, abstrakten, expressiven Arbeiten geweckt. Ich bin gespannt, welche neuen Wellen künstlerischer Stile wir demnächst in der Kunstgeschichte noch erleben werden.

HINWEIS *Diese neuere figürliche Arbeit mit dem Namen* Untitled Dancers *entstand 2020. Ich habe sie mit Öl und gemischten Medien auf Leinwand im Format 61 x 91,5 cm gemalt.*

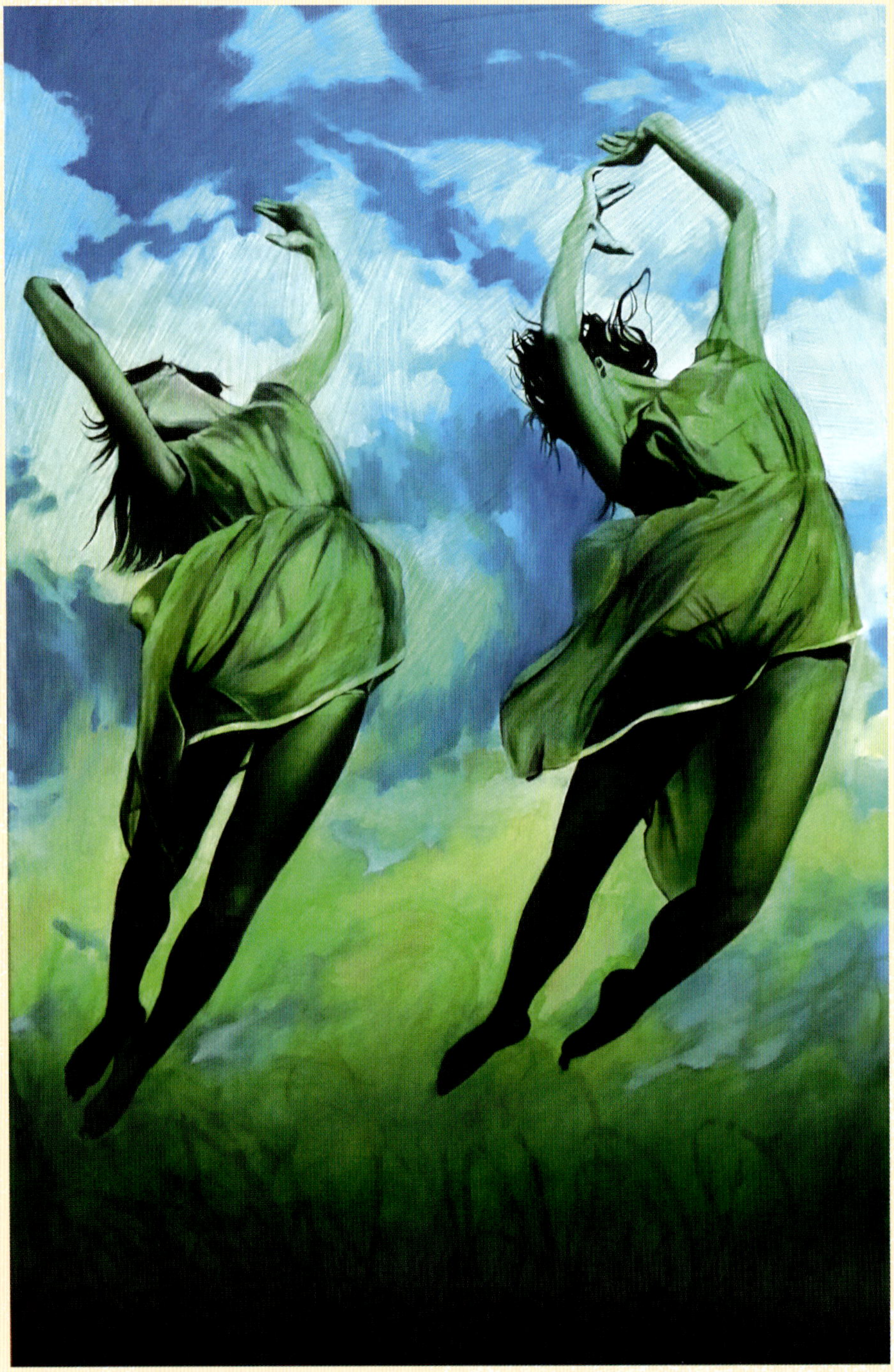

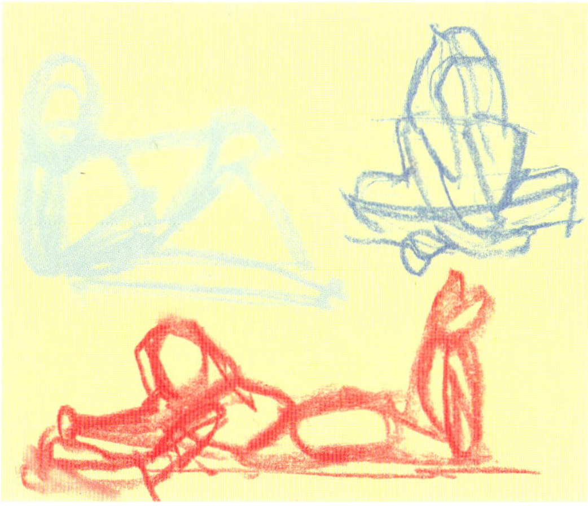 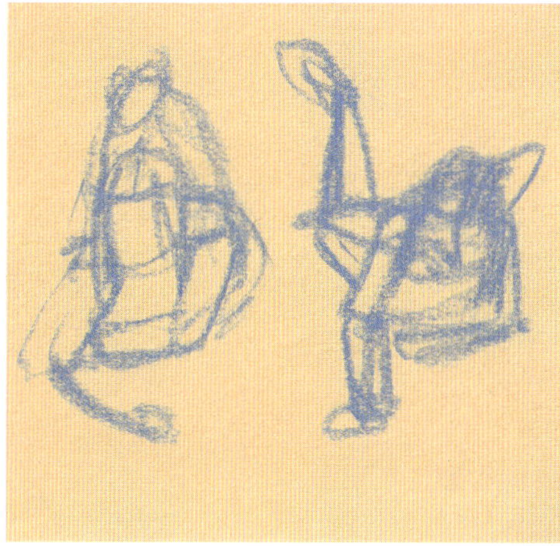 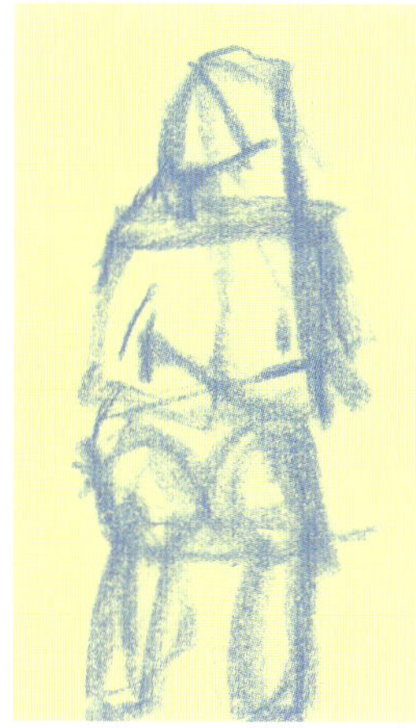

Lektion 13:

GESTISCHES FIGUREN-ZEICHNEN ZUM AUFWÄRMEN

In dieser Lektion geht es darum, in kurzer Zeit verschiedene Körperhaltungen zu skizzieren. Achte bei diesen Aufwärmübungen auf geschwungene Bögen im Körper, feste Knochenpartien, weiche Biegungen, die Stellung des Beckens, die Gewichtsverteilung und die grundlegenden Formen. Die Übungen dienen dazu, den Perfektionismus zunächst außen vor zu lassen und stattdessen Eindrücke und Bewegungen zu Papier zu bringen. Viele Einsteiger fühlen sich beim gestischen Zeichnen anfangs unbeholfen, aber – wie alles andere auch – wird es mit etwas Zeit und Übung einfacher.

AUFWÄRMÜBUNG 1

1. Zeichne sechs oder mehr gestische Skizzen in jeweils nur einer Minute. Bitte eine zweite Person, in verschiedenen Posen Modell zu sitzen. Du kannst auch im Internet nach kostenlosen Bildern von Tänzern oder Modellen für gestische Zeichnungen suchen oder in einem Film Standbilder auswählen. Diese Beispiele wurden mit Prismacolor NuPastel®-Stiften auf farbigem Papier gezeichnet. Du kannst auch jedes andere Zeichenmaterial verwenden, das gerade zur Hand ist: Marker, Kreide, Buntstifte oder Zeichenkohle.

2. Zeichne beim Skizzieren ruhig Mittellinien ein, um die Haltung von Kopf oder Hüften oder andere Formen besser anzuordnen. Miss Winkel, Abstände und Proportionen in der Luft mit deinem Stift ab oder übe, Kurven zuerst in der Luft nachzuzeichnen, um sie dann ebenso zu Papier zu bringen. Die Striche müssen gar nicht perfekt sein … und eine Minute ist schnell vorbei. Versuche einfach, Spaß beim Skizzieren zu haben und aus jeder neuen Erfahrung etwas zu lernen.

AUFWÄRMÜBUNG 2

Zeichne eine Pose nach einem lebenden Modell oder einem Foto. Dann versuche, dieselbe Pose in nur drei Minuten aus dem Gedächtnis zu zeichnen. Verwende dafür keine Hilfsmittel.

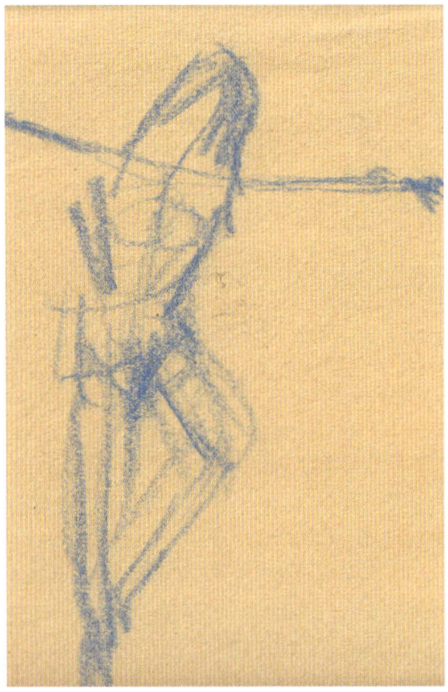

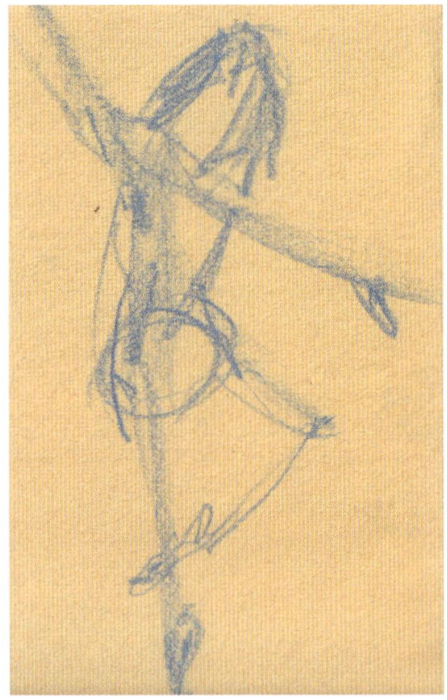

AUFWÄRMÜBUNG 3

Zeichne drei Drei-Minuten-Skizzen eines Motivs deiner Wahl (lebendes Modell oder Fotos). Nutze dafür die Erfahrungen aus den vorherigen Aufwärmübungen. Konzentriere dich auf die Gesamtform, die wichtigsten Kurven und Winkel. Zeichne zügig und benutze deinen Kopf dabei.

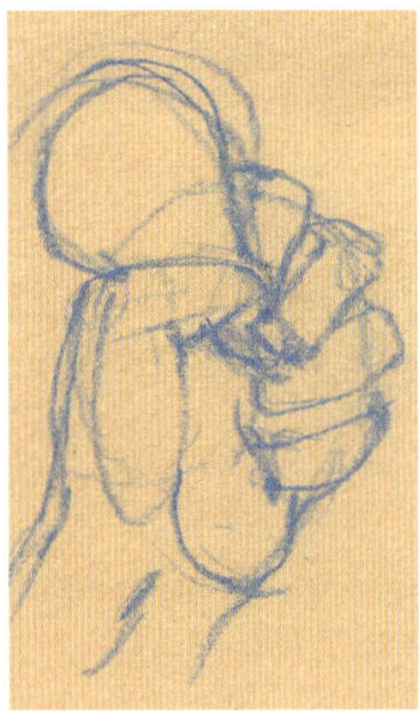

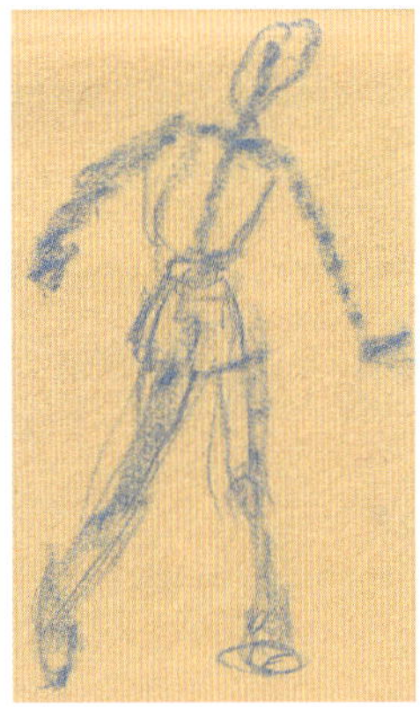

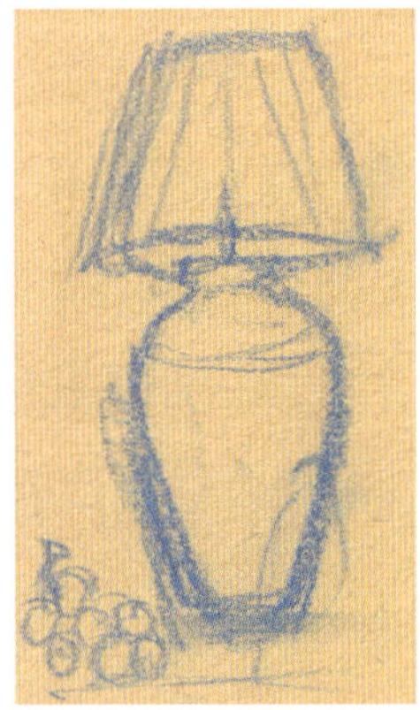

GESTISCHES ZEICHNEN – DREI ÜBUNGEN

ÜBUNG 1: EINE POSE IN ZWEI ZEITABSCHNITTEN ZEICHNEN

EINE MINUTE: Zeichne gestische Linien und Winkel in einer hellen Farbe (ich habe für diese und diese drei Übungen einen gelben Prisma-color NuPastel®-Stift verwendet.)

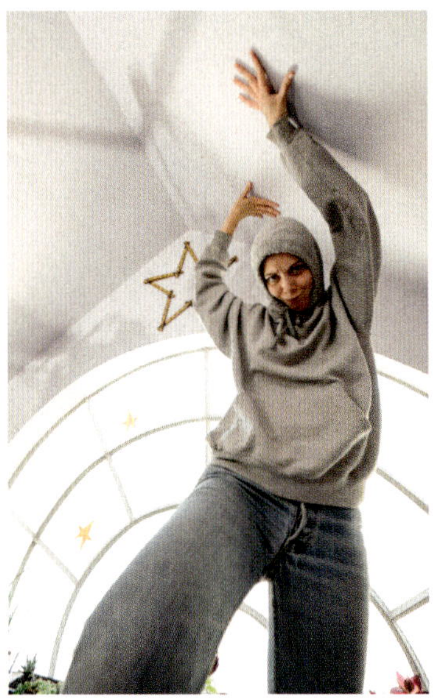

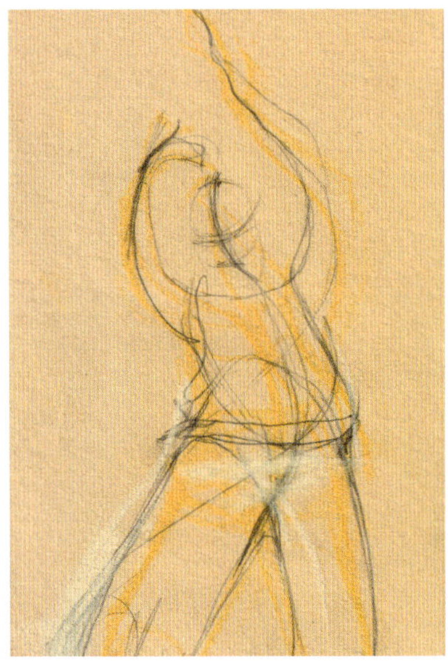

ÜBUNG 1

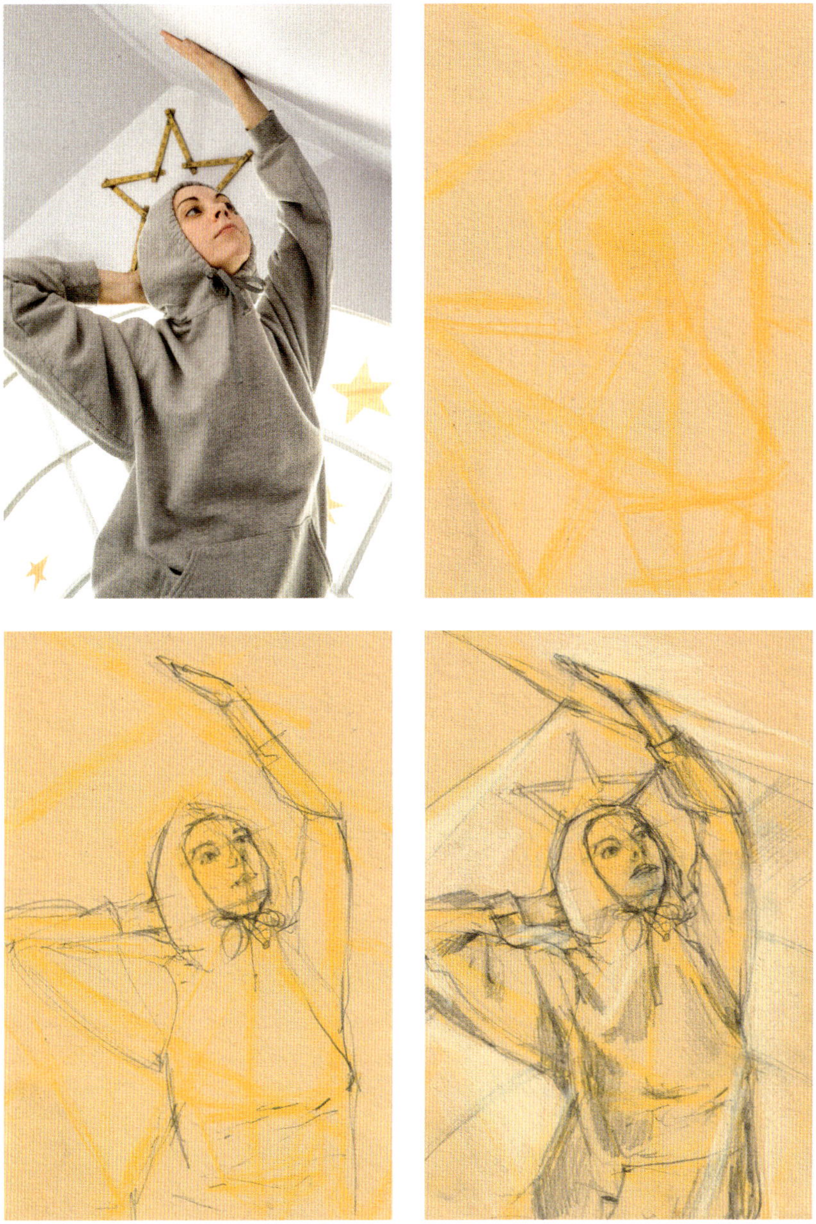

Übung 2

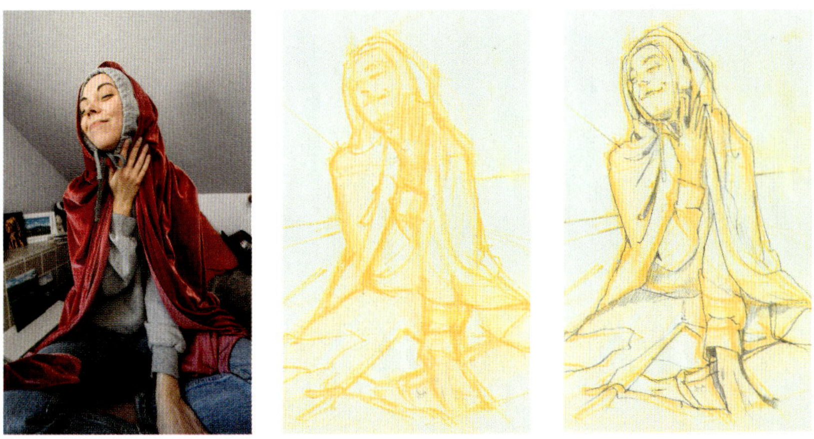

Übung 3

DREI MINUTEN: Zeichne mit einer dunkleren Farbe (hier mit Druckbleistift) in deine Skizze hinein und versuche, mit noch weniger und einfacheren Linien auszukommen, um Bewegung und Form anzudeuten. Meine Figur hat Starallüren.

ÜBUNG 2: EINE POSE IN DREI ZEITABSCHNITTEN ZEICHNEN

EINE MINUTE: Zeichne gestische Linien und Winkel in einer hellen Farbe.

DREI MINUTEN: Zeichne mit einer dunkleren Farbe in deine Skizze hinein. Beschränke dich auf einfache Linien und Formen.

ZEHN MINUTEN: Arbeite deine Zeichnung nach eigenem Geschmack weiter aus. Ich habe die Formen verfeinert und mit Bleistift Schatten eingefügt, um das Zeichnen nach der Beobachtung zu üben.

ÜBUNG 3: EINE POSE IN ZWEI ZEITABSCHNITTEN ZEICHNEN

DREI MINUTEN: Zeichne gestische Linien und Winkel in einer hellen Farbe. Lass es fließen!

ZEHN BIS FÜNFZEHN MINUTEN: Zeichne mit einer dunkleren Farbe in deine Skizze hinein, verfeinere die Linien oder spiele mit dem Stil. Ich hoffe, dass du nach diesen Übungen ein besseres Gefühl für das gestische Zeichnen bekommen hast. Solche Aufwärmübungen sind eine großartige Vorbereitung für das Zeichnen aus freier Hand.

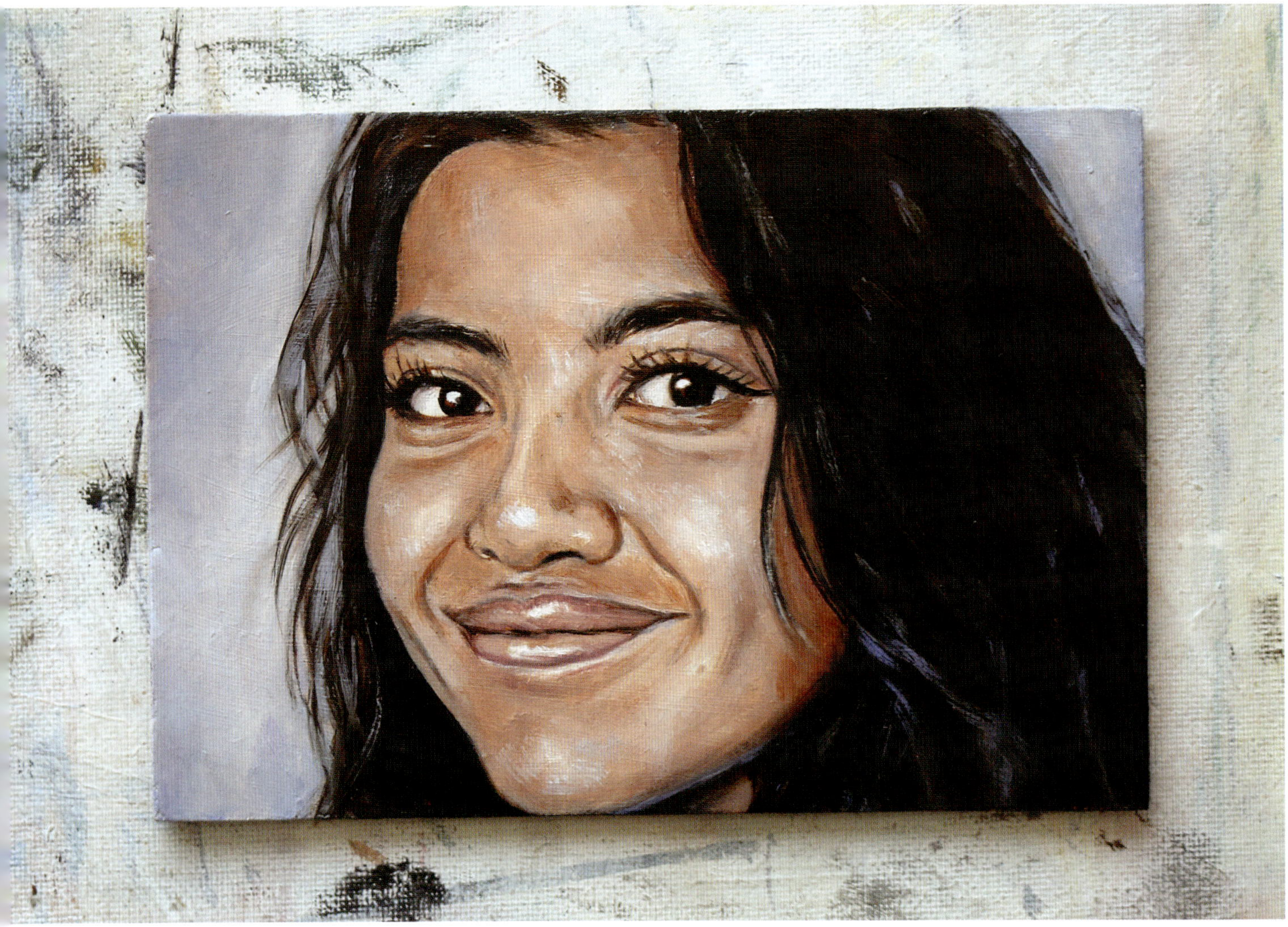

Lektion 14:

PORTRÄT VON PAUL

Zum Schluss wollen wir Schritt für Schritt ein Porträt meiner Freundin Paul malen. Ich zeige hier auch andere Porträts, die in einem ähnlichen Stil gemalt wurden, und dokumentiere einen unvollendeten ersten Versuch, um zusätzliche Inspirationen und Einblicke zu geben.

1. Die Rückseite des Fotos mit einem dunkelbraunen Prismacolor NuPastel®-Stift oder Ähnlichem schraffieren. Beim Übertragen des Fotos nur die wichtigsten Elemente nachzeichnen. Ich habe mich für die Gesichtszüge entschieden (Haare, Gesicht, Augen, Nase und Mund) plus wichtige Details wie Lichter und Schatten. Für Umrisslinien habe ich beim Nachzeichnen fest aufgedrückt, für Schattierungen, etwa auf den Wangen, mit geringerem Druck gearbeitet. Mein erster Versuch mit diesem Porträt hat mich gelehrt, alle Schritte sehr sorgfältig anzugehen,

HINWEIS *Gemalt wird auf grundierter MDF-Platte im Format 10 x 15 cm.*

auch das akkurate Vorzeichnen. Eine gute Vorzeichnung gibt Sicherheit beim Malen.

Die Vorlage wird beim Übertragen an zwei Seiten auf dem Malgrund festgeklebt, sodass man zur Kontrolle zwischendurch jederzeit eine Ecke anheben kann. Prüfe, ob alle Linien deutlich erkennbar übertragen wurden, und achte darauf, keine der wichtigen Linien zu vergessen. Die fertig übertragene Vorzeichnung wird mit Haarspray oder Fixativ eingesprüht.

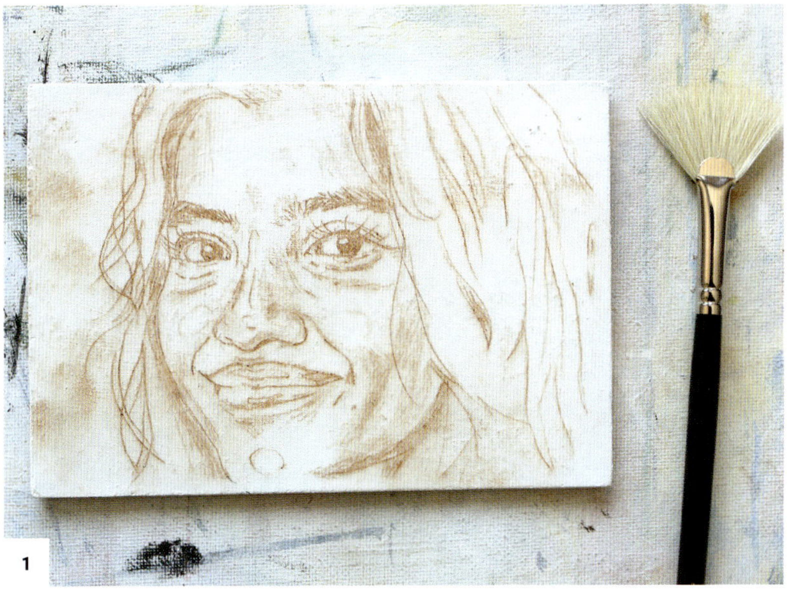

1

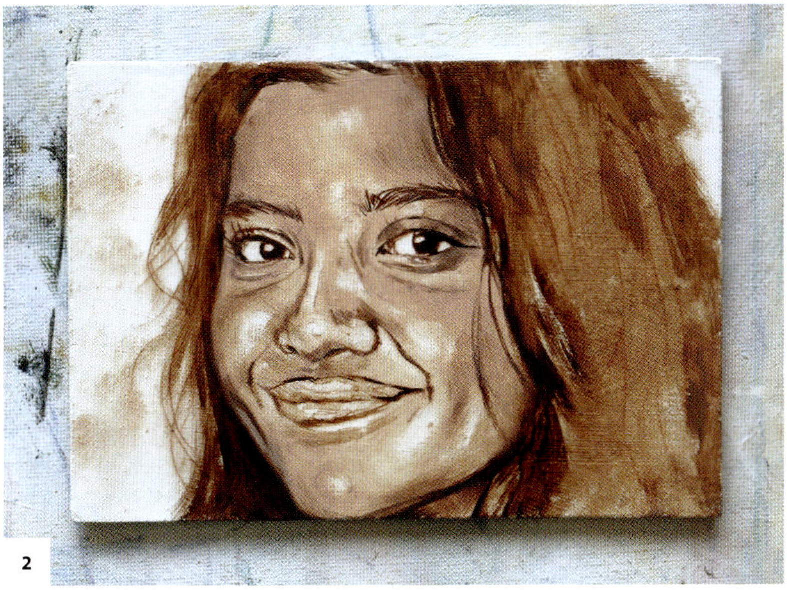

2

2. Nun die Farben auf die Palette geben. Für die Haare Siena gebrannt mit etwas Malmittel verdünnen. Zuerst nur dünne, transparente Schichten auftragen, durch die man die Vorzeichnung noch erkennen kann. Wenn die Haare später ausgearbeitet werden, darf diese Untermalung durchschimmern. Für die Haut ein Pfirsichbraun aus Weiß und Siena gebrannt mischen. Für die Augenbrauen und die dunkelsten Falten im Gesicht wird Umbra natur verwendet, das für die Pupille und die Wimpernlinie mit etwas Siena gebrannt abgetönt wird.

Arbeite mit leichter Hand und schaffe eine monochrome Basis mit ersten Kontrasten. Definiere Pauls Gesichtszüge und die Knochenstruktur, indem du Schatten und Mitteltöne andeutest. Im Bereich der hellsten Lichter bleibt der Malgrund weiß. Alle Lichter sitzen an erhabenen Punkten des Gesichts: Stirn, Nasenrücken, Wangen, Kinn und Augen. Die Schatten sind dort am tiefsten, wo das Gesicht vom Licht abgewandt ist.

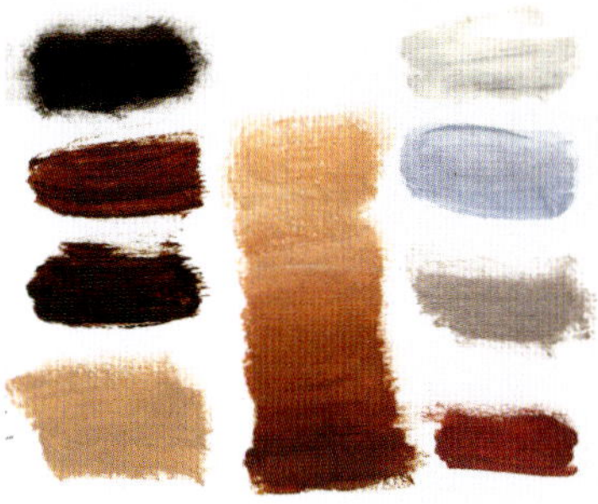

HINWEIS *An diesen Farben kannst du dich beim Mischen orientieren.*

3. Die Haare mit weichen, geschwungenen Pinselstrichen und schwarzer Farbe malen. Dabei zwischen den Pinselstrichen Lücken lassen, durch die die warmen Brauntöne zu sehen sind. Ebenfalls schwarze Farbe, aber einen dünnen Pinsel für Augenbrauen, Pupillen, Wimpernkranz, Nasenlöcher, Lippenmitte und die Schatten unter dem Kiefer verwenden.

4. Die fliegenden Haare mit Weiß ummalen. Dadurch entsteht negativer Raum, und sie sind deutlicher zu erkennen. Einzelne Haare kannst du mit dünnen, deckenden Pinselstrichen einfügen. Die Ränder, wo Haar und Hintergrund zusammentreffen, behutsam verwischen. Dabei entstehen kühl-hellgraue Farbakzente um den Kopf herum.

5. Die Lichter und Schatten auf der Haut mit Mischungen aus Siena gebrannt und Weiß weiter ausarbeiten. Aus kleinen Mengen Magenta und Ultramarinblau ein bläuliches Rosa für die Lippen, die Schatten auf der rechten Seite des Gesichts und den Haaransatz mischen.

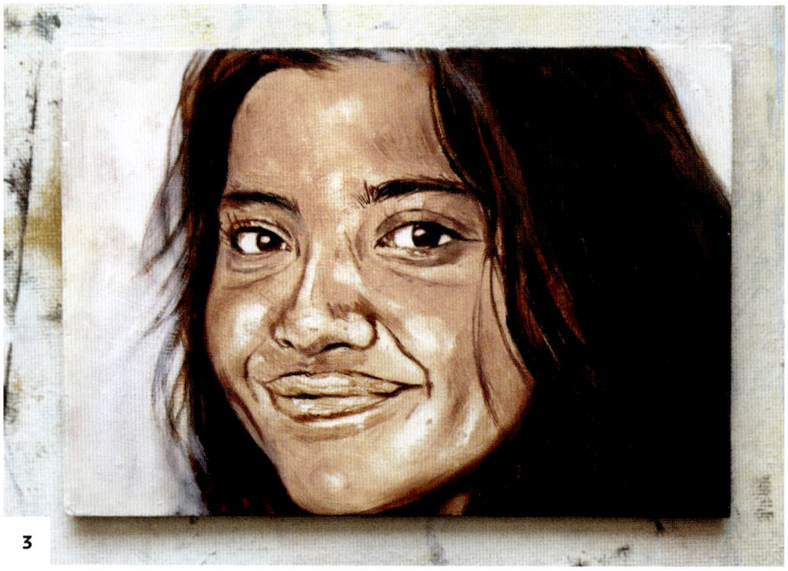

3

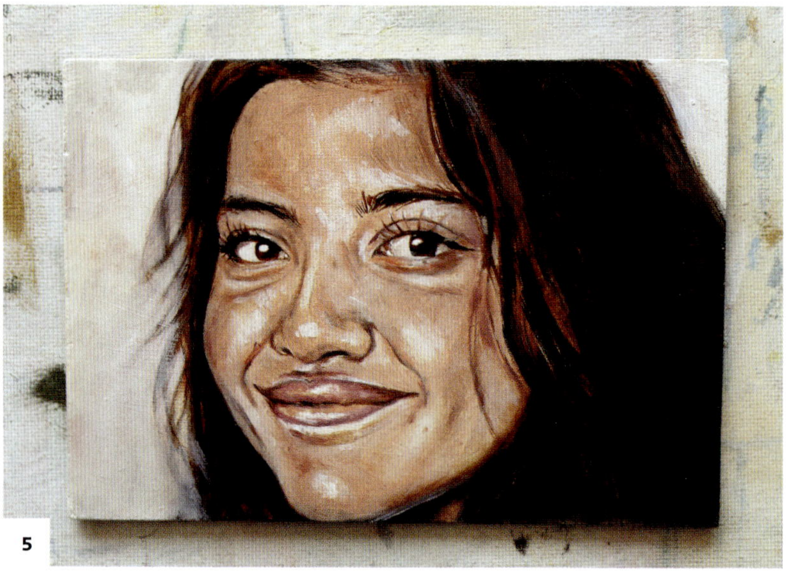

5

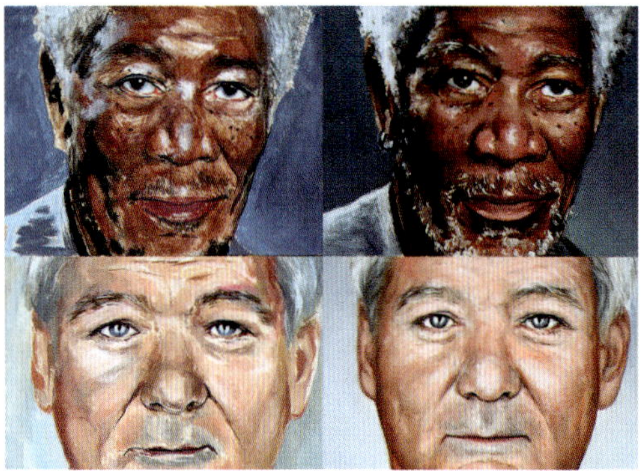

HINWEIS *Diese realistischen Porträts wurden in einem ähnlichen Stil gemalt. Beide sind stark beschnitten und haben einen ruhigen Hintergrund. Wie in der Schritt-für-Schritt-Anleitung habe ich die Hauptfarben zuerst großflächig aufgetragen und dann Details und Kontraste allmählich herausgearbeitet. Dieses Vorgehen hat sich für mich bewährt, darum habe ich mich bei der Auswahl von Pauls Foto (siehe Seite 125) für diese Arbeitsweise entschieden. Gerade wenn mein Selbstvertrauen eine kleine Stärkung gebrauchen kann, ist so eine systematische Arbeitsweise sehr hilfreich.*

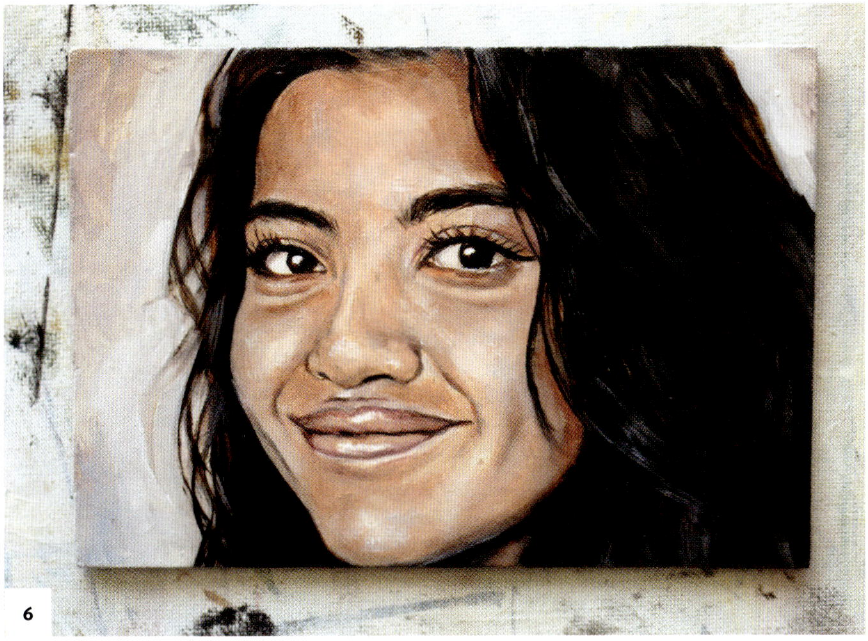

6

6. Die Hauttöne mit den Farben aus Schritt 5 nochmals überarbeiten. Ein helles, neutrales Rosaviolett für den Übergang zwischen den Mitteltönen der warmen, braunen Hautschattierung und den erhabenen Partien wie Wangen und Stirn verwenden. Mit derselben Farbe den Hintergrund überlagern und auf den Haarsträhnen leichte, schwungvolle Glanzlichter einfügen. Um dem Haar noch mehr Textur zu verleihen, die Farbe mit einem kleinen Flachpinsel mit kräftigem Druck auftragen, sodass die Pinselborsten sich aufspreizen.

7. Die Haare und die tiefsten Schatten mit Schwarz abdunkeln. Eine Mischung aus Weiß und Siena gebrannt verwenden, um die mittleren Hauttöne zu »erwärmen« und zu vertiefen. Beginne mit den höheren, also helleren Bereichen und arbeite dich zu den Schatten vor. Reines Weiß wird für die Glanzlichter in den Augen, auf der Nasenspitze, auf den Lippen und sparsam auf anderen Höhen des Gesichts verwendet.

Die Farbe des Hintergrunds und der glänzenden Haarpartien mit verschiedenen Blau- und Violetttönen ausbauen, die aus Weiß, Ultramarinblau und einer kleinen Menge Magenta gemischt werden.

Um einen Studiolichteffekt anzudeuten, sollte der Hintergrund direkt hinter Pauls dunklen Haaren am hellsten sein und zu den Bildrändern allmählich dunkler werden (fertiges Bild siehe Seite 118).

Ungeschicklichkeit und mangelnde Fähigkeiten

Wir lernen aus Erfahrungen – aus den guten, aber auch aus denen, mit denen wir uns abmühen. Nicht jedes Bild wird wie geplant gelingen, und unsere Zielvorstellung liegt oft weit entfernt von unseren tatsächlichen Fähigkeiten. Das alles gehört zum Künstlerdasein!

Den nebenstehenden Malversuch habe ich letztendlich abgebrochen, aber ich habe daraus gelernt, beim nächsten Versuch in jedem Schritt sorgfältiger vorzugehen, insbesondere beim Farbauftrag und bei der Farbwahl. Weil ich einige Schritte schlecht geplant hatte, verlor ich allmählich die Vorzeichnung aus dem Blick, und auch die Farben fielen nicht optimal aus. Die Augen sind verzerrt, und der Blick wirkt wegen ungeschickt platzierter Schatten und Striche glasig. Irgendwann sah ich ein, dass mir dieses Bild am Ende nicht gefallen würde und dass ich es nicht als Lehrbeispiel für dieses Buch verwenden konnte. Also traf ich die Entscheidung, von vorn anzufangen.

Das ist aber nicht schlimm. Verliere nie die Freude am Lernen und Üben. Können entsteht in kleinen Schritten und – am besten – täglichem Üben. Große Entwicklungssprünge sind toll, aber das Leben findet nun einmal statt, während man damit beschäftigt ist, andere Pläne zu machen. Der Weg zum Künstler besteht aus erhebenden Erfolgsmomenten, hält aber auch langweilige, eintönige und unangenehme Erfahrungen bereit.

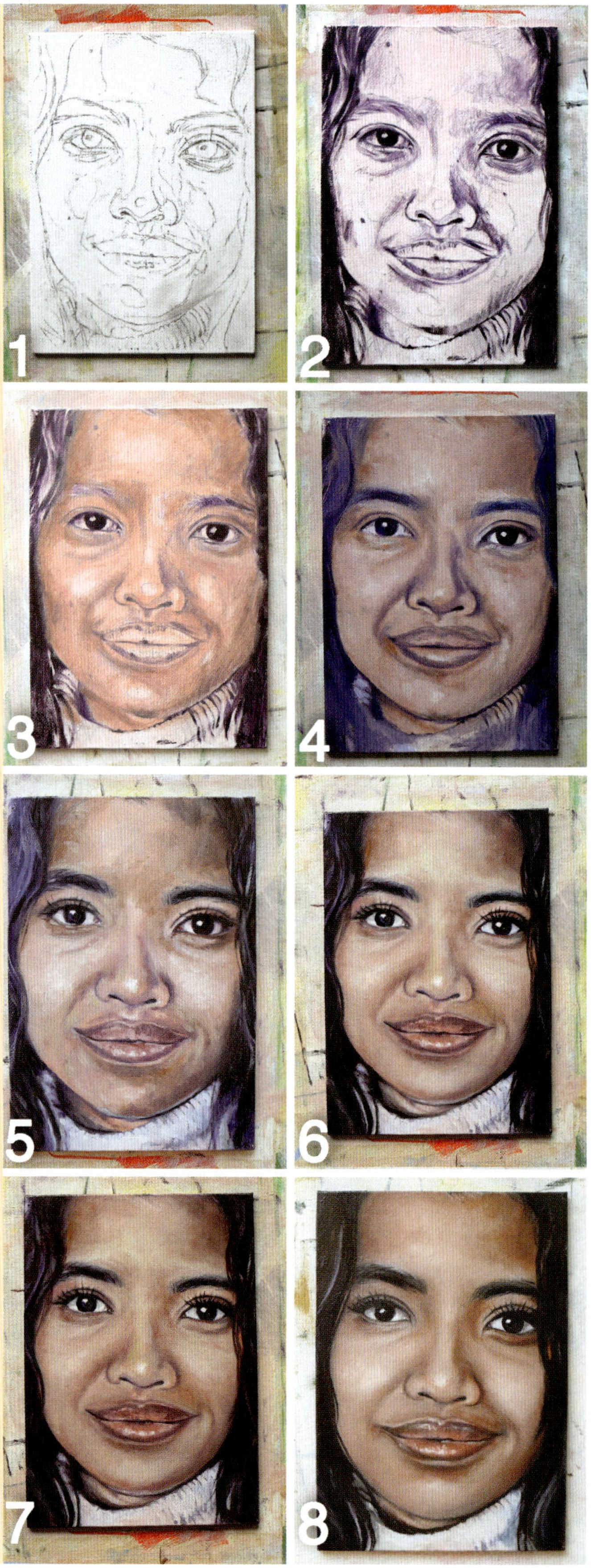

VORLAGENFOTOS

A Lektion 1: Stillleben, Seite 49

B Lektion 2: Tulpen, Seite 54

C Lektion 3: Pleinair Ölstudie, Seite 65

D Lektion 6: Baumsilhouetten im Sonnenuntergang, Seite 77

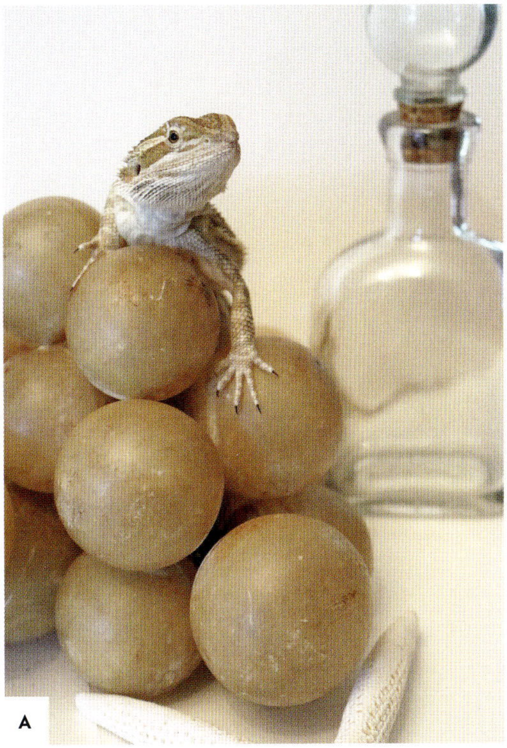

A

B

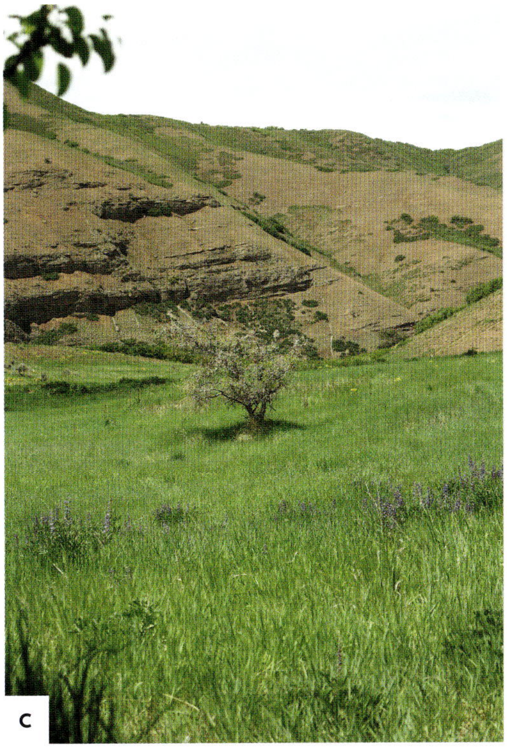

C

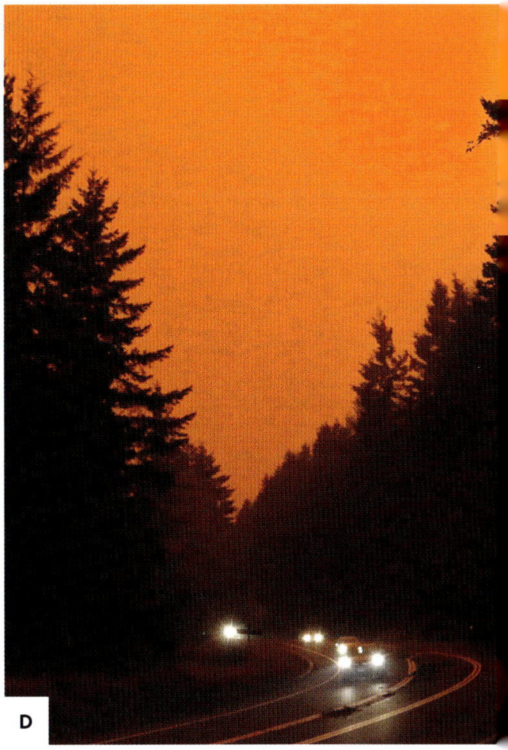

D

E Lektion 8: Gebirgslandschaft mit grüner Wiese, Seite 90

F Lektion 9: Blühende Feuchtwiese, Seite 93

G Lektion 11: Wellen, Seite 104

H Lektion 10: Wolken, Seite 100

I Lektion 12: Auge, Seite 107

J Lektion 14: Porträt von Paul, Seite 118

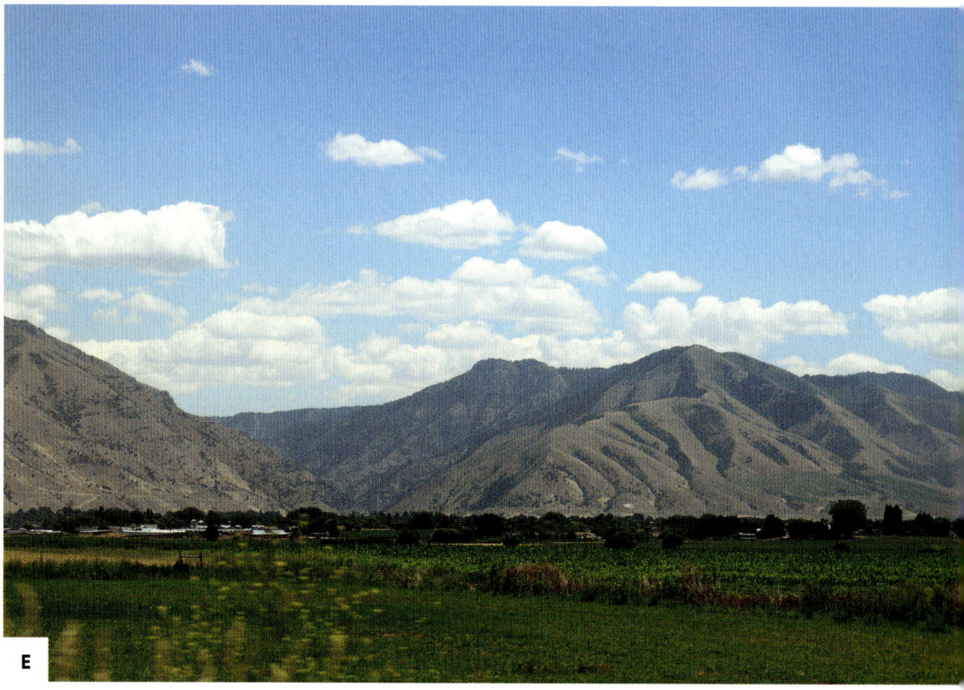

E

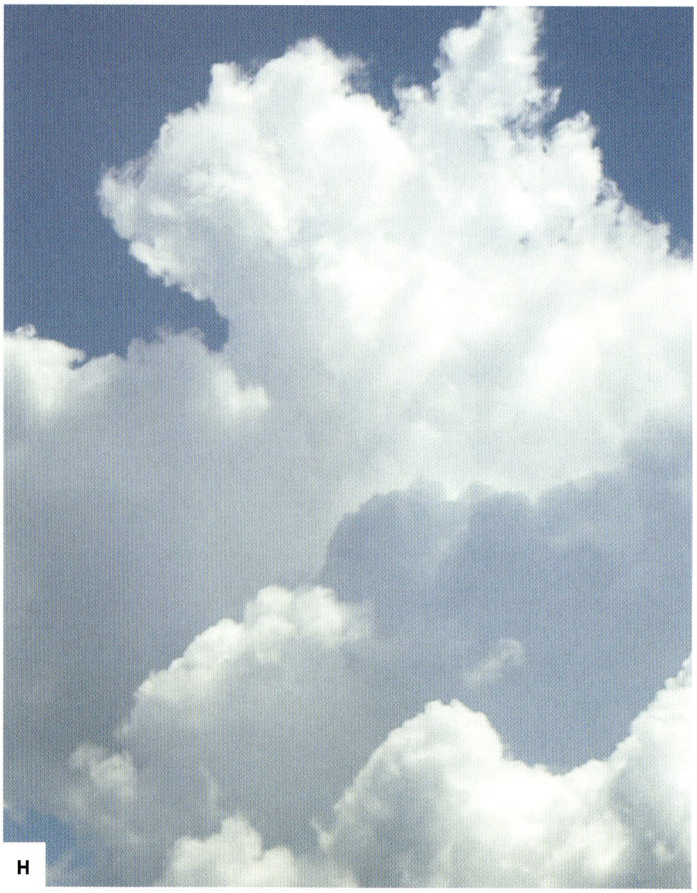

H

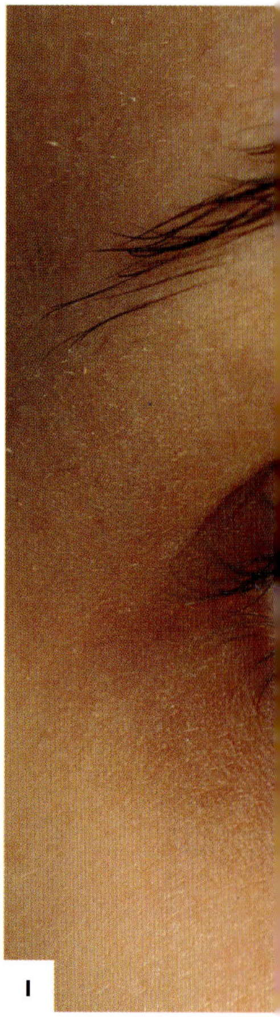

I

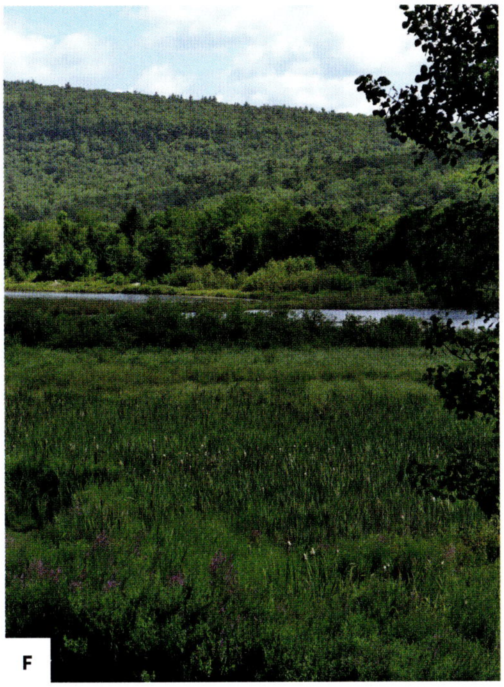

F

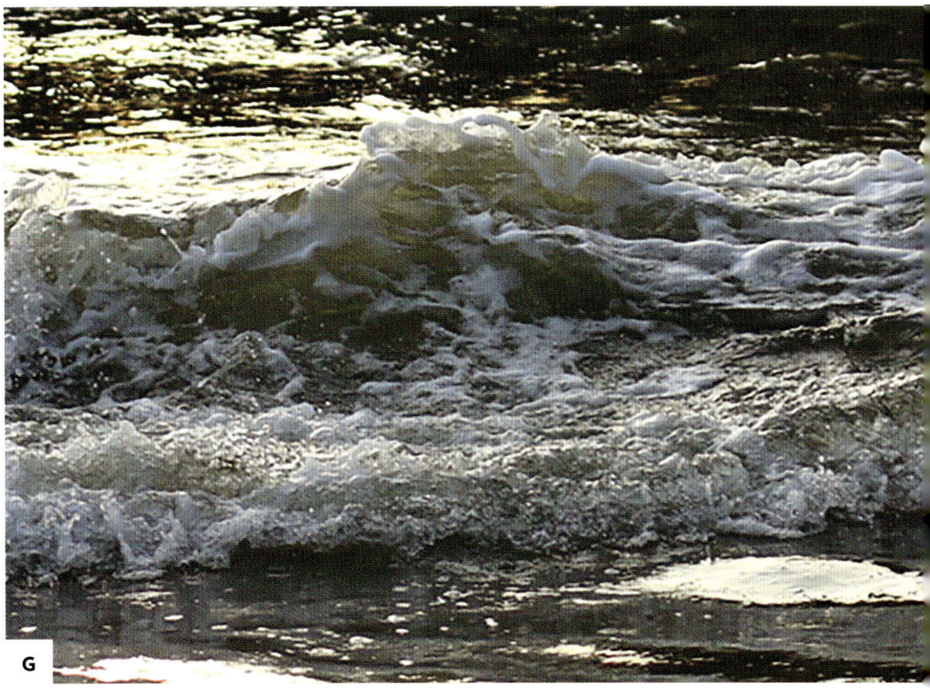

G

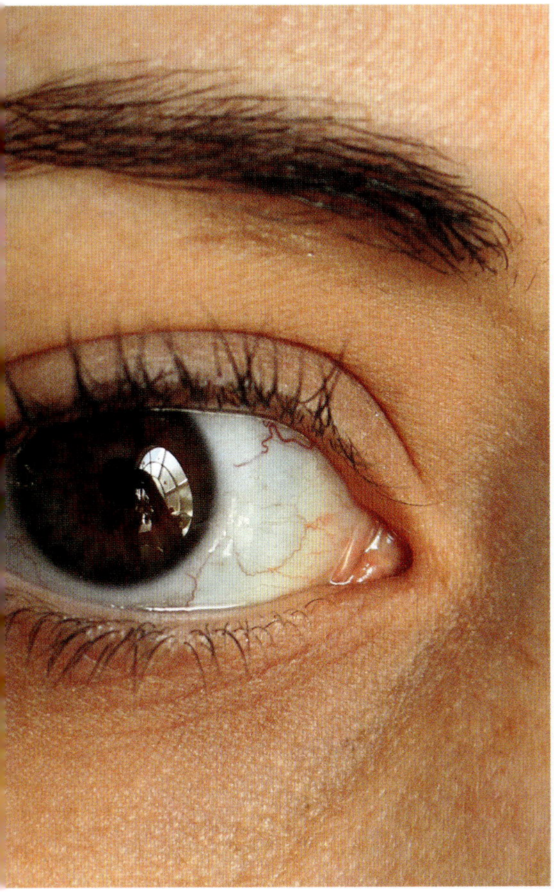

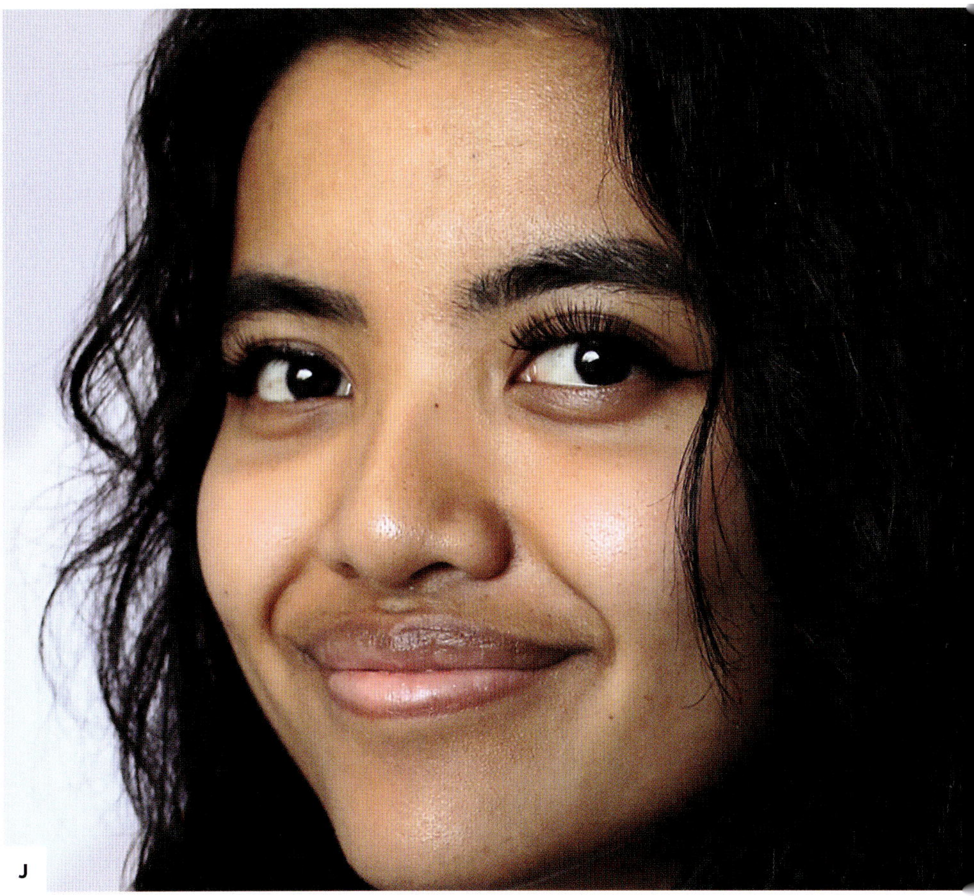

J

DANK

Ich möchte meiner Freundin Paulina Sovanny dafür danken, dass sie für das Porträtbild Modell gestanden hat. Vielen Dank auch Stacie Buhler für ihre Fotos von mir und meinem Hoodie, für die Fotos im Kapitel über das gestische Zeichnen, auf dem Umschlag und in der Vita. Ich danke meiner Familie und meinen Freunden für ihre Unterstützung, ihren Zuspruch und ihr Feedback auf dem Weg zu diesem Buch. Vielen Dank an meine Lektorin Jeannine Stein, die mit großer Freundlichkeit, Hilfsbereitschaft und Ermutigung zum Entstehen dieses Buchs beigetragen hat.

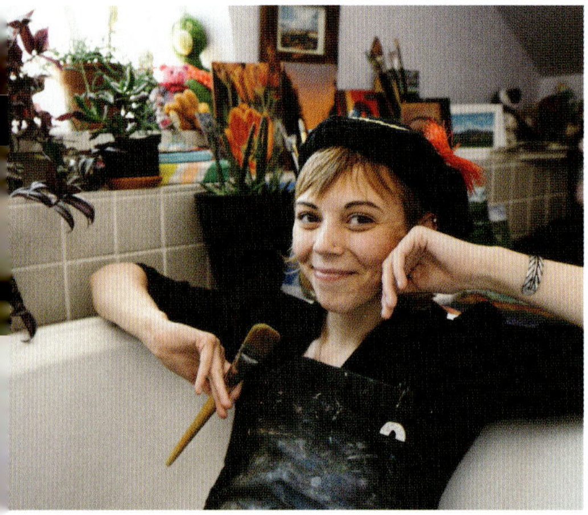

DIE AUTORIN

Robin Sealark schloss 2013 ihr Studium der Kunst und Kunsterziehung an der Brigham Young University mit einem Bachelor ab.

Während ihres Studiums spezialisierte sie sich auf Ölmalerei und hyperrealistische Porträts, verlagerte ihren Schwerpunkt aber mit der Zeit auf Landschaften, Küstenmotive und Himmel. Ihre Kindheit auf Long Island und zahlreiche Reisen durch Utah in den letzten zehn Jahren inspirierten sie dazu, sich besonders mit der Dramatik des natürlichen Lichts zu beschäftigen. Robin hat sich eine große Fangemeinde auf Instagram und YouTube aufgebaut, wo sie regelmäßig ihre Arbeiten, Videos über ihren Schaffensprozess, Tipps, Anleitungen, Skizzen und Tipps für Kreative postet. Durch ihre persönliche Arbeit und ihre Lehrtätigkeit versucht sie, den künstlerischen Blick ihrer Follower zu schärfen und ihnen die Schönheit der Natur zu vermitteln. Es ist Robin ein Anliegen, grundlegende Mal- und Zeichentechniken leicht nachvollziehbar zu vermitteln, um den Weg zum eigenen künstlerischen Ausdruck zu ebnen.

Robin ist fest davon überzeugt, dass jeder Mensch mit etwas Unterstützung und Übung seine Kreativität entdecken und freisetzen kann.

INSTAGRAM: @robinsealark
YOUTUBE: Robin Sealark
WEBSITE: www.robinsealark.com

REGISTER